# 노자와 루소, 그 잔상들

Laozi, Rousseau, and my fragments

**노자와 루소, 그 잔상들**

Laozi, Rousseau, and my fragments

**초판1쇄 인쇄** | 2020년 8월 31일
**초판1쇄 발행** | 2020년 8월 31일

**저 자** | 정세근
**발행처** | 충북대학교 출판부
**발행인** | 김수갑

**주 소** | 28644 충북 청주시 서원구 충대로 1
**전 화** | 043-261-2952, 3014
**팩 스** | 043-274-1256
**이메일** | presscbu@chungbuk.ac.kr
**등 록** | 제1983-2001-7호
**인쇄처** | 케이프린텍

**ISBN** 978-89-7295-512-2 93110
**값** 16,000원

*이 저서는 2020학년도 충북대학교 국립대학육성사업에 의하여 발간되었음

# 노자와 루소, 그 잔상들

Laozi, Rousseau, and my fragments

정세근 지음

충북대학교 출판부

# 머리글

이 책은 쌍둥이라고 볼 수 있는 『노자와 루소, 여든하나의 방』의 줄인 말, 속편, 후편, 설명서, 못다 한 이야기다. 거꾸로 그것의 넓힌 말, 뿌리, 발단, 숨긴 이야기이기도 하다. 음양이라는 것이 '닭과 달걀'처럼 무엇이 먼저일 수 없듯, 이 두 책은 서로 바라보며 기다린다(음양대대陰陽對待). 『노자와 루소, 여든하나의 방』은 『노·루·방』으로, 『노자와 루소, 그 잔상들』은 『노·루·상』으로 줄여 말해도 좋다.

잔상殘像이라는 이름을 붙인 까닭은 사라지지 않고 잔잔히 떠오르는 이야기이기도 하거니와 잔당殘黨이나 잔비殘匪처럼 내 머릿속에 자꾸만 출몰出沒하여 준동蠢動하는 단편斷片들을 모았기 때문이다. 조잔거리는 저작詛嚼/著作 운동이기도 하고, 조잔凋殘한 이야기를 쪼잔하게 적은 것이기도 하다. 게다가 스마트 전자기기의 화면과 떼려야 뗄 수 없는 젊은이들에게 친숙한 단어가 '무엇에 대한 단상斷想'보다는 '어떤 게임의 잔상殘像'이라니, 단상과 가장 비슷하면서도 의미가 통하는 잔상이 좋을 것 같았다. '노자와 루소, ~'로 이어지는 것도 한몫을 했다.

영어로는 잔상에 해당하는 심리학 용어인 잔류영상殘留影像(after-image)이라는 말을 쓰고 그것이 내 의식의 잔영殘影(survivals)이나 잔재殘滓(relics)임을 가리키지만, 더 깔끔한 영어 제목을 고르자면 『노자와 루소, & 비욘드』(Laozi, Rousseau, and Beyond)이겠다. 노자와 루소를 넘어서 생각해보자는 뜻이다. 제목을 영어로 쓰기 싫어 피했지만, <토이스토리>의 우주인 버즈가 땅바닥으로 꼬꾸라지더라도 늘 외치며 날아보려는 것처럼 노자와 루소를 넘어 그대들의 무한, 아니 그 너머까지 나아가보길 고대한다.

이 책을 읽을 때 주의할 것이 있다.

먼저, 의문형은 명제가 될 수 없으나, 그에 대한 답이 있기 때문에 명제로 여겨주기 바란다. 일종의 수사로, 강조로 여기면 된다. 그러니까 '1.01 성선과 성악이 있는가? 없다.'는 '1.01 성선과 성악은 없다.'로 읽으면 된다. 감탄이나 청유請誘도 마찬가지다. '한다니'는 '한다'로 읽으면 되고, '하자'는 '하다'로 읽으면 된다(주어와 술어를 넣어서). 명제命題(proposition)가 문장文章(sentence)과 다른 것은 진위판별이 가능하다는 것이다. 일상 어법에서 명제는 마치 '명령命令받은 과제課題' 정도로 받아들여지는데, 서양적 철학 전통에서 명제는 그런 뜻이 아니다. 옳고 그름을 따져볼 수 있는 문장이 명제다. 그렇지 못하면 명제로 성립조차 되지 못한다. 그런 점에서 명제는 권위적이지 않고 비판적이다. 따라서 명제를 볼 때 여러분의 태도는 얼렁뚱땅 종합(synthesis)하지 말고 이것저것 나누어보는 분석(analysis)의 태도가 필요하다. 이 책을 읽을 때 그러라는 이야기다. 한 명제를 읽을 때마다 그것이 옳은지 그른지를 스스로 판단하라는 말이기도 하다. 그래야 재밌으면서도 나의 글에 취하지 않고 스스로의 생각을 세운다. 어쩌면 내 명제 옆에 자신의 명제를 써가면서 읽으면 가장 바람직한 결과를 얻을 수 있을 것이다. 예를 들어, '1.0213 모기는 해충이다.'라는 명제 옆에 '1.0213 모기는 해충~~이다~~이 아니다.'라고 써가면서 읽으라는 이야기다. 아니면 '1.0213 모기는 해충도 익충도 아니다.'라거나 '1.0213 모기는 아수라가 불태워진 재들이다.'라고 적어보기 바란다. 내가 이렇게 친절한 까닭은 철학에 황무지인 우리나라에 조금이라도 생각하는 삶을 권유하고 싶기 때문이다. 내가 이렇게 친절해야 하는 까닭은 서양철학의 유입 이후 철학이라는 말 때문에 벌어진 '생각하기'라는 위대한 전통이 슬프게도 소외되고 방기되어버린 결과에 대한 책임감이리라. 잘못했다. 그러니 옆으로 ~~빡빡~~ 그으며 읽으라. 씹고 또 씹어라. 찢고 또 찢어라. 던지고 또 던지라. 철학자의 말이 아닌 순수하고 순정한 나의 말을 책의 빈자리에 쓰고 또 쓰라. 독자와 더불어 이 책이 누더기가 되는 것이 나의 간곡한 소망이다. 덧붙여, 주의 깊은 독자는 깨닫게 될 것이다. 명제 번호가 소수점 다섯 자리면 주注(footnote)에 가깝다는 것을.

둘째, 말과 말을 가리키는 말을 나누어보아야 한다. 그래도 언어라고 일컬을 만한 말은 '말에 대한 말'이 발달한 말이다. 말속에 대상이 아닌 의미전달체계가 잘 갖춰진 말이 그래도 말다운 말이라는 이야기다. 문법이라고 일컬어도 좋다. 문법적 성분이 체계화되어있어야 그제야 하나의 말로 성립된다. 아이들의 말은 사실 문장 자체를 흉내 내는 경우가 많다. 변용이 많지 않다. 그러나 어느 순간부터 평어와 존대어를 구별하고, 물이나 밥만 달라는 것이 아니라 거기에 사랑이나 돈도 대입시킨다. '물~'에서 '물 줘'로, '물 줘'에서 '물 주세요', '물 주세요'에서 '돈 주세요'로 증강한다. 그러기 위해서는 대상이 아닌 대상화시키는 말, 한마디로 말해 '물'이 아니라 '물을' 할 때의 목적격 '을'이 들어가면서 고급언어를 쓰게 된다. 따라서 언어란 대상을 지칭하는 소리(파롤parole)가 아니라, 어떻게 대상을 지칭하느냐는 문법적 체계(랑그langue)일 수밖에 없다. '물'은 파롤로 '워터'나 '미즈'로 불릴 수 있지만, '물을' 할 때의 '을'은 자연 세계의 어디에도 없는 인간만의 소통방식인 만큼 각 나라 언어에 따라 '을'을 표현하는 방식은 다양할 수밖에 없는 것이다. 이를테면 우리말에서 '을'은 위치가 중요하지 않지만, 영어에서 목적격은 위치로 의미가 생성된다. 그것이 바로 의미가 생성되는 방식이고 그 차이가 언어의 차이, 정확하게는 문법의 차이를 낳는다. 그 나라 말을 할 줄 안다고 할 때 나의 기준은 '말에 대한 말'을 할 수 있느냐에 달렸다. 이를테면 '그 말이 무슨 뜻이냐'고 물을 수 있으면 그 언어에 입문한 것이다. 방금 한 '그 말이 무슨 뜻이냐'라는 말로 과연 지칭된 것이 있을까? 어렴풋한 소리 말고는 이 말이 가리키는 것은 이 자연 세계 어디에도 없다. '그'도, '말'도, '이'도 '무슨'도 '뜻'도 '이냐'도 없다. '말'만이 어렴풋한 소리로 허공에 떠돌 뿐이다. 이글에는 말에 대한 말이 많다. 친절하게 모든 것에 따옴표를 하면 좋겠지만, 그것이 너무 중복되면 읽기를 방해한다. 따라서 정말 중요할 때를 빼놓고는 따옴표를 최소화했으니 독자들은 머릿속에 따옴표를 떠올리면서 그때그때 집어넣기 바란다. 서양 사람들이 대화중에 손짓으로 따옴표를 표시하는 것처럼 말이다. 전장의 무기처럼 큰따옴표는 창처럼, 작은따옴표는 칼처럼 늘 들고 있어야 한다. 이를테면 제1명제인 '세계는 성선과 성악의 싸움이다.'는 실제로는 '세계는 "성선"과 "성악"의 싸움이다.'로 읽어야 한다. 그 뜻은 '1. 세계는 성선설과 성악설의 싸움이다.'인 것이다. 그럼에도 따옴표가 없어야 할 이유는 너무도 많다. 성선과 성악에 따옴표를 넣으려면 세계에도 넣어야 하고(세계도 인위적으로 정리된 세계이기 때문이다), 성선설과 성악설의 싸움이라면 학술적 다툼으로 느껴지지만 실제적으로 사람들은 성선과 성악이라는 가치로 세계를 이미 판단하고 이해하고 있기 때문에 성선과 성악은 설이 아니라 사실에 가까우며, 그리고 그렇게 사실로 느껴지는 것이(사실은 '사실'이 아니라 '의미'이지만) 이 글이 힘주어 비판하고 애써 분석하려는 취지에 걸맞다. 사람은 성선설을 지지하는 인간과 성악설을 지지하는 인간으로 나뉘며, 그에 따라 제도나 문명도 건설된다는 이야기다. 분명히, 소리는 자연이지만 말은 자연이 아니다. 말은 문법, 소통, 교환, 권위, 권력, 지배, 법률을 담는다. 말은 원시의 언어와 문명의 언어로 나뉘기보다는 평등한 언어와 불평등한 언어로 나뉘어야 마땅하다.

셋째, 문장의 형식에 대해서 한 마디하고 싶다. 흔히 이런 명제 글쓰기가 철학계에서는 비트겐슈타인의 독창인양 생각하는데, 아니다. 트락타투스 tractatus라는 라틴식 취명도 일찍부터 있었던 것으로 우리식으로는 '론' 또는 '논고論考/論攷', 겸손하게 '천견淺見' 또는 '사설僿說'과 같은 것이다. 게다가 명제 번호는 당시 전기단위인 Hz를 만든 헤르츠의 논문에서 이미 볼 수 있었다. 비트겐슈타인이 나름 과학적, 사실적, 실제적인 말로 형이상학적, 관념적, 사변적인 말을 대체하겠다는 의도를 강하게 보여주는 것이었다. 글쓰기의 변화는 생각의 변화를 가져다준다. 당말의 한유가 4개와 6개로 글자 수를 무조건 맞춰야 했던 변려문騈儷文에서 벗어나 옛날 글쓰기인 고문古文으로 돌아가자면서 사고의 자유를 열었듯이, 비트겐슈타인은 만연체로 쓰이는 비유와 상상의 철학적 글쓰기를 버리고 논리적이고 실증적인 과학적 글쓰기를 통해 새로운 사고를 해본 것이다. 흔히 트락타투스로 불리는 그의 『논리철학논고』에서 인용되는 프레게(Gottlob Frege, 1848~1925)가 수학자이자 논리학자인 것처럼, 그도 자연과학적인 사고를 통해 철학에 일침을 가하고 싶었던 것이다. 그렇다면, 나는 왜 흉내 내는가? 우리 철학은 '에세이'의 전통도 잃은 채, '문학'의 전통도 잊은 채, 아니, 과학적이고 싶으면서도 과학적이지도 못한 채, 언어와 유리되고 있다. 언어와 유리됨은 곧 대중과의 유리를 뜻한다. 언어를 공유하지 못하면서 어떻게 대중과 철학을 공유하겠다는 것인가. 고전을 읽으면 읽을수록 재밌는 것은, 그 속에 나오는 엄청나게 많은 감탄사와 힐난 그리고 서정적 서술과 자기변호 때문이다. 죽어라고 객관적이지 않다. 객관을 빙자해서 자기를 숨기고, 자기를 숨김으로써 모호한 생각을 감춘다. 고전은 그렇지 않다. 그렇기 때문에 사람들에게 읽혔고, 앞으로도 읽힐 것이다. 서구사상의 유입과 더불어 벌어진 생각의 마비, 뭔지 몰라서 생겨난 주장의 회피, 알 듯 모르듯 설명하는 나쁜 버릇의 권위화가 바로 오늘날 우리 철학계의 현실인 것이다. 철학을 벗어나면 더하긴 하다. 철학에 기대어 먹고사는 미학이 그 최고봉을 달리며(철학도 모르면서 미학을 한다고 하니, 어렵고 지리멸렬해진다. 난삽의 극치다. 어찌 보면 유일한 예외가 진중권이다. 미학을 제대로 공부하려면 그의 속세 발언은 집어치우고 『감각의 역사』 시리즈를 보라. 다만, 아쉽게도 그도 동양은 모른다. 타인의 언어는 알지만 정작 자기의 언어, 그리고 그 언어로 된 우리의 정치를 모른다는 이야기다) 정치학이나 경제학 그리고 수입된 사회학도 예외가 아니다. 그래서 나는 단상, 파편, 파상破想, 파쇄破碎가 아닌 파쇄碎屑로 나의 부스러기들을 지껄여보고 싶었다. 이른바 서양적 전통에서 일컫는 프래그먼트 fragment다. 우리식 표현으로는 조각조각의 비늘이라는 뜻에서『편린片鱗』이라는 제목이 은유적으로는 가장 어울린다. 나는 그때그때 판단한다. 나는 어떤 철학자의 주장이나 그 역사적 맥락에 기꺼이 기뻐하거나 분노한다. 감정이 없는 철학은 죽은 철학일 뿐이다. 기억의 편린으로 마침내 과거를 온전히 회상해내듯이, 지저분하게 널브러진 내 생각의 비늘 조각들을 거두어 독자들이 자기만의 생생하고 활기찬 물고기를 그려냈으면 좋겠다. 숨어있는 나의 자연법 세 원리, 불평등에 관한 세 명제, 자연의 세 덕을 찾아보면서.

나아가라. 딛고 일어서라. 비트겐슈타인의 말처럼, 다 올라갔으면 사다리를 버려라. 장자의 말처럼, 물고기를 잡았으면 통발을 버려라. 그대의 그림을 다 그렸으면, 나의 지저분한 비늘과 얼룩진 잔상殘像/殘想들은 과감히 지워버려라. 나의 비늘이 붕어의 것이었다면 그대의 것은 용의 비늘일진대.

2020년 7월

바람골 풍족당豊足堂에서

혈궐자孑孒子 삼감

【사족蛇足】

* 명제 번호를 매기다보면 사유를 절약하게 됨을 알 수 있다. 10진법으로 아홉을 넘어서면 형식적으로 의미 층차가 다른 차원으로 건너가기 때문에 내용상 이어지더라도 움츠리게 된다. 비트겐슈타인의 『트락타투스』의 경우, 2.19와 2.2의 층차가 그림 이야기로 이어지고 있으며 곧 이은 2.201도 마찬가지로 그림 이야기라는 점을 생각한다면, 2.19에서 넘어간 2.2의 층차가 마찬가지로 그림 이야기를 하고 있는 2.1의 층차와 그렇게 다르지 않음을 알 수 있다. 이점이 명제 번호를 매기는 것이 절용의 글쓰기, 검약의 글쓰기, 수렴의 글쓰기 방식이 될 수밖에 없는 까닭이다. 생각을 이끄는 0.0 대를 제외하고는 소수점에 가까운 번호는 5를 넘어서지 않으려 애썼지만 잘 되지 않았다. 비트겐슈타인도 위와 같이 10진법을 넘어서는 경우는 매우 드물며, 명제 번호에 1, 2, 3이 가장 많이 눈에 띄는 까닭이 여기에 있다. 가장 좋은 것은 0, 1이라는 2분법으로 컴퓨터의 디지털적인 사고를 전개하는 것이지만 그렇게 되면 오프라인으로는 바코드밖에는 다른 방도가 없어 이번에는 포기했다. 열 개 이상으로 생각의 날개를 펴지 마라. 접고 또 접어라. 컴퓨터의 창을 자꾸만 열어놓지 말고, 열 개 미만으로만 열어라.

** 명제에 명령이 들어가는 것은 진위판단의 범위에서 벗어난다고 생각하기 쉽다. '윤리학과 미학은 말할 수 없으며 [따질 수 없어 우리의 손에서 벗어난다는 뜻에서] 초월적'(6.421, 내가 가장 오랫동안 생각해온 명제다)이라고 주장하는 비트겐슈타인과는 달리, 나는 윤리의 당위 명제나 감정의 표현 명제에도 주관적인 진위판별이 가능하다고 생각한다. '해야 한다'거나 '좋다'는 발언에 사람들은 정면으로 반대할 수 있기

때문이다. 누구든 그것은 '하지 않아도 된다'라거나 '나는 싫다'고 말할 수 있는 것이다. 윤리학과 미학이 감정적이라서 엄격하게 논리적이지 않은 것은 맞지만, 감정이라 해서 폭넓은 의미에서의 진위판단이 불가능한 것은 아니다. 동정심이나 공감도, 예술적 감흥이나 감동도 언제나 시비가 붙을 수 있기 때문이다. 그렇기 때문에 여기서 나는 명제의 정의를 진위眞僞만이 아닌 시비是非에까지 확장시킨다. 진위판단은 실상 명제(말)가 세계(것)와 1대 1 함수관계에 있다는 진리의 대응설에 기초한 것일 뿐이지, 옳고 그름이라는 인간의 언어영역을 제대로 고려한 것은 아니다. 한마디로 '이다, 아니다'보다는 '옳다, 그르다'가 더욱 인간적인 서술을 담는다는 이야기다. 이를테면 '뱀이다!'(뱀이 있다)가 중요한 것이 아니라 '피해!'(피해야 한다) 또는 '잡자!'(잡고 싶다)가 사람의 삶에서 더욱 중요한 것일 수밖에 없다. 나아가, '옳고 그름'이라는 판단은 '가냐, 마냐'는 행위에까지 이르러야 제대로 된 제안이나 계획이 담긴 진술인 명제로 현실에서 성립할 수 있다. (아울러, 명제의 시작 부분에 '그러나, 그래서, 그래도'와 같은 접속사를 넣을까 말까 고민을 했다. 빼면 깔끔하게 명제로 성립하지만 글을 읽어나가는 사람은 그 접속사를 찾느라 힘이 들 것 같았다. 그래서 오직 처음에만 대괄호로 넣고 그 다음에는 직접 노출시켰다. 접속사는 순전히 문맥을 따라가기 쉽게 하려는 의도니 빼고 읽어도 좋다. 거꾸로 말하면 군데군데 접속사를 만들어 넣어 읽어도 좋다는 것이다.)

⁂ '물', '워터', '미즈', '쉐이水'는 우연히 붙여진 소리 언어라는 점에서 파롤parole이라고 부르는데, 그것들을 운용해서 의미가 파생될 수 있도록 하는 규칙이나 체계가 랑그langue다. 언어가 통할 수 있는 것은 파롤이 아니라 랑그라는 것이 소쉬르의 주장이었다. /캣cat/과 /햇hat/은 우연이지만, 고양이와 모자는 관념의 세계에서 보편적으로 존재한다는 것이다. 그런 점에서 기표記表와 기의記義라는 희한한 번역어도 쉽게 이해가 된다. 기표에 해당하는 시니피앙signifiant은 '가리키는 것'인 음성이고, 기의에 해당하는 시니피에signifié는 '가리켜진 것'인 의미다. 이런 논리적인 분법의 시작은 사실상 비트겐슈타인이 많은 영향을 받은 프레게에 의해서 일찍이 이루어진다. 프레게는 개밥바라기별(abendstern)과 샛별(morgenstern)이 똑같은 금성(Venus)이라는

놈 또는 것(지시체: Bedeutung: denotation)이지만 그 둘의 뜻(의미: sinn: meaning)은 다르다고 분석했다. 개밥바라기별은 개가 배고플 저녁에 뜨는 별이고 샛별은 새벽을 열면서 새롭게 뜨는 별이라는 점에서 뜻(meaning; sense)은 다르지만, 그래봤자 태양계의 한 행성인 금성을 가리키는 것(denotation; thing)이라는 이야기다. 중국어에서도 금성인 태백성太白星을 '동쪽에는 계명啓明(morning star)이 있고, 서쪽에는 장경長庚(eveining star)이 있다'(「시경詩經」: 동유계명東有啟明, 서유장경西有長庚)며 구분하고, 라틴어에서도 마찬가지로 루시퍼Lucifer와 헤스페루스Hesperus로 동쪽과 서쪽의 하늘을 나눈다. 요즘식의 영어로는 가리키는 것(indicator)과 가리켜진 것(indicated)에 해당하는 이 구분은 이러한 학문적 역사를 지닌다. 이런 예가 좋을 것이다. 우리말의 /물/이 불어에서는 홍합(moule)이 되는 것은 우연한 파롤 덕분으로 기표의 영역인 것이지만, 물을 달라고 한국어로 말하나 불어로 말하나 그 단어와 문법을 아는 사람이라면 알아듣는 것은 기의와 랑그를 이해하기 때문인 것이다. 노자와 루소의 경우도 똑같다. 그들의 파롤과 시니피앙은 달랐지만, 랑그와 시니피에는 같았다. 다만, 노자에게 있는 윤리가 루소에게는 없었다. 자연으로부터 윤리를 도출해내지 못한 루소는 노자와 같은 모성애에 근거하는 무정부주의나 반전론 대신 스파르타 같은 군사 국가를 꿈꿨다. 모성애는 무척이나 자연적인 것인데도 루소는 단순하면서도 확고한 그것을 보지 못했다. 어떤 어머니가 자식을 전쟁터에 내보내려 하겠는가.

【췌언贅言】

공짜 골프모임에 초대받은 적이 있다. 하룻밤을 생각하고 나서 응하지 않겠다고 하자, 그 총장은 나에게 이렇게 말했다. "골프를 치지 않는 사람은 세 부류가 있어. 첫째, 돈이 없거나, 둘째, 돈이 아깝거나, 셋째, 둘 다거나." 비교철학이 대한민국에서 꺼려지는 것은, 프레게의 분법으로 까발리자면, 첫째, '뜻'을 모르거나, 둘째, '것'을 모르거나, 셋째, '뜻'도 '것'도 모르기 때문이다. 개밥바라기를 개밥바라기라 말할 줄도 모르고, 샛별을 샛별이라 말할 줄도 모르고, 개밥바라기가 샛별이라 말할 줄도 모른다. 나아가 샛별이 금성이고, 금성이 태백성이며, 태백성이 계명이자 장경인 줄도 모른다. 헷갈리니까 어려워하고, 어려우니까 비교철학에 욕만 우라지게 해댄다. 나는 기꺼이 욕감태기가 될 것이다. 나를 욕가마리로 여겨도 좋다. 아는가. 그리스신화를 이어받는 서양의 별자리에는 북두칠성이 없다는 것을. 그들에게 북두칠성은 큰곰자리의 꼬리일 뿐이다. 북극성조차 작은곰자리의 꼬리일 뿐이다. 그러나 나의 별자리에는 북두칠성이 저녁에도 새벽에도 북극성의 수호 장군이 되어 맴돌면서 빛난다. 나는 기꺼이 국자/두斗/Dipper가 되어 나의 별 북극성(태일太一; 태을太乙: Polaris: UMiα-Ursa Minor α)을 지키고 말 것이다. 그것은 나의 무극無極(「노자」)이고 무애无涯(「장자」)이며 그리고 내가 믿는 무한無限한 인간성이다. 칠성七星 사이다cider vs. 대웅大熊 우르사Ursa다!

-All talk and no cider!(말은 많은데 되는 것이 없다.)
-番茶も出花!(싸구려 차도 첫 잔은 맛있다.)
-물도 안 나오는 산속에 있으면서 놀란 것: 은하수가 밝으니 북두칠성도 사라지더라. 여러분이 은하수다.

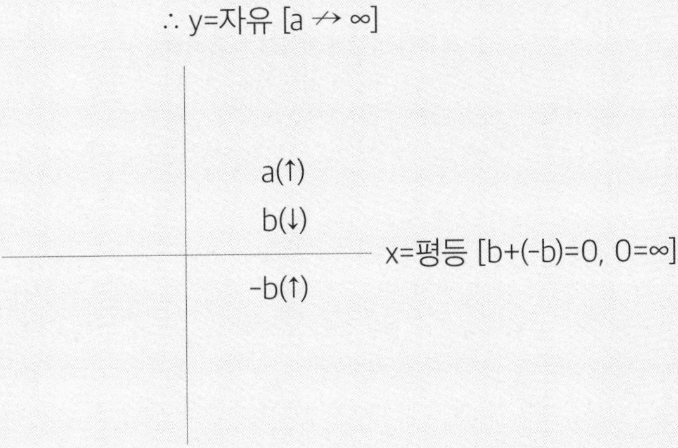


## ∀ 자유<평등

가. 발산의 위험함: 자유는 아무리 애써봤자 타인이 있는 한 무한할 수 없다.

나. 수렴의 위대함: 평등은 둘을 모으는 것이기 때문에 무한에 가까워질 수 있다.

다. 무한(∞)은 무(0)다. 적어도 동양의 사고에서는 그렇다.

라. 서양은 무를 악으로 보았다.

# 목차

# 1

# 세계는 성선과 성악의 싸움이다.

**1.1** 동양은 성선을 택했다.

**1.2** 서양은 성악을 택했다.

**1.3** 성선의 전통은 학교를, 성악의 전통은 감옥을 세운다.

# 1

# 세계는 성선과 성악의 싸움이다.

**1.01 성선과 성악이 있는가? 없다. 선악이 인간적인 것이듯이, 본성의 선악도 인위적인 것이다.**

**1.02 동물에게 선악이 있는가? 없다. 동물의 선악을 말하는 기준은 사람에게 달려있을 뿐이다.**

**1.021** 해충害蟲과 익충益蟲을 나누는 독단적인 판단기준은 오직 사람에게 있을 뿐이다. 사람에게 해가 되면 해충일 뿐이고, 그 반대가 익충일 뿐이다.

**1.0211** 해익害益이 상대적인 개념이라면 양적으로 엇비슷하게 쓰여야 하는데도 '해충'이 많은 까닭은 인간의 이기심에서 나온다.

**1.0212** 벌레라도 나에게 도움이 되어야 한다는 사고다. 도움은 당연하게 여긴다. 그래서 '익충'이라 굳이 부르지 않는다. 이런 오만함과 자기중심에 쌓여있는 지구상의 동물이 바로 사람이다. 고마운 것에는 고마워하지 않고, 미운 것만 미워한다.

**1.0213** 모기는 해충이다.

**1.02131** '모기는 해충이다'라고 사람들은 말한다.

**1.02132** '모기는 해충이다'라고 사람들은 생각한다.

**1.02133** '모기는 해충이다'라는 것은 사람들의 말이자 생각이기 때문에 모기와는 전혀 관계없다.

**1.02134** '모기는 해충이다'라는 말은 '모기는 익충이다'라는 말과 같다.

**1.0214** 지렁이는 익충인데도, 사람들은 미워한다. 땅에 기댄 농사꾼과 물고기를 잡으려는 낚시꾼만 빼놓고는 미워한다. 그것이 인간의 한계다. 내가 보고 싶은 것만 본다.

**1.0215** 벌레를 무서워하는 것은 살아남은 인류의 진화적 결과다. 그러나

무서워하는 것과 징그러워하는 것을 넘어 미워하는 것은 벌레에 대한 종적種的 오만이고 지적知的 겁탈이다.

**1.022** 루소는 [그래서] '종種(species)'이라는 말을 많이 쓴다. '종적 평등'이란 인류란 똑같은 조건에서 똑같이 살다가 똑같이 죽으며, 죽어야 함을 가리킨다.

**1.0221** 누가 우리를 종적 평등에서 벗어나게 만들었는가? 루소는 그것이 바로 법이라고 단언한다. 맞다. 법이 우리를 불평등하게 만든다. 법이 계급을 만들고 차별을 만든다.

**1.0222** 루소에게 자연법은 평등한 것이다. 그로티우스가 자유를 양도한다고 할 때 격분하는 것이 루소다. 아니, 바보가 아니라면 미쳤다고 자연인이 자신의 자유를 남에게 맡기는가? 생명을 남에게 맡기는가? 그런 황당무계한 '자연의 법'이 어디 있단 말인가? 루소가 당시의 자연법학자들에게 던진 비난이다.

**1.023** 살기 위해서는 도망쳐라. 나를 죽이려는 자는 없애라. 그것이 자연법이다.

**1.0231** 그런 점에서 정당방위는 실정법 속의 자연법이다.

**1.024** 행복을 추구하는 것도 자연법이다. 괴로움을 피하고 즐겁고자 하는 것에서 자연법의 원리가 나온다. 쾌락주의가 윤리적인 까닭이 여기에 있다.

**1.0241** 문제는 쾌락주의라는 엉터리 번역이다. 중국어에서 쾌락은 무겁지 않다. 따라서 한국어에서 그것은 즐거움에 해당된다. 쾌락주의가 향락주의는 아닌 것이다. 기껏해야 그것은 안락安樂주의다. 차라리 즐겁자주의라 말하자.

**1.025** 노자는 법률이 많을수록 도적이 많아진다고 했다. 그는 법도法盜를 보았다. 법을 쥐어지고 있는 도둑들이 설친다. 법을 등쳐먹는 도둑이 고대나 현대나 가장 많다.

**1.026** 선량한 사람은 법을 모른다. 그래서 말한다. '법 없이도 산다'고.

**1.027** 법을 말하는 순간 문명화된다. 문명화는 계급화의 길로 성큼성큼 나가고 계급화는 소유를 정당화하고 보호하는 일에 앞장선다. 무서운 일이다.

**1.0271** 법의 위험성은 사회가 체계화될수록 잘 드러난다. 법 때문에 재산을 잃고, 법 때문에 권리를 잃는다. 노자가 말하는 것은 법도法盜 곧 법을 이용해 먹는 도둑놈들이다. 임꺽정이라는 대도大盜가 처리하고 싶었던 것이 바로 법도들이다.

**1.02711** 나는 대한민국이 법도들의 천국이라는 데 놀란다. 공화당 때 4대 파동이 그런 종류의 것이다. 증권파동, 워커힐, 새나라자동차, 파친코를 법적으로 허락하고 이를 조절해서 금전과 권력을 얻는다. 아직도 법의 근처에 있는 사람이 정치를 하며, 그들은 여전히 부유하다.

**1.02712** 『한서』「예문지」는 말한다. 고조선의 8조목이야말로 노자의 법이 많으면 도둑도 많다는 주장을 이상적으로 실현한 나라라고. 그래서 나는 고조선으로 돌아가고 싶다. 아니면, 이런 것은 어떤가. 제1조, 사람을 죽인 사람은 죽인다. 제2조, 남의 것을 빼앗은 사람은 돈으로나 몸으로 갚는다. 제3조, 모든 사람은 먹고 잘 수 있어야 한다. 제4조, 이밖에는 없다.

**1.02713** 한고조 유방의 약법 3장이 떠오른다. 『사기史記』의 기록은 이렇다. 진나라 군사의 싸움에서 이긴 유방은 함양 동쪽의 패상에서 자영의 항복을 받는다. 함양으로 입성했던 유방은 번쾌와 장량의 권고로 다시 패상으로 돌아와 진나라의 호걸과 부로를 모아놓고 이렇게 말한다. 제1조, 죽인 사람은 죽인다. 제2조, 사람을 다치게 하거나 도둑질하면 죄를 받는다. 제3조, 나머지 법은 없다. 얼마나 진나라의 법률에 진절머리가 났으면 법을 없애는 것조차 법이 됐을까? 그러나 거기에는 평등의 약속은 없다. 살인과 폭력 그리고 탈취에 관한 처벌의 평등은 있어도 삶에 대한 대우의 평등은 없다. 그래서 나는 최소한 먹고 자는 것만큼은 국가가 나서주었으면 한다는 것이다.

탄생과 사망은 어차피 발가벗고 와서 옷 한 벌 입고 가는 것이니만큼 나름 평등하다.

**1.02714** 내가 말하는 대우의 평등은 루소가 말하는 종적 평등이다. 인류로서 마땅히 보장받아야 할 평등이다. 그런 점에서 루소는 서양에서 유일하게 제대로 된 자연주의자다.

**1.02715** 졸라나 모파상 같은 엉터리 자연주의에 속지 마라. 자연에는 유전적 질환만이 있는 것이 아니다. 유전적 건강함 때문에 우리는 자연의 시간 속에서 살아남았다.

**1.0272** 현대에서 자연법은 사라졌다. 그러나 그로티우스 같은 자연법학자들의 자연법은 역사 속에서 사라지지 않았다. 따라서 자연법도 위험하다.

**1.0273** 스토아의 자연법은 숙명론이기 때문에 더 위험하다.

**1.0274** 스토아의 담대함은 숙명에 대한 인식에서 온다. 그런데 숙명이라는 판단은 자연으로부터 얻은 것이 아니라 신 또는 그들의 머릿속에서 나온다. 따라서 자연이 아니다.

**1.02741** 스토아의 자연법과 그에 따른 숙명론보다는 인도의 유물론자들의 종교집단인 차르바카학파의 자연법 또는 먹자판 자연주의가 차라리 낫다.

**1.0275** 사고는 우리를 머리 아프게 만들지만 밥은 우리를 잠들게 해준다.

**1.028** 인간사人間事에서 선악과 해익害益은 같다.

**1.0281** (도덕) 윤리학의 용어로 선악을 쓰고, (초등) 생물학의 용어로 해익을 쓰지만 가리키는 것은 마찬가지다.

**1.02811** 일반경제학의 용어로 해익이 아닌 손익損益을 쓰는 것을 생각해보라. 그만큼 초등학생을 위한 생물학이 가치판단에 앞장서고 있는 것이 보인다. 손익은 주고받거나 적어도 남고 모자란 것이지만, 해익은 아예 죽여 없애버리거나 공들여 키워야 할 것으로 나눈다. 손익에는 알량할지라도 상대

방에 대한 고려가 있지만, 해익에는 죽고 죽이는 적과 아군만 있을 뿐이다.

**1.0282** 사람에게 도움이 되면 선량하고 이롭다 하며, 그렇지 않으면 사악하고 해롭다 한다.

**1.0283** 용어의 혼재를 보라. 이해利害 관계는 곧 이익과 해악害惡으로 나뉘고, 이로움이 곧바로 선이 되지는 않지만 해로움은 곧바로 악함이 된다.

**1.029** 이로움이 선함이 될 수 있다.

**1.0291** 맹자는 극구 반대하지만, 묵자에게는 이익이 선함이자 정의다.

**1.0292** 이로움이 선함이 되는 서양의 윤리설이 바로 공리주의다. 공리주의는 이익을 꾀하는 주의이지, 공공의 이익을 도모하는 윤리설이 아니다.

**1.02921** 공리功利주의를 공리公利주의로 번역한 윤리학의 태두 김태길 교수의 잘못으로 우리는 공리주의를 반대할 명분을 잃고 말았다. 공리주의는 공공에게 사악한 것이다. 공리주의는 평등을 결코 담보하지 않는다. 공리주의는 노예와 왕따를 합리화한다. 공리주의는 효율론자들의 주의주장(utilitarianism)일뿐이다. 그런 점에서 잘못된 번역의 역사는 군부에 의해 마련된 독재 성장론과 좋든 싫든 맥을 같이 한다. 오역誤譯이 오도誤導를 낳는다.

**1.0293** 도덕과 초등 생물학은 그런 점에서 같다.

**1.02931** 참으로 동떨어진 것 같은 학문이 선악의 문제에서 손을 잡다니!

**1.02932** 바이러스의 창궐은 우리에게 선악의 문제를 던져주고 있다.

## 1.03 자연계에 선악은 없다.

**1.031** 바보는 말한다. 선악이 자연에 고유하게 존재한다고.

**1.0311** 자연은 선하지도 악하지도 않다.

**1.032** 노자는 천지는 어질지 않다고 했다. 천지가 나를 위해 존재하는 것이 아니라는 말이다. 하늘도 땅도, 해도 달도 나와 무관하고 무심하게 돌아

갈 뿐이다. 그러나 그것에 투영해서 '나를 비춰주는 햇볕'으로 감정을 투영하는 순간, 세상은 왜곡된다.

**1.0321** 해는 우리에게 가장 좋은 것이다. 해는 우리에게 무조건 주기만 한다. 그러나 해에 감정이 있어 사랑하는 마음으로 우리를 비춰주는 것이 아니다. 내가 고마워하는 마음과 해의 운행질서는 별도다. 별도別途, 정말 다른 길을 가고 있는 것이다.

**1.0322** 해가 사람을 사랑하는 마음이 있다면, 해는 왜 사람이 없는 다른 행성에도 빛을 비추나? 해에게 사람에 대한 배려가 있다면, 해는 왜 사람을 말려 죽이기도 하는가? 겨울의 해는 축복이고, 여름의 해는 저주란 말인가? 북극의 해는 선물이고, 사막의 해는 폭탄이란 말인가?

**1.0323** 해는 하나다.

**1.0324** 해에 도덕성을 부여하는 것은 유가儒家들의 착각이다.

**1.03241** 그럼에도 해에 문학적이고 은유적으로 무조건 사랑을 느끼는 것은 나뿐만이 아니다. 해는 너무 강렬해서 탓이지만, 그래서 달이 문학적이고 은유적으로 더 많이 등장하지만. 지독한 사랑보다는 차라리 덤덤한 무관심이 나은 것이다. 노자는 그래서 염담恬淡을 말한다.

**1.033** 루소는 격정적이다. 욕망을 자연으로 본다. 그것이 노자와 다르다.

**1.0331** 루소는 욕망을 인정하지만, 노자는 무욕無欲을 원한다.

**1.0332** 그래서 루소에게는 윤리가 없지만 노자에게는 윤리가 있다.

**1.0333** 흔히 도가에 윤리가 없다지만, 아니다. 그들은 자기의 욕망을 절제함으로써 세계에 대해 냉정하고자 한다. 세상은 늘 우리를 자극한다. 따라서 그 자극에 반응하지 않고자 무지無知와 무욕無欲 그리고 지족知足을 요구하는 것이 노자다. 하다못해 지족에 그치지 않고 지족하는 자신에 만족할 것조차 요구한다. 그것이 '지족지족知足之足' 곧 만족할 줄 아는 자기에 대해 또한 만족하는 것이다. 이것이야말로 고급스러운 고차원적인 윤리다.

**1.0334** 욕망의 절제와 그 방법은 어떤 윤리학에서나 강조되는 것이다.

**1.0335** 루소에게는 신기할 정도로 윤리가 없다. 그 점이 노자와 다르다. 자연을 빙자한 방종인가, 욕망에 따르는 자연적인 삶인가? 둘 다다.

**1.0336** 루소를 비난하던 볼테르는 루소를 원색적으로 비난했다. 루소의 자연은 야만이라고 단정했다.

**1.034** 자연은 야생이 아니다.

**1.0341** 루소는 자신의 자연이 야만처럼 취급되는 데 분노했다. 급기야 자신의 자연은 과거의 자연이 아니라 일종의 가정이라고까지 말한다. 이상적 미래를 향한 제3의 설정이라는 것이다.

**1.0342** 그러면서도 루소는 자연에 대한 고찰에 당시 인류학의 발전에 크게 힘입는다. 관찰이고 경험이고 역사라는 것이다. 그리고 그 시원을 되찾자는 것이다.

**1.0343** 한편으로 현대 문명이 보여주는 학살에 신물을 느낀다.

**1.035** 자연에는 학살은 없다.

**1.0351** 자연에서는 먹을 만큼만 죽인다.

**1.0352** 루소는 전쟁이란 이름의 대량학살이 자연성을 벗어난 인간의 타락에서 기인한다고 생각했다.

**1.0353** 하다못해 전장으로 오가는 가운데 전투 외적인 경우로 죽는 경우가 더 많다고 꼬집는 것이 루소다. 싸움이야 어쩔 수 없다지만, 전쟁보다 전쟁 외적으로 죽는 병사가 많은 요상함을 고발하는 것이다. 그것이 문명의 아이러니, 곧 인위의 얄궂음이다.

**1.03531** 대한민국의 군인의 사망은 적군과의 전투가 아닌 아군의 병영에서 벌어진다. 그래서 군대에서 죽으면 개죽음이다. 훈련도중 사망하는 것은 작전 수행 중이라 명예롭기라도 하다.

**1.036** 노자는 군대가 지나가면 가시덤불밖에 남지 않는다고 슬퍼한다.

**1.037** 전쟁을 슬퍼하지 않으면 살인을 좋아하는 것과 같다고 여기는 노자다.

**1.038** 루소에게는 노자와 달리 반전론이 없다.

**1.0381** 반전론이 없는 한, 루소는 노자보다 사람을 덜 사랑하는 것이다.

**1.0382** 전쟁은 사람을 죽인다. 사람은 죽고 싶어 하지 않는다. 따라서 사람은 전쟁을 싫어한다. 이것이 자연성이고, 이것에 바탕을 두면 자연법의 제1원리가 나온다.

**1.0383** 자연법 제1원리: 사람을 살려라.

**1.0384** 자연법 제1원리는 결국 사람을 함부로 죽여서는 안 된다는 것이 된다.

**1.0385** 노자는 말한다. 죽음을 무겁게 여기라고. 죽음을 가볍게 여기면 안 된다고.

**1.03851** 나에게 그 말은 삶을 쉽게 죽음과 바꾸지 말라는 뜻으로 들린다. 얼마나 그 시절에 죽음이 난무했으면 중생重生이라고 하지 않고 중사重死라고 말할까. 정확한 노자의 어휘는 경사輕死로 죽음을 가볍게 여기는 풍조를 애달피 여기는 것이다. 죽음으로 내모는 전쟁, 공을 얻기 위해 죽음도 불사하는 상황, 법령으로 행해지는 사형, 이래도 저래도 죽을 건대라며 막나가는 태도에 노자는 울었다. 현대어에서 누가 죽음을 무겁게 여기라고 하는가. 삶을 존엄하게 여기고, 생명을 존중하라고 하지.

**1.03852** 김충렬 교수는 노자의 생명존중 사상을 중생이라고 표현했다. 그것은 철학사에서 정식화된 경물중생輕物重生이라는 어법에서 기인한 것이다. 주위의 재산, 명예, 지위를 가볍게 여기고 너의 삶을 가장 무겁게 여기라는 뜻이다. 그러나 노자에게 그런 말은 나오지 않는다.

**1.03853** 자기를 사랑하지 않는 자, 남을 사랑하지 못하나니.

**1.03854** 아, 나는 나를 사랑하지 못하는구나!

**1.0386** 법도 사람의 것이라 인위다. 따라서 자연법은 최대한 자연을 고려한 인위법에 불과하다.

**1.0387** 놀랍게도 루소를 고스란히 이어받았다고 자칭하는 로베스피에

르는 엄청나게 사람을 죽인다. 그의 벗은 단두대였다. 그 또한 벗의 칼날에 목숨을 잃는다.

**1.0388** 루소의 위험성이 로베스피에르에서 드러난다. 자유는 그래서 평등보다 중요한 것이 아니다.

**1.03881** 프랑스 대혁명 이념의 원천이 루소다. 프랑스 대혁명의 구호가 자유, 평등, 그리고 형제애였다. 형제애는 박애로 번역되지만 그보다는 남성들끼리의 전우애다. 문제는 자유가 평등에 앞섰다는 것이다. 프랑스 대혁명에 빚지고 있는 현대 민주주의가 자본주의에 휘둘리게 된 것은 바로 자유를 평등보다 앞세운 데 있다. 평등이 자유보다 앞서야 했다. 평등, 자유, 그리고 진정한 인류애!

**1.039** 자연계에는 선악이 없는 만큼 기요틴도 없고, 인종청소도 없고, 로스쿨도 없다.

## 1.04 평등한 삶이 자유로운 죽음보다 앞선다.

**1.041** 살고 싶어 하는 것이 사람이다. 따라서 죽음보다는 삶에 우위를 두는 것이 자연법의 원리다. 자연법은 살리는 법이어야지 죽이는 법일 수 없다.

**1.0411** 이념이 앞선 로베스피에르를 보라. 자유롭지 않은 사람은 자유롭도록 강제되어도 좋다는 저 건방진 생각을 보라. 깨인 자는 깨이지 않은 자를 어떻게 해야 한다는 저 계몽의 신화를 보라. 네가 무엇이기에, 나를 어쩌고자 하느냐.

**1.042** 노자는 무위無爲를 말한다. 남을 어찌하고자 말라는 것이다.

**1.0421** 무위는 타인에 대한 윤리다. 정확히는 무위는 타인에 대한 자기의 수칙이다.

**1.0422** 무위자연無爲自然의 자연은 나에 대한 순정한 윤리다. 자기가 무엇을 바라는지 바라보라는 충고다.

**1.04221** 칸트의 네 가지 물음 가운데 세 번째가 바로 '나는 무엇을 바랄 수 있는가'가 아닌가.

**1.0423** 노자의 무위자연은 '남에게는 관대하고 나에게는 솔직하라'는 원칙이다. 남을 어쩌고자 하지 말고(무위), 내 안에서 우러나오는 목소리에 귀를 기울여라(자연).

**1.0424** 무위 역시 자아윤리라는 주장은 나는 무엇인가 해야 먹고살 수밖에 없기 때문에 설득력을 잃는다. 나는 생존을 위해 무위하기 어렵다. 생존 자체가 유위有爲의 활동일 수밖에 없다. 물론 과식은 지나친 유위다. 무위자연이 자아에 함몰된 개인의 윤리에만 머무르지 않기 위해서는 '남에게는 무위, 나에게는 자연'이라는 타자에 대한 원리가 필요하다. 혼자 있을 때는 윤리가 성립되지 않는다. 개인윤리라는 말도 타인과 관계된 개인의 윤리라는 뜻이지, 결코 개인만의 함몰적인 윤리를 가리키지 않는다. 오히려 성리학에서 강조된 신독愼獨이야말로 우주 속에서 독체獨體와 만난다는 점에서 무척이나 개인적이다. 키에르케고르가 단독자를 말하지만 그것에는 신이 전제되어있다는 점에서 고립무원孤立無援일 수 없다.

**1.043** 무위는 평등이다.

**1.0431** 무위하지 않고 강요할 때 평등의 원리는 깨진다. 유위는 누군가가 아무개를 제멋대로 하겠다는 의지이자 신념이기 때문이다. 상하가 개입되며, 귀천이 설정된다. 주인과 노예의 관계가 성립되는 것이다.

**1.0432** 왜 내가 남을 어쩔 수 있다고 생각하는가? 내 욕심일 뿐이다. 남은 남이고, 나는 나다.

**1.04321** 선가의 용어가 있다. 남이 아무리 해주고 싶어도 못해주는 것 세 가지: 밥 먹는 것, 똥 싸는 것, 도 닦는 것. 깨닫는 것이 밥 먹고 똥 싸는 것처럼 내 일이듯, 남에게 시키려 마라.

**1.0433** 남을 어쩌려는 욕망 때문에 갈등이 일어난다. 왜 시켜, 왜 나를 갖고 그래, 왜 너는 안 해, 왜 너는 늘 그래?

**1.04331** 남녀 싸움의 대부분이 상대방을 어쩌자는 데서 나온다. 그것이 없어질 때 평화와 사랑이 찾아온다.

**1.04332** 동성끼리 어린 시절 맺어진 우정이 오래가는 까닭은 '그 아이는 본디 그래'라는 인정과 수용이 전제되어있기 때문이다. 서로 욕하면서도 웃는다.

**1.04333** 남녀끼리 의연한 관계를 유지하려면 남을 어찌하려 말고, 웃으면서 욕하면 된다. 동성끼리는 욕하면서 웃고, 남녀끼리는 웃으며 욕하라.

**1.0434** 서로가 욕망하는 것은 평등이 아니다. 서로가 욕망하지 않는 것이 평등이다. 욕망은 밑도 끝도 없기 때문이다. 무한으로 욕망하면 투쟁이 된다. 무한으로 무화無化 시킬 때만 평화가 온다.

**1.0435** 평등은 무위의 상태에서만 가능하다. 유위는 자신이 하라.

**1.0436** 공자의 위대한 금언: 네가 하기 싫은 일은 남에게도 시키지 마라.

**1.0437** 시키지 않는 것이 무위다.

**1.044** 자유는 추상적이지만 평등은 구체적이다.

**1.0441** 자유는 어디까지가 자유인지 몰라 자꾸만 늘어나는 개념이다. 그러나 평등은 높은 것은 낮춰주고 낮은 것은 높여주는 줄어드는 개념이다.

**1.0442** 자유가 적극적인 개념이라면 평등은 소극적인 개념이고, 자유가 발산하는 개념이라면 평등은 수렴하는 개념이다.

**1.045** x, y 축이 들어가는 해석기하학의 표현을 써보자. 자유가 수직적인 반면 평등은 수평적이다.

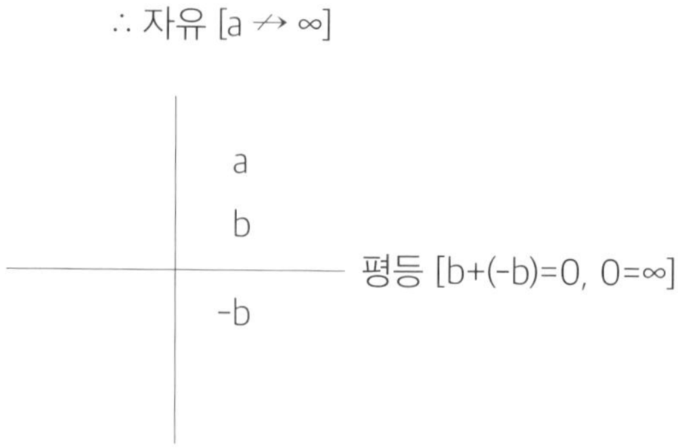


**1.0451** 둘 다 무한으로 나갈 수 있다는 것은 같지만, 자유는 펼쳐 나가려 하고, 평등은 끌어내리려 한다. 자유는 a에서 수직 상승하고자 하고, 평등은 b에서 -b와 함께 0으로 합산하고자 한다. 그런데 자유는 ∞으로 나가고 싶지만 타인 때문에 그럴 수 없고, 평등은 0으로 돌아와 타인과의 관계를 영속적으로 유지한다. -b는 자유의 이념에서는 너무도 먼 a를 따라갈 수도 넘볼 수도 없지만, 평등의 이념에서는 b와 어울릴 수도 하나가 될 수도 있다.

**1.0452** 여기서 관점의 차이가 나온다. 그대는 어디를 보고 있는가? -b를 보고 있다면 그대는 평등주의자egalitarian다. 그런데 a를 보고 있다면 자유주의자liberalist다.

**1.0453** x, y축이라고 부르는 것처럼 평등이 자유보다 먼저 일컬어져야 하지 않는가. x는 자연에, y는 인위에 가깝지 않은가.

**1.0454** 열역학의 법칙은 높은 에너지가 낮은 에너지로 가는 것이 아닌가. 끓는 물은 식는다. 엔트로피가 증가한다는 것은 나쁘게 말하면 김 빠지고 힘 빠지고 맥 빠지는 것이지만, 좋게 말하면 너그러워지고 끌어안고 더불어 산다는 것이 아닌가.

**1.04541** 나는 수평축을 수직축보다 먼저 고려하여 x, y로 자리매김한 데

카르트에 경의를 표한다. 근대를 열었다는 것은 생각하는 나를 발견한 것이고, 생각하는 나는 누구든지 될 수 있기 때문에 평등이 보장되는 것이다. x, y축이 뒤바뀐 수학을 생각하는 것은 군부독재로 돌아가는 것만큼이나 치가 떨리는 일이다.

**1.04542** 동양의 전제군주사회라면 어떠했을까? 인쇄에서조차 임금은 문자의 수나 판형에 상관없이 맨 위에 돌출시켜야 했던 시절(우연인지 권력의 개입인지 몰라도, 한자는 글자를 수직으로 썼다), 내가 수학자라면 객관적으로 동서남북으로 연장된 공간을 어떻게 해석했을까? 한자의 위에서 아래로, 오른쪽에서 왼쪽으로(정확히는 동에서 서로) 쓰는 전통은 어떻게 생겼을까? 거기에는 권력 의식이 개입되지 않았을까? 반대로 아무리 페니키아 문자로부터 온 알파벳이지만 그들은 왜 왼쪽에서 오른쪽으로 쓸까? 아랍어 전통과는 왜 반대일까? 그들에게 해석기하학이 있었다면 x, y축이 어떻게 되었을까?

**1.046** 수학은 평등주의의 산물이다. 적어도 해석기하학은 그렇다. 나의 1이 너의 2가 될 수는 없다. 따라서 수학은 객관적인 자연과학의 표본이 된다.

**1.047** 프랑스 대혁명의 이념적 과오는 평등을 자유보다 앞세우지 못한 것이다.

**1.048** 루소의 사상 가운데 그 자신도 인정하듯 가장 중요한 것은 『인간불평등 기원론』으로 일컬어지는 제2논문이다.

**1.0481** 로베스피에르가 놓친 것이 평등이다. 평등이 전제되지 않는 자유는 없다. 나만 자유로우면 폭력이고, 독재고, 전제군주제일 수밖에 없다. 전제왕정이 바로 그가 그토록 미워했던 것이 아니던가.

**1.0482** 내가 자유롭고 싶은 만큼 남도 자유롭고 싶다. 그것을 깨닫는 것이 평등의식이다. 그러나 현실은 내가 자유로우려면 남이 부자유해야 한다. 내가 먹고사는 데에서 자유로우려면 남에게 일을 시켜야 한다. 주인은 자유롭고 노예는 자유롭지 않아야 한다. 그래서 계급이 생기고 정당화된다. 귀족

과 자본가의 망측한 자유 때문에 농민과 노동자는 애련한 자유조차 잃어버린다.

**1.0483** 루소의 평등을 제대로 이어받은 사람이 마르크스와 엥겔스다.

**1.049** 노자는 말한다. 하늘의 길은 남는 것을 덜어 모자란 것에 보태주나, 사람의 길은 오히려 모자란 것으로 남는 것에 더욱 남게 한다고.

## 1.05 홀로 있을 때 선악은 없다.

**1.051** 참으로 어리석다. 선악이 마치 동떨어진 채로 어디엔가 있을 거라는 생각 말이다. 불교의 무아無我처럼 나도 고정된 실체가 없다는 주장조차 있는데, 어떻게 선악이 나를 떠나 고립되어 존재할 수 있겠는가. 선악은 이웃집에 맡겨놓고 있다가 내가 심심할 때마다 가져와서 붙였다가 뗐다가 하는 것인가. 용왕에게 끌려간 토끼처럼 내 간은 집에 두고 왔으니 가지러 가야 한다고 말하는 윤리설인가.

**1.052** 선악을 실체화시키는 것은, 종교적으로 천국과 지옥을 나눠놓고서 극락을 노래하는 선동가들의 망상이다. 천국에서 술시중을 드는 여인들은 뭔가. 금준미주金樽美酒와 옥반가효玉盤佳肴는 누가 만드는가, 속세에서 잘못을 많이 한 죄인들이 주방에서 쇠사슬에 묶여 일하나.

**1.0521** 내가 행복하면 남도 행복하다고 말하는 사람은 행복의 적군들이다. 내가 행복할수록 남은 불행해지는 것이 평등한 세상의 원리다. 내가 편하면 남이 귀찮아진다. 내가 일을 하지 않으면 남이 일을 해야 한다. 그것이 어떻게 평등일 수 있는가.

**1.0522** 낭만적인 행복론자거나 자아도취의 나르시시스트거나 아니면 정말로 부유하고 권력 있는 자들을 빼놓고는, 내가 행복하면 남도 행복하다고 말해서는 안 된다. 특히 사회에서는 그렇다. 내가 행복하면 남은 불행하다.

가정에서조차 그렇다. 남편이 편하면 아내가 불편하다.

**1.0523** 그런 점에서 행복은 균등성을 갖는다.

**1.0524** 개인에게서도 균등하지만 사회적으로도 그렇다. 아무리 개인이 행복해도 극도로 증가할 수 없고, 아무리 개인이 행복하다고 자부해도 사회가 행복하지 않으면 그 행복은 위협받을 수밖에 없다.

**1.0525** 사회보장제도는 결국 개인 행복의 방어막이다. 사회적 비용을 미리 쓰느냐, 한꺼번에 쓰느냐, 아니면 그 사회를 떠나느냐에 따라 정책에 대한 호오가 갈린다.

**1.053** 토끼의 간 선악론자들은 윤리의 사회적 맥락을 모른다.

**1.0531** 토끼의 간 선악론자들은 역사적으로는 미소의 선악 대립, 현재적으로는 미중의 선악대립, 현실적으로는 북미의 선악 대립만 보더라도 자신들이 얼마나 어리석은 줄 알게 될 것이다. 하나님의 뜻에 따라 선이 실현될 것이라고 굳게 믿지 않는 한 말이다.

**1.05311** 태극기가 주는 애국심에 대한 자극은 이루 말할 데 없다. 태극기는 대한민국 우표에서부터 영화에서까지 휘날리고 있다. 전쟁을 겪어본 세대들의 트라우마를 모른 척해서는 안 된다. 생존과 관련된 공포의 경험은 죽을 때까지, 아니 백골이 되어서도 잊기 어렵다. 전쟁을 직접 겪은 사람과 그렇지 않은 사람은 우리가 말하고 있는 성선과 성악의 구분만큼이나 천양지차天壤之差의 이질감을 갖는다. 그러나 거기에 휘날리는 이스라엘 국기는 정말로 황당하다. 선의 나라 신국神國이 재림再臨하길 고대하는 것이다. 토끼의 간은 토끼집이 아닌 천국에 있었다.

**1.05312** 이러다가는 애국지사의 유해를 감싸고 있는 태극기조차 이스라엘의 국기로 뒤덮일까 걱정스럽다.

**1.05313** 우리의 별은 다윗의 별이 아니라 북극성과 그것을 호위하는 북두칠성이었다. 그래서 우리나라 사람들 이름 가운데 '두斗'자가 무척이나 많은 것이다. 나의 학생 안두安斗는 말 두라 하지 않고 별 두라 분명히 말할 줄

안다.

**1.05314** <나는 자연인이다>의 자연인에게 선악이 있는가. 혼자서 무슨 짓을 하든 누가 뭐라고 하는가. 그가 산을 뭉개고 물을 막고 똥을 흘려보낼 때서야 선악이 나온다. 그것만 생각해도 선악은 토끼의 간이 아님을 명확히 알 수 있다.

**1.0532** 선악을 실체화시키는 사람에게 토끼의 간이 어디 있는지 보여주자.

**1.05321** 그렇다고 해서 토끼의 간처럼 신체적으로 내재화시키는 것도 안 된다.

**1.05322** 선악은 토끼의 간을 먹겠다는 용왕과 토끼의 관계에서 발생하는 것이지, 그의 신체기관에서 발생하는 것도 아니다.

**1.05323** 선악의 문제는 자라와 토끼 그리고 용왕의 일련의 관계망에서 생산된다.

**1.05324** 자라에게 토끼는 선이었다. 그러나 토끼에게 자라는 선일 줄 알았더니 악이었다. 용왕에게 토끼는 선이었다. 그러나 토끼에게 용왕은 절대 악이었다. 토끼는 여기서 상대악을 저지른다. 그것이 거짓말이라는 악이다. 용왕은 선했다. 토끼의 말을 믿었으니 말이다. 그것을 의심하지 않은 신하 자라도 선했다. 선한 용왕과 자라는 그렇게 악한 토끼를 보내주고 만다. 뭍에 닿자 깡충깡충 도망가는 토끼를 보고 느림보 자라는 '이 나쁜 놈아, 이 거짓말쟁이야'라고 욕한다. 이때 자라에게 토끼는 악하다. 살아남은 토끼는 멍청한 자라에게 '이 나쁜 놈아, 거짓부렁은 네가 먼저 했잖아'라고 대꾸한다. 이때 자라는 어리석음 때문에 자신의 선악에 모호해진다. 용왕의 명령이 선한 것인지, 토끼의 꾀가 선한 것인지, 하라는 대로 한 자신이 선한 것인지 애매할 뿐이다. 토끼의 앞날은 모른다. 늑대가 그 광경을 지켜보고 있을지도 모른다. 자라의 앞날도 모른다. 토끼를 놓친 죄과를 치를 수도 있고, 그 판단은 '용왕님이 하셨잖아요'라고 항변하여 관직을 유지할지도 모른다. 그러나

다른 토끼를 꾀어내려오지 않는 한, 그는 선을 칭송하는 상훈에서 멀어졌다. 인도의 자타카에서 왔다는 우리의 <수궁가>는 이렇게 선악이 맥락에서 달라짐을 가르친다.

**1.05325** 핵을 놓고 경쟁하는 국제관계가 꼭 수궁가를 닮았다.

**1.054** 나의 선은 남의 악이 된다.

**1.055** 선악은 맥락이다.

**1.0551** 선악의 맥락에는 역사, 경험, 종교, 신분, 직업, 이해관계와 종속정도가 개입된다.

**1.0552** 나아가 포유류와 어류처럼 유적 차별도 크게 작용한다. 육식은 안 해도 생선은 먹는 사람의 까닭이 여기에 있다. 야채만 먹겠다는 사람도 달걀과 우유에 대한 허용에서 이견을 보인다. 이처럼 생각이 다른 것은 바로 이것이 선악의 문제와 연결되기 때문이다.

## 1.06 사람의 본성은 선도 아니고 악도 아니다.

**1.061** 본성이라는 것은 사람의 두드러진 특징을 독립시켜 실체화시켜놓는 것이다.

**1.0611** 밥을 먹는 것이 본성이라고 해서, 맨 날 밥만 먹고 있는가. 사냥이 본능인 사자도 배부르면 사냥하지 않는다. 배부른 나는 아무리 좋은 음식이라도 먹지 못한다. 본성은 이렇게 시간에 따라 다르게 나타난다. 본성이라는 것조차 대강의 흐름을, 일정한 경향성을 일컫는 것일 뿐이다.

**1.062** 본성은 생물학적인 개념이고, 선악은 윤리학적인 개념이다.

**1.0621** 해익(해충과 익충)을 말하는 순간 생물학도 윤리학이 되듯, 이 둘을 섞어 말하는 오류는 정말로 오래되었다. 착한 벌레와 나쁜 벌레는 오직 인간의 관점이 아니더냐.

**1.0622** 그래서 현대과학에 매료된 분석철학자들은 인식론조차 생물학에 넘기라는 것이었다.

**1.0623** 오히려 생물학이 인식론으로, 나아가 윤리학으로 들어오는 것이 자연과학의 순정함을 보존하기 위해서는 나았다. 철학자들은 생물학의 윤리학, 생물학의 인식론에 귀를 기울였어야 했다.

**1.06231** 내가 잘 드는 사례다. 우리는 감기가 걸리면 재채기를 한다. 왜일까? 일상의 답: 병원균을 몰아내려고. (옥스퍼드대) 생물학 교과서의 답: 병원균이 숙주로 하여금 재채기를 시켜 멀리멀리 퍼지려고. 앞의 것이 사람의 관점이고, 뒤의 것이 바이러스의 관점이다. 바이러스가 관점이 있는지는 모르지만, 관점이라고 불릴 수 있는 생명의 태도가 있다면 말이다. 그리고 그 생명의 태도가 바로 인식론의 출발이 아닌가. 그래서 생물학이 인식론으로 들어오는 편이 나을 뻔했다는 말이다.

**1.06232** 나는 필연성이라는 말을 생물학자가 철학자와 달리 해석하는 것을 보고 깜짝 놀랐다. 철학자는 DNA의 결합을 인간의 의지가 개입되지 않은 우연성이라고 말하는데, 똑같은 상황을 놓고 생물학자는 인간의 의지가 개입될 수 없는 필연성이라고 말하고 있기 때문이었다.

**1.06233** 여기서의 가장 큰 차이가 무엇인가? 한 예로, 그것은 바로 신이다. 신이 없으면 DNA의 결합이 우연이 되고, 신이 있으면 그것이 필연이 된다.

**1.06234** 나아가, 우리가 DNA에 의해 좌지우지된다는 결정론도 마찬가지로 상반된 의미를 지닌다.

철학자1: 우리는 결정되어있어, DNA가 꼴리는 대로 하니 말이야.

철학자2: DNA로 생명이 결정된다는 것은 맞지만, 살아남고 죽는 것은 DNA가 선택하는 것이 아니라 자연이 선택하는 것이야. 다윈이 말하듯 자연선택이지. 따라서 작게는 결정된다는 말을 쓸 수 있지만, 크게는 결코 결정되는 것이 아니야. 우연일 뿐이지.

생물학자1: 그 결정을 누가 하겠어. 신의 뜻이지.

생물학자2: 결정은 하지만, 그것의 인격적 주체는 없어.

철학자1과 생물학자1은 통한다. 신을 제외하고는 주장의 위상이 다르지 않다. 그러나 철학자1과 철학자2가 다르듯이, 생물학자2는 철학자2와 표면상 다른듯하지만 실제로는 오히려 통한다. 철학자2와 생물학자2의 차이는 결정이라는 말을 어디다 갖다 붙이냐에 달려있다. 철학자2의 말처럼 작게 보면 결정이고, 크게 보면 결정이 아닌 것이다.

**1.06235** 생물학자2를 대표하는 인물이 도킨스다. 도킨스는 DNA가 모든 것을 결정한다고 해놓고는 신은 부정한다. 그래서 나오는 이야기가 『눈먼 시계공』이다. 여기서 '시계공'은 신으로 설명하는 방식이고, '눈먼'은 설령 그것이 신일지라도 아무것도 보이지도 보려고도 하지 않는다는 이야기다. 그런 점에서 도킨스는 철저한 무신론자다.

**1.06236** 그런데 결정론determinism이라는 용어는 철학에서 신에 의해 결정되느냐, 그렇지 않은가를 묻는 과정에서 나온 것이기 때문에 도킨스처럼 작은 범위에서 쓰는 것이 아니다. 따라서 철학자2와 도킨스는 같은 이야기를 하면서도 용어상의 불일치를 경험하는 것이다.

**1.06237** 우연과 필연이라는 용어에서도 똑같은 현상이 벌어진다.

**1.0624** 사람은 우연이 모인 것을 필연으로 보는 인식론적 경향이 있다. 따라서 과거는 대체로 운명이라 취급한다. 우리의 인식 속에서 과거는 차례대로 정리되기 때문이다.

**1.0625** 우연은 우연이고 필연은 필연인데, 어찌 우리는 우연의 총집합을 필연으로 정리하는 층위의 맹목적인 도약을 꾀하는가? 그것은 이해되지 않으면 불편한 우리의 인식구조에 기인한다. 별것이 아니다. 설명되지 않으면 답답한 것이다.

**1.0626** 우연의 총집합을 필연으로 설명하는 데는 팔자, 불교의 윤회, 서양의 별자리(사실 그것이 별자리 숙, 숙명宿命의 뜻이다), 신의 뜻과 같은 관념이 동

원된다. 그리고 그것의 도구나 주체 그리고 전적은 이렇다. 사주四柱, 전생前生, 산算가지(『주역』), 타로tarot, 화투, 쌀, 별똥, 일식과 월식, 그리고 『요한계시록』, 『토정비결』, 『정감록』 등등.

**1.0627** 논리의 맹목성을 보라. 일치의 강박증을 보라. 논리와 일치가 주는 편안함은 그것에서 벗어나는 것을 가차 없이 잘라버림으로써 폭력의 씨앗을 뿌린다. 설명 밖에 있어도 설명되지 않기 때문에 무서워서 죽이고, 설명 안에 있더라도 나에게 위협이 될 것은 미리 없앤다. 그것이 합리의 엄청난 불합리다.

**1.063** 스스로 물어보자. 나는 선한가, 악한가? 사회적으로 나는 선할 수도 악할 수도 있다. 그러나 홀로 있는 나 자체는 선한가, 악한가? 이 얼마나 엉뚱한 물음인가. 내가 살려는 것이 선인가, 악인가? 좋다. 살려는 것은 자연법의 제1원리이기 때문에 선하다고 치자. 적어도 법적인 죄는 될 수 없다. 그렇다면 살기 위해 내가 소를 잡는 것은 선인가, 악인가? 내가 살기 위해서는 넓은 의미에서의 폭력에 가담할 수밖에 없다. 돼지를 잡고, 굴비를 굽고, 나물을 삶는다. 따라서 삶을 지탱하기 위해 이렇게 폭력적일 수밖에 없는 나는 악할 수밖에 없는가? 과연 나는 어디까지가 선하고, 어디까지가 악한가? 나의 폭력은 나물까지는 선하지만 돼지에 이르러서는 악해지는가?

**1.064** 선악은 관계의 문제이지만, 본성은 선악의 문제가 아니다.

**1.0641** 본성과 선악을 엮은 것 자체가 생뚱맞은 일이다.

**1.0642** 그럼에도 성선과 성악은 세상을 설명하는 데 큰 공헌을 한다.

**1.06421** 나도 그렇게 설명할 것이다. 이보다 좋은 다른 방도는 없다. 아니, 이처럼 인간의 세계에 대한 인식을 신랄하게 드러내는 구조는 없다.

**1.065** 적으로 적을 잡자. 이이제이以夷制夷!

## 1.1 동양은 성선을 택했다.

### 1.11 성선이란 다름 아닌 인간의 본성에 대한 믿음이다.

**1.1101** 나는 사실이라고 말하지 않는다. 믿음을 말한다. 믿음은 신뢰와 약속으로 도덕적 가치를 지닌다. 따라서 성선의 논의는 윤리의 역사를 담는다.

**1.1102** 윤리의 역사란 동양철학의 경우 성선과 성악이라는 경쟁에서 성선이 성악을 물리치고 우위를 차지함을 말한다.

**1.1103** 동양사상사는 유가와 도가의 투쟁도, 유가와 법가의 투쟁도, 도교와 불교의 투쟁도 아닌 성선과 성악의 투쟁이다.

**1.111** 유가의 성선은 맹자로부터 시작된다.

**1.1111** 맹자의 성선에 대한 선언은 참으로 고집스러웠다. 그의 성격에 따른 엄격함과 호방함이 늘 개입한다. 우리는 그것을 호연지기浩然之氣라는 그의 말로 기억한다.

**1.1112** 호연지기는 다름 아닌 도덕적 배포다. 도덕을 실천할 수 있는 용기다. 그래서 그것은 옳은 일을 할 줄 아는 배짱이다. 배짱 없이 도덕적 실천 없다. '할 줄 아는 것'은 할 줄도 알 수 있음을 가리킨다. 무식하게 하기만 해

서도 안 되고, 백면서생白面書生처럼 알기만 해서도 안 된다. 실천과 지식의 통일이다.

**1.11121** 할 줄 안다는 우리말은 위대하다. 할 수 있다는 가능성에 대한 탐색(how can)만이 아니라 함에 대해 이미 인지하여 행동한다는 현실(know how)을 담기 때문이다. '그 사람, 일 할 줄 아네'는 이미 그 사람이 실천하고 있음을 가리킨다. '그 사람, 먹을 줄 아네'도 마찬가지다. 나는 이미 그가 먹는 것을 보았고 그것을 판단하고 있다. '그 사람, 요리할 줄 아네'라는 말에는 이미 요리라는 행위와 실천이 과거시제로 존재했고, 그의 요리가 현재 시점에서 평가받고 있는 것이다.

A: How can you do?

B: I know how.

**1.1113** '함'과 '앎'의 일치, 어디서 많이 듣지 않았는가. 왕양명이 말한 지행합일知行合一이 바로 그것이다. 알면 한다. 하지 않으면 알지 못하는 것이다. 돌이 날라 오면 피한다. 그것이 지행합일이다. 맹자가 말한 어린아이가 우물에 빠질 것 같으면 이것저것 가릴 것 없이 달려가 아이를 잡게 된다. 거기에 어떤 고려도 없다. 왕양명의 지행합일은 따라서 결코 앎과 함을 하나로 만들라는 이야기가 아니다. 그의 지행합일은 앎과 함이 벌써(부터) 같은 것이라는 인식론적 발언이다. 그에게 앎 따로, 함 따로는 아예 없다. 앎은 함을 저절로 일으킨다는 말이다. 하지 않으면 알지 못하는 것일 따름이다. 알면서도 하지 않는다는 것은 아직 알지 못한 것이다. 왕양명은 윤리적 행위의 근거를 인식론에서 찾았다. 전 세계의 철학에서 이런 주장은 없었다. '욕먹으면(그것이 말일 따름인데도, 말이라는 것이 신기하게도 들으면) 화가 난다'는 수행이론(performance theory) 정도만 현대에서 부분적으로 제기되었을 뿐이다.

**1.1114** 맹자도 보고 싶은 것만 본다. 죽이고 싶을 정도로 미운 원수의 자식이라면 과연 아이를 구할까? 못 본 체 눈감는 정말로 나쁜 놈도 있지 않을까?

**1.112** 그런 나쁜 놈을 루소는 철학자라고 부른다. 집 아래에서 사람이 죽어가도 먼 산 쳐다보며 '나의 일은 현실의 일이 아니야, 순수하고 숭고한 일이야'라고 뇌까리는 것이 철학자라는 것이다. 오히려 이런 일에 앞뒤 안 가리고 나서는 사람들은 배우지 못한 길거리의 사람들이라는 것이다.

**1.113** 배우지 마라. 노자의 말이다. 배우는 자는 쌓기만 한다. 그러나 도를 닦는 자는 덜어낼 줄 안다.

**1.114** 노자의 무지無知를 (고의로) 오독하는 놈들을 경멸하라. 노자의 무지가 어떻게 우민愚民 정치일 수 있는가. 우민이라는 뜻에는 백성을 바보로 만들겠다는 말이 들어간다. 노자의 뜻은 바보처럼 사는 것이 똑똑한 삶이라는 것이다. 그래서 정치가들이나 법률가들이 어쩌지 못한다. 이것도 노자의 말이다.

**1.115** 흔히 성선의 역사가 공자로부터 시작된 것처럼 착각하는데, 공자는 그저 중립적이었을 뿐이다. 본성은 서로 가깝지만, 습성은 서로 멀다고만 말했을 뿐이다. 그러나 여기서 중점은 본성에 있지 않고 습성에 있다. 그 습성을 예로 다스려야 한다는 것이다.

**1.1151** 맹자는 본성의 길을 가고, 순자는 습성의 길을 간다. 맹자와 순자는 모두 공자의 제자임을 자랑삼아 내세운다.

**1.1152** 나는 그것을 공자의 두 길이라고 말한다. 공자는 늘 두 길을 가고 있었다. 성선의 길과 성악의 길, 그것은 사랑과 제도의 길이었다. 사랑의 길은 맹자의 인의仁義로, 제도의 길은 순자의 예의禮義(순자에게는 예의禮儀가 아니다)로 갈린다.

**1.116** 여기서 스포일러가 되자. 맹자의 길은 노자의 길이자 루소의 길이다. 그것은 성선의 길이다.

**1.1161** 성선과 성악의 싸움, 그것은 이미 공자의 머릿속에서부터 배태되고 있었다.

**1.1162** 공자의 속마음은 어느 쪽이 강했을까? 정치를 하고 싶을 때나 현

실에서 자기의 꿈을 이루고 싶었을 때는 제도 쪽이었을 테고, 그래도 면면히 흐르는 전통 속에서 인간성에 대한 신뢰나 미래에 대한 확신을 갖고 싶었을 때는 본성 쪽이었을 것이다. 제도와 본성, 그것은 영원한 우리의 숙제다. 인간성과 그것을 다루는 온갖 제도적 장치들!

**1.117** 배우지 않아도 다 안다. 배우지 않아도 선하다. 배우지 않아도 잘 산다. 그것이 노자와 루소의 기본 명제다.

**1.1171** 배우지 않아도 잘한다는 것은 일종의 믿음이다.

**1.1172** 우리는 배워야 산다. 배우지 않아도 싸울 줄 알지만, 배워야 농사 지을 줄 안다. 그래야 먹고 산다. 우리의 문명은 벌써 이렇게 발전해버렸다. 배우면 더 잘 싸운다. 배우면 무엇이 먹을 것이고 무엇이 먹지 못할 것인 줄 안다.

**1.11721** 생쥐가 어미 쥐에게 무엇을 먹을 것인지 배우지 못하면 아무거나 먹고 죽는단다. 그것이 밈meme이라는 것이다. 사회적 유전자, 역사적 유전자가 바로 밈이다. 태어난 지 얼마 되지 않아 새끼를 밸 줄 아는 쥐라도 그렇다.

**1.11722** 나는 유전자보다는 밈을 믿는다. 인간성은 생물학적인 DNA로만 이루어지지 않는다. 문화적 DNA인 MEME의 영향을 받는다. 언어는 어릴 때 배우지 못하면 평생 할 수 없다는 것을 문명 세계로 돌아온 늑대소년에 대한 보고서는 말해준다. 언어는 세계관이고 세계관은 사람이 세계를 해석하게 해주는데, 늑대소년은 아무리 성장해도 세계를 보는 눈을 갖지 못하는 것이다.

**1.1173** 먹는 것과 싸우는 것만 배우는 것이 아니다. 언어와 그것으로 이루어진 세계관도 배운다. 세계관도 믿음의 체계이다. 뭐가 어렵나. 세계가 이렇게도 보이고 저렇게도 보이는 것처럼 세계를 이렇게도 보고 저렇게도 볼 수 있는 것이다.

## 1.12 보는 것이 세계관(Weltanschauung; world view)이다.

**1.121** 본 대로 아는 것이 사람이다.

**1.122** 나는 이렇게 인간성을 본다는 것이 세계관이다. 나는 이렇게 인간성을 본다는 것은 나는 이렇게 인간성을 보겠다는 의지의 표출이다. 그런 점에서 뜻은 믿음을 전제로 한다.

**1.123** 쇼펜하우어가 자신의 책 제목으로 따온 불교 유식학의 근본 명제인 '세계는 의지와 그것의 표상이다'(『의지와 표상으로서의 세계』)라는 것은 이렇게 성립된다. 보고 싶은 대로 보인다.

**1.124** 루소는 이러한 보고 싶은 대로 보이는 세계와 그러한 인식의 태도에 대해서는 침묵했다.

**1.1241** 왜일까? 무식해서? 겁나서? 만일 그렇게 생각하는 것을 공표하면 가뜩이나 욕먹고 있는데 더 욕먹을까 봐? 그런 점에서 루소는 철학자의 반열에 잘 끼지 못한다. 사회사상가나 교육학자일 뿐이다.

**1.125** 노자는 인식의 상대성을 무엇보다도 먼저 지적한다. 높은 것보다는 낮고 낮은 것보다는 높으니, 그것이 높은 것인지 낮은 것인지 알 수 없다. 잘난 놈보다는 못하지만 못난 놈보다는 잘났으니, 나는 잘난 것인지 못난 것인지 알 수 없다. 길고 짧은 것, 어렵고 쉬운 것 등 모든 것이 그렇다.

**1.1251** 노자는 층차를 구별하지 않고 말하지만, 그가 말하는 상대성은 바로 언어와 직결된다. 인식의 상대성을 말하면 언어의 상대성으로 나가지 않을 수 없는 것이다. 그 점에서 인식은 언어의 결과이고, 언어는 인식의 원인이다.

**1.1252** 노자가 말에 대한 말을 많이 하는 까닭이 여기에 있다. 노자는 세계의 상대성을 말하는 것이 결코 아니다. 언어의 상대성을 말하는 것이다. 언어의 상대성에 처참하게 기초하고 있는 어쩔 수 없는 세계의 상대성을 힐난하는 것이다. 세계는 상대적이지 않고, 언어만이 상대적일 뿐이다.

**1.12521** 사람들은 첫째, 세계의 상대성과 언어의 상대성을 나누지 못하고, 둘째, 언어의 상대성이 유혹하고 있는 세계의 상대성을 깨닫지 못하고, 셋째, 세계의 상대성이 언어의 상대성을 보장하지 못함을 모른다. 첫째의 예는 '해바라기는 키가 크다'다. 그러나 다 자란 해바라기는 다 자란 잣나무보다 키가 작다. 또한 다 자란 잣나무는 다 자란 미루나무보다 키가 작다. 이렇게 키가 크다거나 작다고 말하는 것은 온전히 언어의 세계다. 둘째의 예는 '한여름 냇물은 차다'다. 그러나 한여름에 냇물이 우물물보다 차기는 어렵다. 그런데도 사람들은 언어의 상대성에 비추어(여름은 뜨겁다하고 물은 차다고 하니) 사실의 세계를 단언한다. 셋째의 예는 '모든 것이 낮과 밤처럼 나뉜다'다. 그러나 낮과 밤처럼 나뉘는 것은 암수가 있는 생물에서만 가능하지 생물을 살게 하는 무생물에서는 불가능하다. 그런데도 모든 것을 낮과 밤처럼(이를테면 음양陰陽으로) 나누어보려고 한다. 이런 혼동이 우리를 절대화시키며, 그것에서 벗어나 마침내 상대성을 깨닫더라도 절대주의의 비난에 휘둘리게 되는 것이다.

**1.126** 언어의 상대성으로부터 사물의 상대성으로 착실히 나가는 철학자가 노자의 후배인 장자다. 그는 피차彼此나 시비是非로 대표되는 이것과 저것이나 옳고 그름과 같은 인식론적 개념으로부터 출발해 사물에 걸쳐진 장단長短이나 미추美醜라는 관념이 완전히 인간적인 틀임을 고발한다. 미추는 사물의 것이 아니라 인간의 것이라고? 장자의 비교 대상은 사람끼리가 아니라, 최고 미인인 서시西施에 대한 물고기나 노루의 태도다.

**1.1261** 장자의 피차나 시비는 그래서 이것과 저것이나 옳고 그름으로 나뉘는 것이 아니라 오히려 '이것과 옳음'이 한 묶음으로 함께 논다. 내 쪽이면 무조건 옳다고 여긴다는 말이다. 이것은 옳고, 저것은 그르다. 그래서 피시彼是 곧 '저것'과 '옳다'가 상대적으로 대립한다.

**1.1262** 조삼모사朝三暮四. 아침에 바나나 세 개 주나 저녁에 네 개 주나 마찬가지인데도, 원숭이는 일단 아침에 네 개를 받고 싶어 한다. 이것이 바로

인식과 사실을 구별하지 못하는 우리의 어리석음이자, 우리 세계의 한계다.

**1.12621** 원숭이는 정말로 아침이 배고플지도 모른다. 원숭이는 '아침에 우리는 배가 더 고프다고요'라고 말한다면, 조삼모사라는 장자의 말은 더 이상 존속할 수 없다.

## 1.13 보는 것도 믿음이다.

**1.131** 이렇게 보겠다는 데에야 할 말이 없다.

**1.132** 잘못 보았다는 수만 가지 이유에 잘 보았다는 수만 가지 이유가 따라붙는다.

**1.133** 우리는 보기보다 믿는다.

**1.134** 우리는 믿으면서 본다.

**1.135** 우리는 믿으려고 본다.

**1.136** 우리의 눈이 문제가 아니라 마음이 문제다.

**1.1361** 혜능이 조계산에서 내려와 한 유명한 말: 바람이 부는 것도, 깃발이 흔들리는 것도 아니라 네 마음이 흔들릴 뿐이다. 그래서 마음공부다.

**1.1362** 왔다 갔다 하는 마음과 상관없는 세계에 대한 인식, 그것이 선이다.

**1.1363** 그런 세계가 가능할까? 가능토록 무문관無門關에서 몇 년씩 박혀 수도를 하는 것이다.

**1.1364** 손가락을 보지 말고 달을 보라라고 말하지 말고, 달이라는 말없이 달을 보라고 말하자.

## 1.14 언어에 대한 탁월한 인식으로 공감하는 것이 도가와 명가名家다.

**1.141** 오늘이 어제 되기에 '나는 오늘 월나라에 가서 어제 도착한다'.

**1.142** 시간의 뒤돌아보지 않는 진행성 때문에 '나는 어제 월나라에 가서 오늘 도착한다'는 말은 사실이 되고 만다. 따라서 '오늘이 어제 되고, 어제가 오늘 된다'는 식의 말은 함부로 해서는 안 된다. 어제와 오늘은 어차피 상대적 개념이기에 뒤바꿔 써도 된다고 전제하지 않는 한 말이다.

**1.143** 그래서 장자와 혜시는 진정한 벗이다.

**1.1431** 물고기가 노는 것을 보고 장자가 '즐겁게 노는군'이라고 하자 혜시는 '자네는 물고기가 즐거운 것을 어떻게 아는가?'라고 얄궂게 묻는다. 이에 '그렇다면 자네는 내가 물고기의 즐거움을 알지 모를지 어떻게 아는가?'라고 응대하는 것이 장자다. 이 보두 인식의 문제로 즐거움이 문제 되는 것이 아니다. 나는 내가 보고 싶은 대로 본다. 너도 그러지 않느냐.

**1.144** 도가와 명가는 언어를 떠난 세계로 돌아가려고 무척이나 노력한다.

**1.1441** 천하는 한 손가락(천지일지天地一指)이고, 만물은 한 마리 말(만물일마萬物一馬)이다. 말로 나누지 않으면 그렇다.

**1.1442** 만물은 하나다. 말로 된 생각으로 나누지 않으면 그렇다.

**1.1443** 따라서 그들의 결론은 하나다. 만물을 사랑하라. 있는 대로 봐라, 선악을 나누지 마라.

**1.1444** 선악을 나누지 말라고 말하고 싶기 때문에 그들은 '있는 그대로'를 받아들이라고 한다.

**1.145** 있는 그대로 받아들이라는 노자의 언어가 무위자연이다. 남을 있는 그대로 받아들이기가 무위이고, 나를 있는 그대로 받아들이라는 것이 자연이다.

**1.146** 자연이라는 말은 곧 스스로, 그대로, 저절로라는 뜻을 담는다. 세상은 스스로 그러하노니 어쩌려 말라.

**1.147** 루소는 그것을 서양의 사상계에 '자연으로 돌아가라'라는 말로 소개한다.

### 1.15 선악을 나누지 않는 것은, 모든 것을 선으로 받아들이는 것이다.

**1.151** 선악을 떠난다는 것은, 선악을 넘어선다는 것은, 선악이라는 상대성 위의 절대성을 추구한다는 것은 언어를 떠난다는 것이기 때문에 언어로는 형용 불가하다.

**1.152** 노자는 거듭거듭 언어의 상대성을 깨달으라고 말한다.

**1.1521** 노자의 상대성은 언어의 상대성이지 세계의 상대성이 아니다.

**1.15211** 노자의 상대주의를 세계의 상대주의라고 말하는 작자는 노자를 읽어본 사람이 아니다. 세계는 우리와 상관없이 멀쩡히 잘 있는데 무슨 상대와 절대가 있겠는가.

**1.1522** 있는 그대로를 말하는 언설이 있을까? 없다. 세상을 보지 않거나, 보아도 말하지 않는 한, 세상은 있는 그대로 들어오지 않는다. 내 머릿속의 세상이다.

**1.1523** 내 머릿속의 세상을, 스님들은 '유식唯識'이라 일컫고 아이들은 '땟지!'라고 일컫는다. 스님들은 세상을 다 내 마음이 만들었다(일체유심조一切唯心造)고 한다. 그래서 세상과 인연을 끊고 출가를 한다. 아이들은 자신이 넘어졌을 때 자신을 넘어뜨린 바닥과 돌을 원망한다. '땟지!' 나를 넘어뜨린 놈은 나쁜 놈이고 응징을 받아야 한다. 그렇다면 세상은 헛것이거나 나쁜 놈이냐? 스님과 아이의 착각은 마찬가지다. 세상은 있고, 엄연히 나와 관련 없이 존재하고, 선악과 관련 없이 나를 괴롭히고 아프게 한다. 따라서 나는 떠나거나 맴매한다. 맴매할 수 없기 때문에 떠난다. 떠날 수 없기에 맴매한다.

**1.1524** 그렇다면 세계 자체를 어떻게 부르고 말해야 하는가? 최대한 중립적인 개념으로 형용해야 하는데 어떻게 하면 될까? 결국 우리는 상대적인 개념 가운데 하나를 택해 말할 수밖에 없다.

**1.1525** 어차피 한쪽으로 치우칠 수밖에 없는 개념을 최대한 가운데로 이끌며 말하기는 참으로 어렵다. 중립화의 이상은 결코 실현될 수 없는가? 없

다. 그러나 소통에서는 가능하다. 서로 말을 알아듣는 사람끼리는 말의 겉에 매달리지 않고 말의 속에 들어가 이야기를 나눌 수 있다.

**1.1526** 장자는 말한다. 말을 잊은 사람과 말하고 싶다고.

**1.1527** 밥은 중립인가? 아니다. 잘된 밥과 잘 안된 밥이 있고, 된밥과 진밥이 있으며, 찬밥과 더운밥이 있다. 과연 그것이 객관적인가? 서양 사람들은 뜸 들인 밥보다 설익은 밥을 좋아하며, 이가 나쁜 사람은 된밥보다 진밥을 좋아하며, 누구에게는 찬밥이지만 누구에게는 더운밥이다. 그 모든 것의 경계 또한 모호하기 그지없다.

**1.1528** 우리말에 기미라는 말이 있다. '밥이 쉴 기미가 있다'고 할 때 그 밥은 쉰 것인가, 쉬지 않은 것인가? 위가 좋은 사람에게는 먹어도 되는 밥이고, 위가 약한 사람은 먹어서는 안 되는 밥이다. 기미機微, 이 얼마나 상대성을 넘어설 줄 아는 좋은 말인가.

**1.153** 이것일 수도 있고 저것일 수도 있는 기미가 아니라면 사람들은 긍정적인 개념을 선택하거나 아니면 긍정적인 개념을 부정함으로써 중립성을 유지한다. 먼저, 좋다는 것은 선하다는 말이 아니라 알았다, 됐다, 애썼다는 뜻이다. 가치판단이 아니라 사실판단을 긍정적인 판단으로 대신한다. 우리말의 '좋아'나 중국어의 '하오好'가 그렇고, 영어의 '굿good'이나 '뷰티풀beautiful'도 그렇고, 그리스어의 '칼론καλόν'도 그렇다. 가볍게 그저 됐다는 말이다. 다음, 노자가 말하듯 욕심이면 욕심을 버리라는 뜻에 무욕無欲을 쓴다. 무욕이 그런 점에서 과도한 욕망을 버리라는 것이지 모든 욕구를 버리라는 것이 아님은 분명하다. 비슷한 맥락에서 에피쿠로스는 그리스어의 부정관사 a를 붙여 아타락시아(ataraxia: 부동심不動心)라 쓰고, 스토아는 아파테이아(apatheia: 無情念)라고 쓴다. 그렇다고 해서 그들에게 마음이 없고 느낌이 없는 것은 아니지 않는가. 중립을 향한 이 험난한 역정에 노자도 스토아도 마다하지 않는 것이다.

**1.154** 루소는 그 험난한 역정에 끼어들지 않는다. 서양의 전통에 반대하

기는 했어도 중립의 길을 가기 위한 힘든 노력은 하지 않는 것이다. 스토아의 목표가 어떤 꼬임이나 휩싸임이 없는 아타락시아(아파테이아가 아니다)에 있다고 전할 뿐이다.

**1.1541** 그런 점에서 루소는 지나치게 현실주의적이다. 그래서 윤리학도 없고 중립으로 나가려는 노력도 없으며, 쉽게 격정 속에 싸인다. 남들이 나를 미워한다고 생각하고, 자신도 신경쇠약이다. 동양의 신선처럼 노니는 여유가 없다.

**1.15411** 나의 처음 명제들이 딱딱하게 언어와 진리, 진리와 세계, 세계의 상대성과 그것을 넘어선 세계 등 재미없는 이야기로 가득 찬 것을 이해해 달라. 세계관에 대한 분석 없이는 아무것도 할 수 없다.

**1.155** '이다, 아니다'를 넘어선 세계는 '이다'에 가깝다. 언어를 넘어선 세계는 그저 그렇게 '이다(있다)'이기 때문이다.

**1.1551** 유독 선악의 문제에서 선보다 악이 사람들에게 민감하게 느껴지는 까닭은 악은 우리에게 피해를 입히기 때문이다. 좋은 것과 나쁜 것 가운데에서는 나쁜 것이 더 신경 쓰인다. 그러나 나무는 그렇지 않다. '그 나무는 나무이다'가 '그 나무는 나무가 아니다'보다 훨씬 낫다. '나무가 아니다'에는 나무가 아닌 세계 전부가 들어가 버리고 만다.

**1.156** 사람의 성향에 대한 판단도 그렇다.

**1.1561** '사람은 끊임없이 욕심을 부린다'는 '이다' 명제에서 사람들은 그저 그렇게 받아들인다. 그러나 '사람은 끊임없이 욕심을 부리지 않는다'는 '아니다' 명제에서 사람들은 의심하고 회의한다.

**1.1562** 따라서 '모든 사람은 착하다'는 명제는 '모든 사람은 착하지 않다'는 명제보다 친숙하며 상식적이다.

**1.1563** 이는 성선설의 언어적 기원설이다. '이다'가 '아니다'보다 먼저니 성선설이 성악설보다 먼저다. 밤나무가 너도밤나무보다 먼저고, 밤나무나 잣나무가 (구실)잣밤나무보다 먼저다. 긍정의 도덕이 먼저고 부정의 도덕이

나중이다. 하라는 이미 도덕의 세계에 편입되어있기 때문에 일상생활에서는 하지 마라만이 난무할 뿐이다.

**1.15631** 밤나무나 잣나무가 먼저라는 것이 생물학적으로나 존재론적으로 먼저라는 것이 아니다. 언어적 작명 과정에서 먼저라는 것이다. 선악의 문제에서 무엇이 먼저 이름 붙여졌는지는 정말 확정하기 어렵지만, 먹자, 자자, 하자와 같은 이다 명제가 먹지 마라, 자지 마라, 하지 마라 같은 아니다 명제보다 앞선다는 것은 추측할 수 있다. 개가 짖는 것은 악을 보고 짖기도 하지만 선을 보고 짖기도 하지 않는가. 주인에게도 반가워 짖고, 낯선 이에게도 으르렁거리며 짖는다는 것은 짖는다는 이다 명제가 먼저라는 생각을 자연스럽게 이끈다. 설령 개가 경계심에 짖는 횟수가 환영의 짖음보다 훨씬 많더라도 그렇다.

**1.1564** 맹자는 순자에 앞선다.

**1.1565** 순자는 맹자의 성선을 비난하면서 성악을 주장한다. 맹자의 성선은 고자의 성무선악설과 비교할 때, 그것은 그다지 무겁지 않은 '선에로의 초대', '선에로의 회유,' '선에로의 권고'였다. 그러나 순자에 이르러 그것은 엄청난 학설로 규정되며, 학자들이 선택해야 할 이데올로기로 자리 잡는다.

**1.15651** 자본주의라는 말이 자본주의를 비판하는 마르크스에 의해 정의되는 일과 마찬가지다.

**1.1566** 고자는 말한다. 물은 아무 데로나 흘러갈 수 있는 것 아니냐고. 맹자는 말한다. 그래도 아래로 흘러가지 않느냐고.

**1.15661** 고식적 언사이기는 하지만, 정약용이 성기호설性嗜好說로 말하고자 함은 본성은 선을 담배나 술과 같은 기호식품처럼 좋아한다는 것이므로, 성이 곧바로 선하다는 맹자의 언설과는 엄청난 차이를 보인다.

**1.15662** 고자와 맹자의 물에 대한 비유에 정약용을 덧붙이자면, 물은 아래로 흐르지만 차게 되면 넘쳐 위로 솟구칠 수도 있는 것이다. 그게 사회라는 고약한 그릇이다. 그게 인간을 학살로 이끌고 간 민족사회주의자(Nazi)들

의 종족주의(racism)로 드러나기도 하는 것이다. 아래로 가는 것을 좋아하면 뭐하나. 차이고 또 차이고, 썩고 또 썩고 있는데.

## 1.16 성선은 인간적이다.

**1.161** 성선은 상식적이며 사회적이다.

**1.162** 성선 속에서 인류는 편하다.

**1.163** 성선으로 정의되는 인간은 그 밖의 인간에 대해 인간도 아니라고 말할 수 있다.

**1.1631** 인간이 아니기에 살인이 아니라는 위험한 결론이 나온다.

**1.1632** 임금이 아니기에 역모가 아니라 단순한 처형이었다는 주장의 장본인이 바로 맹자다. 그의 표현에 따르면 시弑(시해弑害)가 아닌 주誅(주살誅殺)다. 선의 위험성이다.

**1.1633** 공포정치의 로베스피에르가 벌인 학살이 바로 그런 논리에서 벌어진다. 정의正義(justice)가 아닌 정의定義(definition)에 의한 살인, 사건事件에 의한 살인이 아닌 언사言辭에 의한 살인, 일에 의한 살인이 아닌 말에 의한 살인이었다.

**1.1634** 로베스피에르에게 윤리학을 마련해주지 못한 루소의 잘못이다. 평등이 자유보다 철저하게 우선된다는 것을 가르쳐주지 못한 루소의 잘못이다. 한 사람의 평등을 빼앗아 우리 모두가 평등할 수 있다면 기꺼이 그의 평등을 빼앗겠다는 것은 논리가 아니라 무력일 뿐이다. 체계가 아니라 돌출일 뿐이다. 설명이 아니라 선동일 뿐이다.

## 1.17 동양사상에서 성선의 흐름은 다음과 같다. 노자-장자-맹자-육상

**산-왕수인-정제두, 그리고 신채호. 이론적인 성선을 제도권 내에서 확립시키고자 한 흐름은 다음과 같다. 맹자-양웅-한유-주자-퇴계와 율곡, 그리고 전병훈. 성선의 기반 위에서 성악과 줄다리기 한 흐름은 다음과 같다. 동중서-왕충-이지-왕부지-정약용, 그리고 함석헌. 성악의 흐름은 순자에서 한비자로 넘어가자마자 그들에게 법가라는 이름을 붙여주면서 유가와는 독립되고 말았다. 이후 논외**論外**라는 이야기다.**

**1.171** 서양 사상가들이 계몽주의 시절에 수많은 사상가가 법률을 언급한 것과는 크게 차이를 보인다. 이때 법률은 정치체제와 밀접한 관계를 갖는다. 루소도 몽테스키외에 대해서는 경외심을 보인다.

## 1.2 서양은 성악을 택했다.

### 1.21 유대기독교는 성악설이다.

**1.211** 최초의 인간이 원죄를 저질렀기 때문이다.

**1.212** 선하면 선으로 나가야 하는데, 아무리 뱀이 꼬였다고는 하지만, 홱 방향을 틀어 악으로 가버린 것은 인류의 본질적인 악함을 상징한다.

**1.213** 그 악함의 반대편에 신이 있다. 망할 놈의 선이라는 설정 때문에, 인류는 악으로 망해버렸다. 순선이나 절대선이라는 대척점만 없었어도 인간이 그렇게까지 나쁘게 취급되지 않으련만.

**1.214** 이후 사람은 죄를 씻기 위해 산다. 자신도 모르는 죄, 그러나 태초의 조상이 저지른 죄를 뒤집어쓰고 속죄해야 한다.

**1.215** 그런 점에서 예수가 사람의 육신을 받아 대속代贖하는 것은 마땅했다. 사람의 형태는 예수이건 아니건 죄의 표상이다.

**1.216** 육신을 지니면 유대기독교적 사고에서는 왜 죄인인가? 욕망 때문이다. 나의 욕망은 타인의 욕망을 방해할 수밖에 없다.

**1.2161** 살기 위해서는 살생을 할 수밖에 없기 때문에 업을 짓는다고 말하는 불교의 말과 같다.

**1.2162** 예수라도 육신 덕분에 사랑에 빠진다. 인류에 대한 사랑조차도 그렇다.

**1.2163** 예수의 아버님은 육신이 없어서, 자신이 인류의 통증을 경험한 바 없어서 인류를 잔인한 신음 속에 빠지게도 한다.

**1.21631** 흄이나 스미스 같은 스코틀랜드학파가 주장하는 윤리학의 근거로서의 공감 또는 동정심을 말하자면, 인격신이기에 하늘에 계신 그분께서도 갖추고 있다고는 하지만, 육체가 없는 바람에 화가 나고 질투를 부리면 아무도 건잡을 수 없게 된다. 맞아보지 않은 사람은 상대의 고통이 안중에 없다. 맞아본 사람만이 아픔을 안다.

## 1.22 육체는 악이다.

**1.221** 육체에 대한 이러한 경멸에 철학자들이 분노하기 시작한 것은 현대에 가까워지면서 비로소 일어난 일이다.

**1.222** 서양에서는 몸에 대한 인정이 일어났고, 동양에서는 인욕人欲의 긍정으로 일어난다.

**1.2221** 몸에 대한 인정으로는 메를로퐁티 같은 감각의 현상학이 대표적이고, 인욕에 대한 긍정으로는 주자의 이학理學을 반대하고 나온 기론자氣論者들이 대표적이다. 생각으로부터 몸의 회복, 이理에 대한 기氣의 우위가 바로 그것이다. 이제 감성은 이성에 뒤지지 않는다.

**1.2222** 루소가 한 위대한 일 가운데 하나가 바로 감정의 복원이었다. 말로만 이성적이지 실제로는 감정적인 인간을 루소는 잘 그려낸다.

**1.223** 육체는 욕망하기 때문에 악이라는 것인데, 너무했다. 그렇다면 나는 나를 사랑하기 때문에 악인가. 그렇다면 너는 나를 그리워하기 때문에 악인가.

**1.2231** 스토아의 무정념이라는 설정에 충실하면 인격신은 필연성이라는 단어로 전락해버리고 만다. 용서도, 구원도 구할 필요가 없다.

**1.2232** 그렇게도 악한 육체 때문에 신을 사랑하고 그리워하게 되는 것인데도 신이 나의 정념 그 자체를 미워하면 나는 설 데가 없다. 정념은 나를 위해서 뿐만이 아니라 그대를 위해서도 있어야 한다.

**1.224** 육체는 빌미다.

**1.2241** 선악의 구도에서 영혼과 육체라는 이분법이 필요했을 뿐이다.

**1.2242** 영혼은 선하고, 육체는 악하다. 영혼이 악해진 것은 육체 때문에 타락한 것이다. 천국은 육체를 버리고 영혼만 사는 곳이니 아름다운 곳이다.

**1.2243** 천국의 육체는 영혼에 완전히 지배받는 것이거나, 욕망에서 자유로운 새로운 육체로 다시 받은 것이다.

**1.22431** 욕망이 없는 육체는 육체인가? 그런 육체는 육체라고 부르지 않는다. 육신의 탈을 쓴 천사다. 2019년 노벨문학상을 받은 한트케의 <베를린 천사의 시>에서처럼 인간이 되는 순간 육체를 입고 육체를 입는 순간 욕망과 절망 그리고 태어남과 죽음을 부르짖을 수밖에 없다.

**1.2244** 영혼과 육체가 따로 논다는 것은 서양 사유의 기본이고, 그 기반 위에서 영혼은 선하고 육체는 악해진다. 그렇다면 육신을 가진 우리는? 기본적으로 악할 수밖에 없다. 사람의 본성(육체)을 악으로 몰고 나가는 인간의 선한 영혼(정신)이라니, 황당하다. 정신분열적인 이분법이다.

**1.2245** 쉽게 생각하기로는 선한 영혼에 선한 육체, 악한 영혼에 악한 육체다. 현실에서 그렇기 때문이다. 그런데 분열의 분법은 선과 악을 교차시키고 있다. 내가 아무리 선하려 해도 육신 때문에 선할 수 없고, 내가 육신을 가진 한 악에서 벗어날 수 없다. 그래서 천국이 제시된다. 천국 없는 자아의 선함은 보장되지 않기 때문이다. 죽어야 제대로 산다.

### 1.23 선과 악의 이분법이 서양의 성악 전통을 이끈다.

**1.231** 인간과 신, 육체와 영혼, 삶과 죽음, 욕망과 무정념의 상태가 끝끝내 대립하며 세상과 의식을 양분한다. 앞의 것은 악, 뒤의 것은 선이다. 미칠 지경에 이르러서야 천국이라는 과실로 우리를 꾄다. '천국이 가까이 왔다.'(Heaven has come near. 마태 3:2, 4:17, 10:7) 그 과실을 따 먹으면서, 아주 옛날 기억도 안 나는 그때 이브가 무화과실을 따 먹은 죗값을 치른다고 생각한다. 악의 자유의지를 선의 자유의지로 맞바꾼다.

**1.2311** 용서해서는 안 된다. 나쁜 일을 시켜놓고, 나쁜 일의 죄과를 치르라하고, 너무도 어렵고 힘들어하니까, 그때서야 비로소 희망을 주고, 희망 앞에서 우리는 다시금 우리의 죄를 강제적으로 인식하고, 그렇게 반복하다 보면 천국에 간다는 믿음 하나로 마침내 죽음에 이른다.

**1.23111** 어디서 많이 보던 수법이다. 그루밍이 떠오른다.

**1.2312** 용서해서는 안 되는 것이 우리의 사유와 의지를 다람쥐 쳇바퀴 돌리듯 유혹하고 방임하고 있는 점이 아니다. 용서해서는 안 되는 것은 다름 아닌 멀쩡한 사람에게 던져준 악이라는 선물이다. 그것은 선善한 선물膳物이 아니라, 악惡하디 악한 오물惡物이었다.

**1.232** 선물 받은 선악의 이분법이 일으키는 것은 다름 아닌 이 세계에 대한 지독한 혐오다.

**1.233** 그런 이분법만 없었더라도 나는 옳고 너는 그르다는 신념에서 기인한 십자군 전쟁과 같이 악의 축을 제거하겠다는 명분 아래 벌어지는 기망과 학살은 없었을 것이다.

**1.2331** 불교도가 자신들을 자랑하는 것 가운데 하나: 우리는 전쟁을 일으킨 적이 없어요. 임진왜란 때 일본 승려도 한몫하고, 그에 대항하는 조선 승려도 한몫했다. 불교가 전쟁에 개입하지 않았다는 것이 아니라 불교가 스스로 일으킨 전쟁은 없었다는 것이다.

**1.23311** 하기야 고려의 망국을 바라보면서도, 신돈의 몰락을 지켜보면서도 승려들은 일어서지 않았다. 돈과 권력이 마련되어있었을 텐데 그들이 나서지 않은 것은 신기하다. 승군僧軍을 떠올려보자. 앞으로 벌어질 그들에 대한 멸시와 탄압을 그들은 예측하지 못했던 것일까?

**1.2332** 주자학은 이기불상잡理氣不相雜과 더불어 이기불상리理氣不相離를 주장한다. 섞이지도 않으면서도 떨어지지도 않는다니? 서양적 사고로는 이해하기 어렵다. 섞이지 않음은 고립된 선의 세계를 전제하는 것이지만, 떨어지지 않음은 선은 악으로부터 유리해서 독립적으로 존재할 수 없음을 뜻하는 것이다.

**1.2333** 퇴계는 서로 섞이지 않음에 매달리는 바람에 이의 독자적인 운동성(이발理發)을 주장했고, 율곡은 서로 떨어지지 않음을 놓칠 수 없어 기를 고쳐나가자(교기질矯氣質)고 주장했다.

**1.234** 선악의 이분법이 서양의 철학을 악하게 만들고 있다.

## 1.24 악은 선의 결핍이다.

**1.241** 절대적 충만만이 선인가? 아니다. 바람 빠진 선도 선이다. 선의 부분도 선이고, 부분이 빠져나간 선도 선이다. 피자 한 조각도 피자이고, 한 조각 빠진 피자도 피자다. 조각이 빠진 피자는 크지 않은 피자, 모자란 피자, 제 꼴을 갖추지 않은 피자일 수는 있어도 피자가 아닌 것은 아니다. 제 꼴을 갖추지 않으면 피자가 아니라는 주장은 서양철학이 바로 실체 중심적인 사고이기 때문이다.

**1.242** 실체의 역사는 길다. 문제의 역사도 길다.

**1.2421** 실체는 크게 둘로 나뉜다. 첫째는 나뉘는 실체이고, 둘째는 숨어있는 실체다. 그러나 그 둘 모두 자기의 형식적이고 내용적인 꼴을 지킨다는

점에서 마찬가지다.

**1.2422** 나뉘는 실체에 대해 말해보자. 나뉘는 실체는 사물의 밖에 있다. 플라톤 같은 사람들이 주장하는 것으로 이른바 이데아Idea다. 그것이 동굴 너머에 있건, 하늘나라에 있건, 바닷속에 있건 그들은 사람의 세계를 떠난다. 동굴 너머에는 빛의 세계가 있고, 하늘나라에는 파라다이스가 있고, 바닷속에는 가라앉은 아틀란티스가 있다. 그것은 이곳이라는 토피아의 뜻을 저버리고 이곳에 있지 않기에 유토피아utopia라고 불린다. 토포스topos를 갖지 못하는 실체다. 이 세계는 있지 않지만, 인간계에서는 볼 수 없지만, 저기 있는(있다고 하는) 유토피아다. 현실을 부정하자마자 저기 멀리 보이는 땅이다. 그런 실체는 그리스 접두어 u-나 a-로 현실에서는 부정되는 세계다.

**1.2423** 숨어있는 실체에 대해 말해보자. 그것들은 다행히 저기 있지는 않지만 깊이 숨어있는 것들이다. 내 마음속에 진짜 내 마음으로, 사람의 겉에서는 보이지 않지만 속에서, 간간히 잃어버리기도 하지만 돌이키면 찾아올 수 있는 꼴로 있다. 동양의 언어로는 진심眞心, 본성本性, 본심本心들이 여기에 해당하고, 서양의 언어에서는 본질本質(essence), 내재內在(immanence), 본유本有(inherence)라는 말이 애용된다.

**1.24231** 진심, 본성, 본심 등 동양의 언어는 누군가 주는 것이 아니다. 그러나 본질, 내재, 본유 등 서양의 언어는 누군가가 심어놓았다는 뜻이 담겨 있을 때가 많다. 이를테면 본유는 본래本來라고도 번역되지만 천부天賦로도 번역된다. 천부가 무슨 뜻인가. 하늘, 하느님, 하나님이 주었다는 것 아닌가.

**1.2424** 나뉘는 실체가 동양에는 없다. 하다못해 불성佛性조차 누가 주는 것이 아니다. 타고 난 것인데 모르거나 가려져 있을 뿐이다. 개에게는 불성을 누가 주나? 아무도 주지 않는다. 개도 타고나는 것이다. 그것이 '모든 것에는 불성이 있다'(실유불성悉有佛性)는 입장이다. 따라서 실체가 나뉘지 않는다. 그러나 서양에서는 나뉘는 실체가 엄격히 존재한다. 우리의 말로 하자면, 별유천지別有天地, 별세계別世界로 있다. 흔히 오해하는 것처럼 별천지나 별세

계는 별이 반짝이는 하늘을 가리키는 것이 아니라 여기에는 없는, 다른 세상이라는 뜻이다. 그러나 이런 표현은 문학과 종교에서는 자주 썼지만, 그것도 그저 놀라운 세계라는 뜻에서 애용되었지만, 사상에서 그것이 개념화된 적은 없다. 이 세상 밖에 따로 있는 세계는 없는 것이다.

**1.2425** 서양의 실체는 나뉘는 실체에 대한 지속적인 의구심 때문에 숨어 있는 실체로 변용된다. 플라톤에서 아리스토텔레스에 이르는 역정이 곧 그렇다. 초월적인 실체가 내재화된다. 아리스토텔레스도 처음에는 플라톤의 영향 때문에 초월적 실체보다 내재적 실체가 나중이라고 생각했다. 그러나 제1실체, 제2실체의 정의로 내재적인 것을 초월적인 것보다 앞세우게 된다. 후대의 학자들이 그의 실체개념에 헷갈리는 것이 이것 때문이다. 그러나 스승의 길을 넘어서면서 그의 실체는 내재화되고, 얄궂게도 바로 그것 때문에 중세의 13세기에 이르기까지 그는 이단으로 낙인찍힌다. 신의 내재성은 서양사상사에서 받아들일 수 없었던 것이다. 성령이 찾아오는 것이지 내 속에 이미 성령을 갖추고 있는 것은 아니다.

**1.243** 노자는 자주 말한다. 그것을 버리고 이것을 얻으라. 그의 전문용어인 소박素樸, 그 가운데에서도 박樸이라는 말만큼 자주 말한다.

**1.244** 루소는 말한다. 소박(naïveté; naivety)하라고. 서구에서 소박의 어원이 바로 루소이기 때문에 영어사전에도 불어로 나오는 것이다. 발음에 이상한 표기가 달라붙는 까닭이다.

**1.245** 나뉘는 실체를 버리고 거칠더라도, 촌스럽더라도 이곳으로 오라. 노자와 루소의 천명이다.

**1.2451** 너무 큰 실체를 버리고 작은 개체의 실재성에 주목한 사람이 러셀이다. 그래서 그의 철학을 철학사에서는 소박 실재론(naive realism)이라고 부른다. 이때의 소박은 그야말로 나이브한 실재론, 엉성한 실재론, 거친 실재론, 원자 급 정도나 실재한다고 믿는 실재론을 가리킨다. 순박한 실재론이다. 사과는 실재하지만 사과 두 개 이상은 실재하지 않고 그것이 바구니에 담길

때야 비로소 두 개의 사과라 불릴 수 있다는 이야기다. 바구니가 그와 화이트헤드가 심혈을 기울였던 집합론이다. 원자적 실재론(atomic realism)이 그들이 사상적으로 추구했던 방향이라면, 그들의 공헌은 수학의 집합론({a, b, …})으로 드러나기 때문에 그것은 세트set 또는 박스box 리얼리즘이기도 하다.

**1.24511** 순박하기를 자처한 러셀, 그래서 나는 그가 서양 지성사를 대표하는 현대철학자라고 생각한다. 비트겐슈타인이 더 철학적이라고? 아니다. 사변성과 시의성에서는 그가 뛰어났다고 할 수 있을지라도, 러셀이 아니었으면 그의 책은 아무것도 아닌 채 사장될 수 있었다. 자기의 강의에 늘 고개를 갸우뚱거리던 비트겐슈타인을 알아본 러셀이다.

**1.24512** 러셀의 주관에 가득 찬 철학사는 그래서 철학에 입문하는 사람들에게 권해지지 않는다. 그러나 철학을 맛본 사람이라면 꼭 읽어보라. 주관적인 판단이 가져다주는 그의 호소력 강한 주장에 매료될 것이다.

**1.24513** 반핵 운동의 시작? 바로 러셀이다. 반기독교 운동의 첨봉? 니체라 하겠지만, 아니다. 기독교의 종교성이 아니라 그것의 반인륜적 결과 때문에 기독교인이 될 수 없다는 사람이 러셀이다. 자기가 벌인 일도 아닌데, 자신들 문화의 폭력성에 놀라 그것을 반성하고 기억하고자 용감히 뚜벅뚜벅 걸어 나온 사람이 러셀이다.

**1.24514** 기독교인이 아니라는 사람에게 강연을 시킬 수 없다고 시민들이 항의하는 바람에 러셀의 뉴욕시립대 강연은 취소되었다. 청교도의 엄격한 신앙생활을 하고 있는 사람들이 자신들의 돈으로 그를 부를 수는 없었던 것이다. 미국은 유럽보다 신앙적으로 보수적이다. 나는 미국에서 흄의 책에 '열람금지'(prohibited)라고 도장 찍힌 판본을 마주하며 그들의 보수성이 기독교에 대해 애매했던 흄에게까지 미쳤구나 하며 놀랐다. 흄은 나에게는 무신론자 또는 다신론자이지만, 서양철학사에서는 그것을 분명하게 다루지 않고 있다. 그런 마당에 러셀은 『나는 왜 기독교인이 아닌가』라는 책을 냈으니 쫓겨날만했다.

**1.2452** 과연 서양철학사에서 그들이 줄기차게 매달려온 실체에 대한 비판을 제대로 한 철학자가 있을까?

**1.2453** 헤라클레이토스와 그를 찬양하는 헤겔이 그나마 머물러있지 않고 흐르는 철학자다. 파르메니데스의 멈춘, 서 있는, 시간을 제외한 철학에 정면으로 반대되는 것이 헤라클레이토스의 철학이다. 만물유전萬物流轉으로 정식화된 변화의 철학이 헤라클레이토스의 철학이다. 변화는 실체를 속으로 지니고 겉으로만 할 수도 있지만 그는 아직 그렇게 뭔가를 숨길 줄 몰랐다. 흐르는 강물에 두 번 다시 발을 담글 수 없다. 내 발을 담근 강물은 이미 흘러갔다. 강물이 늘 흐르고 있으니 겉보기에는 그 물이 그 물인 것 같지만, 내 발을 담근 물은 저만치 가버렸고 새로 담글 물이 내 앞에 있을 뿐이다. 거기에 실체는 없다.

**1.2454** 헤겔은 어떠했을까? 흐르는 철학을 세운 헤라클레이토스를 위대한 철학자, 자신의 변증법의 원조라 칭송하지만, 그에게는 절대성이 개입되어있다. 흐르긴 하지만 늘 흐르지 않고, 어느 때 무엇인가에 다다라버린다. 그것이 절대정신이다. 절대정신이 무엇인가? 천국이다. 신의 뜻이 완전히 실현된 상태다. 변증 곧 대화, 대화 곧 말다툼하면 뭐하나? 절대정신 앞에서 무릎을 꿇는데 어떻게 끝없는 대화가 보장될 수 있는가. 헤겔은 사이비似而非 헤라클레이토스다. 목적이 없어야 끝마침이 없다. 끝마침이 없어야 실체적 사고가 머물 데가 없다. 실체적 사고에 절대정신과 같은 마침표는 적이다. 실체가 없는 사고에는 과정이 아닌 결과로서의 궁극窮極은 없다.

**1.2455** 뒤돌아가서 데카르트로 가보자. 그는 실체를 생각하는 실체와 늘어나있는 실체로 나눈다. 사유하는 실체와 연장延長된 실체라고 제발 어렵게 말하지 말자. 그의 생각은 정말로 근대적이다. 실체가 딴 데 있는 것이 아니라, 내 머릿속에 있거나 아니면 3차원의 세계에서 공간을 점유하고 있다는 것이니 말이다. 찻잔은 책상 위에서 부피를 갖고 늘어나있다. 그러나 책상 앞에 있는 나는 어떤 길이나 넓이를 갖지 않고도 온갖 망상을 한다. 세상

에는 이 두 종류밖에 없다는 것이 데카르트의 주장이다. 그러니 신도 머릿속에 생각으로 있을 수밖에 없다. 그의 유명한 명제로 말해, 아무리 의심해도 의심하는 것은 의심할 수 없으니 의심하는 것만큼은 있다-신에 대해 수긍하건 의심하건 뭔가 있으니 수긍하고 의심하는 것이니 신은 생각 속에서 실체로서 존재한다. 그렇다면 생각하는 것과 늘어난 것은 어떻게 연결되나? 송과선松科腺이라는 당시의 과학을 동원하지만 오늘날에 보면 엉뚱한 상상기관에 기대어 설명하는 것이 데카르트다. 그리하여 또다시 이분법은 재생된다. 정신과 육체라는 이분법을 사유와 물체라는 이분법으로 바꿨을 뿐이다. 과학적이고 수학적이기에 사유와 물체는 중립적이라고 아무리 외쳐도, 사유는 순수할 수 있지만 물체는 관계와 상황의 영향을 받기 때문에 순전純全할 수 없다. 성리학적인 용어로는 순선純善과 유불선有不善의 나뉨이다. 이理와 기氣의 차이, 성性과 정情의 차이다.

**1.2456** 현대철학에서 반실체적 사고를 해본 철학자는 로크 정도일 것이다. 그는 실체 대신 성질이라는 말로 첫 번째의 것과 두 번째의 것을 나눈다. 그의 성질은 근대과학이 중시하는 양(quantity)과는 상관없는 질(quality)의 문제와 관련된다. 그러니까 데카르트가 늘어나있는 실체를 설정하여 세계 속에서 일정한 연장을 지닐 수밖에 없는 것들을 인정하는 것과 같이 제1성질은 객관적으로 존재하는 성질로 상정한다. 크기나 움직임처럼. 그러나 공간을 떠나 인간의 인식 속에서 가능한 성질은 제2성질이다. 뜨겁거나 찬 것처럼. 따라서 경험론자라고는 하지만 그의 실재reality가 중세적인 실재를 가리키는 것인지, 반대로 현대적인 실재를 가리키는 것인지는 헷갈릴 수밖에 없다. 실재의 이중성이다. 이는 아리스토텔레스가 제1실체와 제2실체라는 용어로 순차적으로 헷갈려하는 것과 마찬가지다. 관념론자에게 실재는 저 세상에 있고 그들을 반대하는 경험론자에게 실재는 이 세상에 있어야 하는데, 로크만 하더라도 초기경험론자로서 이쯤에서 머무는 것이다. 바로 뒤를 이은 버클리가 경험주의자로 분류되는 것은, 현대적 사고로는 더욱 기이한 일

이다. 존재란 지각된 것(Esse est percipi)이라는 것이, 너나 나의 지각 속에서가 아니라, 다름 아닌 신의 지각 속에서 벌어지는 일이기 때문이다.

**1.246** 서양철학에서 실체實體(substance)라는 말이 얼마나 부침을 겪어오고 있는지 생각해보라. 현실의 것인지 관념 속의 것인지 왔다 갔다 한다. 그래서 그리스어의 우시아ousia는 우리가 (서)있는 것의 아래(sub)라는 뜻에서 지금과 같은 이름을 얻었지만, 우리의 번역에서는 기체基體와 실체實體 그리고 본체本體라는 말 속에서 헤맨다. 중요한 것은 단 하나: 그것이 어디에 있냐고 물어보라. 어디에 있느냐고 묻는 것이야말로 실체적 사고를 이해 못하고 상식선에 머무르는 비실체적 사고라고? 그것은 어디에도 있다고? 만유인력萬有引力처럼 만유재신萬有在神처럼 네가 알든 모르든 있는 것이라고? 웃기지 마라. 그것은 네가 어디 있는 지도 모르는 바보 같은 소리다. 너는 어디에 있느냐? 너의 생각 속에 있느냐, 신의 생각 속에 있느냐, 아니면 네 앞사람의 머릿속에 있느냐? 너는 누구냐? 밥 먹고 똥 싸는 너는 누구냐?

**1.247** 완전함을 추구하는 인간 또는 신의 욕심이 선조차 악하게 만든다.

## 1.25 가짜라는 말을 함부로 하지 말라.

**1.251** 가짜는 진짜와 나뉜다.

**1.252** 진짜 내 마음은 이렇다. 순 거짓말이다. 본디 그럴 마음이 없었다. 진짜란 남들이 모르는 것을 말할 때만이 진짜가 된다. 새로운 정보가 있고, 마음을 열고 주고받는 태도로 그것을 받아들일 준비가 되었을 때에서야 진짜는 해가 동편에서 떠오르듯 두둥실 올라온다. 그러나 볼 수 있어야 한다. 해가 서편으로 지고 아무것도 보이지 않는데 진짜라고 말하면 가짜다. 차라리 희미해도 달이라도 보면서 진짜라고 하는 편이 낫다. 순식간에 사라지는 별똥별이라도 좋다.

**1.253** 가짜를 자랑스러워하라. 그대가 그럴 수만 있다면 수도pseudo라는 접두사를 단 '위僞 디오니소스(pseudo-Dionysius)'임을 자랑하라. 거기에는 가짜보다는 비슷하다(의사擬似)는 뜻이 강하다. 계승의 의미를 담는 2세라는 뜻도 들어간다. 진짜는 아니라도 엇비슷하다는 뜻이다.

**1.254** 철학이 수도 사이언스임을 자랑스러워하라. 아무리 과학이 수도 필로소피였더라도 묵인하라. 손바닥도 마주쳐야 소리가 난다. 차라리 철학자들이여, 과학은 사실로 되어있는 것이 아니라 가정 또는 가설임을 만천하에 공표하라. 우리 모두 서브스탄시아substantia가 아닌 콰시quasi임을 내세우자. 실체적 사고로는 멸시당하겠지만, 상대적 현실에서는 위대한 가짜가 되는 편이 낫다. 똑같고자 애쓰는 짝퉁이 아니라, 어쩌다 보니 비슷해져 버린 그러나 늘 홀로 서는 개똥철학자가 돼라.

**1.255** 개똥도 약에 쓰려면 없다.

**1.256** 장자는 말한다. 도道는 개미에게도 똥에도 있다고.

**1.257** 아우구스티누스는 말한다. 선의 결핍은 악이라고. 신의 나라에서 선한 신은 악을 만들지 않을 것이기 때문이다. 그래서 악은 기껏 해봤자 선이 모자란 것이라고. 만일 아우구스티누스가 성선의 전통 속에서 그 말을 했다면, 악은 없어야 한다. 선의 층차만이 있을 뿐이다. 강한 선, 약한 선 이렇게. 그렇다면 악은 실체조차 없어진다. 악은 약한 선일 따름이다.

**1.258** 악은 약한 선이지만 선은 강한 선이라는 주장은 성악의 전통 속에서 설자리가 없다.

**1.2581** 실체 없이도 잘 살 수 있는 사람들은 선악의 이분법에서 그것들의 실체가 없더라도 괴로워하지 않는다. 실체 없이는 못 사는 사람들이 선과 악에 굳이 실체를 대입하려 든다.

**1.2582** 서양적 전통에서 실체는 진짜고 실체가 아닌 것은 가짜다.

**1.2583** 선이라는 실체를 위해 악도 실체화 시킨다. 실체성을 가진 악의 화신이 바로 악마인 사탄이다.

## 1.3 성선의 전통은 학교를, 성악의 전통은 감옥을 세운다.

### 1.31 이 단순함, 이 명료함, 이 엄청난 차이를 보라.

**1.311** 철학의 다름이 현실을 다르게 구원한다.

**1.3111** 구원을 포기한 철학은 철학이 아니다.

**1.3112** 세상을 구원하기 위해서 태어난 철학이 더 이상 아무 일도 못하고 있다.

**1.3113** 철학은 세상을 버렸고, 그러자 세상도 철학을 버렸다.

**1.312** 노자가 구하려는 세상은 아버지가 망쳐 놓은 세상이었다.

**1.3121** 어머니의 철학, 그것이 노자의 철학이다.

**1.3122** 아버지는 아이를 사회 속으로 내몬다. 어머니는 아이를 가정 속에서 감싼다.

**1.3123** 아버지는 쌀을 가져오고, 어머니는 밥을 준다.

**1.3124** 아버지는 아이가 사회에서 우뚝 서길 바라고, 어머니는 아이가 건강하기 바란다.

**1.3125** 전쟁, 투쟁, 명예 때문에 아이가 죽는다. 아버지는 그래도 된다고 생각한다. 그러나 어머니는 그런 것보다 관계, 유대, 관계를 유지하며 자기와

살아가기를 원한다. 어머니는 죽음을 두려워한다.

**1.313** 노자는 말했다. 죽음을 무겁게 여기라고.

**1.314** 명예 때문에 목숨을 버리는 사람들을 보고 루소는 그것이야말로 문명의 해악이라고 판단했다.

**1.3141** 세상에 이름 때문에 죽다니! 이름은 이름일 뿐인데! 이름은 산산이 허공에 흩어지는 소리일 뿐인데! 명성名聲, ㅁㅕㅇㅅㅓㅇ~. name /nomi / namaeなまえ /ming名/ 이르음! 온갖 파롤에 불과한 것인데!

**1.315** 루소는 동물들은 간만 보지 서로를 죽음에 이르게 하지는 않는다고 한다. 이기고 짐만 가르고 이긴 놈은 얻고 진 놈은 떠나면 될 뿐이란다. 끝장을 보다가는 자신도 다치고, 마침내는 죽음에 이르게 될 것을 걱정한단다.

**1.316** 사람만이, 아니 문명인만이 이름을 놓고 서로를 죽인다.

## 1.32 사회가 문제다. 홀로 살 때는 아무런 문제가 없다. 둘이 살기 때문에 문제가 생긴다.

**1.321** 루소는 언어의 기원을 섬으로 본다. 너른 데서는 말없이 욕구를 채우고 떠나기 때문에 언어가 발생할 수 없다는 것이다. 좁은 데 이르러서야 서로 할 말이 많아진다. 좁은 데란 언어의 기원에서는 섬이지만 결국은 군집 생활을 이루는 사회를 가리킨다.

**1.3211** 욕망의 충돌이 말을 만든다. 말은 명령이고 규칙이다. 나아가 말은 계급이다.

**1.32111** 어린이들이 존대어와 평어를 구별하는 순간, 그들은 계급을 인식하게 되는 것이다.

**1.32112** 우리말의 존대어는 뿌리 깊은 존비尊卑 관념을 드러낸다.

**1.32113** 학생이 선생에게 반말을 할 수는 없으니, 선생이 학생에게 존대를 하는 것이 그래서 요청되는 것이다. 수업을 일관되게 반말로 하는 선생은 학교를 떠나라! 아니면 군대로 가라.

**1.322** 노자는 말한다. 네라고 말하거나 응이라고 말하는 것이 뭐가 다르냐고.

**1.32201** 존비어가 발달하지 않은 중국어 체계에서 공손한 대답과 편한 대답조차 나누지 말자는데, 우리말은 뭔가.

**1.32202** '어디다 대고 반말이야'가 대한민국 싸움의 귀결이다.

**1.32203** 아니면 '막냇동생 같은 자식이!'다. 아니면 '너 같은 자식을 뒀다'다.

**1.32204** 막냇동생 같거나 너 같은 자식을 둔 것이랑 싸움이 무슨 관계냐.

**1.32205** 나는 스무 살 때 대한민국 싸움의 현장에서 싸움의 주제를 5분만 이끌고 가면 술을 사주겠다고 싸움터에서 시간을 재며 다녔다. 아무도 나의 술을 얻어먹지 못했다.

**1.323** 노자는 배우지 않는 편이 낫다고 생각했다.

**1.3231** 학교는 이데올로기의 재생산 기관이라고 주장하는 교육학자들의 발언을 보라. 남미의 프레이리(Paulo Freire, 1921-1997)의 분노에 찬 『페다고지 Pedagogy』를 보라.

**1.324** 루소는 현대 교육학의 대부로 일컬어진다.

**1.3241** 루소가 서양의 전통적인 교육사상과 정반대의 길을 걸었고 그것이 현대 교육의 전환점이 된 것은 사실이다. 그만큼 그의 생각은 서양 사유와는 이질적인 것이었다.

**1.3242** 그렇다고 해서 루소가 교육철학자로 대우받는 것은 동양적 사고에서는 정말 놀라운 일이다.

**1.32421** 루소가 교육철학자로 대접받아서는 안 되는 까닭 세 가지만 들

어보자. 첫째, 아이를 낳는 족족 보육원에 보냈다. 둘째, 에밀이 무슨 애완동물이냐, 여전히 갇힌 에밀이다. 셋째, 여자는 안중에도 없다.

**1.3243** 루소의 핵심은 아이들을 걷게 하라는 것이다. 그것은 자연 친화적이라는 현대용어에 걸맞다. 루소는 그 자신이 식물에 조예가 깊었다. 당시의 명사 괴테가 칭찬할 정도다. 친구의 딸에게 보내는 형식으로 쓴 식물학에 관한 편지를 쓰기도 한다. 그의 즐거움 가운데 하나가 바로 정원 산책이었다.

**1.32431** 이런 관찰을 기초로 하는 공부는 다윈에게서 가장 의미 있게 드러난다. 다윈의 정원은 그의 진화론의 바탕이었다. 갈라파고스는 그의 확대된 정원이었다.

### 1.33 현대는 성선의 승리다.

**1.331** 정규적인 학교 교육이 있다는 것만으로도 그렇다.

**1.332** 학교 교육을 통해 감옥에 보내려 하지 않는다.

**1.333** 감옥은 정말로 편한 통제기구다. 말 안 듣는 사람은 사회로부터 격리시키면 된다. 말을 왜 안 듣게 되었는지, 말을 듣게 하려면 어떻게 해야 하는지, 그다지 따지지 않는다.

**1.334** 교도소矯導所라는 명칭은 감옥監獄의 순화된 이름이다. 교정矯正해서 인도引導한다는 뜻이기 때문이다. 그러나 감옥은 처벌하기 위한 응징의 장소다.

**1.3341** 감옥은 사실이고, 교도소는 당위다. 죄를 짓고 감방 가는 것은 사실이고, 처벌받으면서 좋은 방향으로 교도 되어야 하는 것은 당위다.

**1.335** 교도소조차 학교처럼 되고 있는 현실을 보라. 그것은 교화의 가능성을 인정하는 것이다. 나쁜 사람도 좋은 사람이 될 수 있다.

**1.3351** 오늘날의 교정은 사회적 이유 때문에 범죄를 저지르게 될 수 있다고 생각한다. 그것이 빈곤 때문이든지 불만 때문이든지 교육의 부족 때문이든지 인간성과는 상관없이 범죄에 유혹된다는 것이다.

**1.3352** 범죄를 저지르는 까닭이 무엇이든지, 교육을 교정의 주요 요소로 삼는 것은 성선의 주장을 일정 부분 받아들이는 것이다.

**1.3353** 우리말에 그런 성선의 표어는 이것이다. 죄가 밉지 사람이 밉냐. 악한 범죄와 선한 인간성을 이 한마디로 표현한다. 죄가 혼자 노는가. 사람이 죄를 짓지. 그럼에도 사람과 죄를 나누어보려는 이 필사의 노력이 바로 성선의 문화가 지니고 있는 특징이다. 죄를 미워해도 사람을 미워하지 말라는 말에는 죄의 원인이 사회적인 요인에 있지 인간성 그 자체에는 없다는 신념이 깔려있다.

**1.3354** 성선도 믿음이라는 말을 잊지 말자.

**1.3355** 나는 악한 범죄와 선한 인간성을 이렇게 극단적으로 따로 놓고 보는 관점을 성악의 세계관에서는 어떻게 볼까 무척 궁금하다.

**1.3356** 교정, 바로잡기, 올바르게 만들기라는 말이 쓰이고 있는 현대 감옥의 체제는 성선을 받아들이고 있다.

**1.3357** 놀랍다. 많은 교정전문가는 극악무도한 흉악범의 범죄가 교정되리라고 생각하지 않는다. 사실이다. 그래서 경찰 수사는 동일 범죄의 전과자를 훑는 것이 가장 먼저다. 한 놈이 또 한다는 것이다.

**1.3358** 그럼에도 처벌보다는 교육에 무게를 두는 것은 죄에 대한 응징보다는 미래의 범죄예방을 우선한다는 것이기도 하지만, 교화敎化라는 이름을 건 성선에 대한 믿음 때문이다.

**1.336** 감옥은 처벌이 목적이다. 죄에 대한 대가다.

**1.3361** 서양의 교도소는 아직도 감옥(prison)으로 불린다. 성선의 포장이 없다.

**1.33611** 중국도 여전히 감옥으로 불린다. 그리고 일본도 죄값을 치룬다

는 의미에서 형무소刑務所로 불린다.

**1.33612** 주자학 일색의 성선의 맹자주의자들이 정통임을 자처하는 대한민국에서 마침내 교정이라는 이상은 명목상 실현되었다.

**1.33613** 우리나라는 의료보험에서처럼 교정에서도 미국보다 선진국이다.

## 1.34 교육은 성선의 상징이다.

**1.341** 교육은 성선의 언어로 이루어진다.

**1.342** 너는 할 수 있어, 너는 잘될 거야, 잘했어, 잘해보자.

**1.3421** 사람에 대한 믿음 없이 미래에 대한 희망 없다.

**1.3422** 낙관적인 인간관이 개혁을 만들고 혁명을 이룬다.

**1.3423** 인간개조론은 낙관적 사고다.

**1.34231** 주체사상의 낙관성은 마르크스주의의 인간성에 대한 믿음만이 아니라 성리학적 성선설에 바탕을 둔다. 서구학자들이 의아하게 생각하는 것이 바로 그 믿음의 근거다.

**1.34232** 나는 운동권 인사의 낙관성에 놀란다. 같이 일하면서 나는 그들의 낙관성에 빚진 바가 많다. 나는 안 될 것 같은데, 그들은 되리라 믿는다.

**1.34233** PD 계열의 운동에 주체사상이 매혹적인 까닭은 이러한 낙관성에 대한 공감 때문이었다.

**1.3424** 혁명은 성선론자의 전유물이다.

**1.3425** 이상주의자가 혁명을 하는 것이라기보다는 성선론자가 혁명을 한다고 말하는 것이 낫다.

**1.3426** 성악론자는 기껏해야 개혁을 할 수 있을 뿐이다.

**1.3427** 성악론자는 삐져나오는 악의 줄기를 자르고 또 자르는 데 바쁘

다. 뿌리를 옮겨 심을 생각을 하지 못한다. 성선론자는 뿌리를 옮겨 심으면 삐져나오는 줄기 없이 똑바로 자랄 수 있을 것이라고 생각한다. 아니면 아예 뿌리째 뽑아버리거나.

**1.3428** 악의 사회성을 강조하면 성선론자다.

**1.343** 네 잘못이 아니야.

**1.3431** 성선론자는 악은 구조 속에서 나온다고 생각한다.

**1.3432** 구조적인 악을 대표하는 것이 빈곤, 경쟁, 차별이다. 문화적 악습도 여기에 포함된다.

**1.3433** 주어진 조건의 열악성도 구조적인 악 가운데 하나다. 가부장으로 옹호되는 폭력적 가정환경, 가해자와 피해자 양측을 모두 포함하는 성폭력 경험, 태생이나 직업에 대한 편견과 같은 사회적 시선은 구조적인 악이다. 어린 나는 어른들의 막무가내莫無可奈의 손과 눈에 상처받는다. 그리고 그 상처가 언젠가 악으로 드러날 수 있다.

**1.3434** 구조적 관점에서 심리치료의 기본이 그것은 너의 잘못이 아니라 그의 잘못 곧 사회의 구조적인 잘못이었음을 알려주는 것이다. 나의 악함의 근원성이 나로부터가 아니라고 깨우쳐주는 것이다. 나는 착하다! 나는 착할 수 있었는데, 너 때문에 글러먹은 것이다.

**1.34341** 실제로 성선의 숨어있는 위험성은 무지막지한 신념에만 있는 것이 아니다. 그것의 진정한 위험성은 '내 탓이 아닌 네 탓'에 있다. 네 탓이기에 나의 악은 악이 아닌 것이다.

**1.34342** 내 탓임을 깨닫자는 것이 천주교의 '내 탓이요' 운동이었다. MEA CULPA, MEA CULPA, MEA MAGNA CULPA! 내 큰 탓이로소이다라고 외치는 것은 성악의 세계관을 고스란히 반영하지만 성선의 문화 속에서 남 탓하는 한국 사회에 큰 영향을 끼쳤다. 천국에 가겠다는 개신교와는 달리, 이 온갖 죄의 원천이 나로부터 비롯되고 있음을 돌이켜보는 좋은 계기였다. 성선의 남 탓을 멋지게 성악의 내 탓으로 치환해보고자 한 멋진

시도였다. 우리의 가난도 내 탓, 우리의 독재도 내 탓, 우리의 폭력도 내 탓이니 나의 게으름, 나의 권위주의, 나의 방조가 자성自省되지 않으면 안 되었다.

**1.344** 증오하지 마, 용서해.

**1.3441** 교육은 증오도 가르치지만 용서도 가르친다. 현실적으로도 증오는 교육 현장을 전장으로 만든다. 따라서 끊임없이 용서를 말한다. 용서가 돼야 화해도 된다. 교육은 싸움을 말리고, 서로 손 잡게 한다.

**1.3442** 만일 그 속에 성악의 신념이 있다면 결과는 무엇일까? 뒤통수다. 겉으로는 웃지만 언젠가는 칼날을 겨눌 것이다. 평화를 가장한 전쟁의 비수匕首다.

**1.3443** 그놈은 너에게 또 그럴 거야. 그러니 제대로 해두는 것이 좋아. 너도 뒤로 물러서. 그러나 늘 칼을 갖고 다녀야 해. 이것이 성악의 논리다.

**1.3444** 그놈이 그랬지만 뉘우치고 있을 거야. 그놈도 너에게 한 짓이 얼마나 나쁜 것인지 이제는 알 거야. 너한테 한 짓을 똑같이 하면 그놈도 싫겠지. 그러니 잘 지내. 이것이 성선의 논리다.

**1.3445** 말하고 또 말해도 금언이라 할 수밖에 없는 '내가 하기 싫은 것은 남에게도 시키지 말라'는 공자의 말에는 성선이라는 전제가 있다. '내가 하기 싫은 것을 남에게 시켜라'가 성악인 것만 봐도 안다.

**1.34451** 그렇다고 해서 공자가 성선론자라는 이야기는 아니다. 그는 중립적이었다. 타인에 대한 배려의 근거를 자신에 대한 애정에서 시작한다는 점에서 그는 이타적일 수도 있고 이기적일 수도 있다. 그러나 그는 '남에게 시키지 말라'라고 하지 '남에게 시켜라'라고 하지 않기 때문에 도덕적인 것이다. '시키지 말라'라는 명령에는 '나는 내가 하기 싫은 일을 남에게 시키지 않을 수 있다'는 성선의 가정이 들어간다.

**1.34452** 도덕이 아니고 법이라면 어떨까? 각자의 직분이 있고 소임이 있기 때문에, 그리고 그것을 법률로 정해놓았기 때문에 '내가 할 일이 있고 남이 할 일이 있다'라고 말하면서 '내가 하기 싫은 일을 남에게 넘겨도 된다'고

말하고 있지 않을까?

**1.3446** 공자에게 어디까지가 내가 하기 싫은 일일까? 밥? 빨래? 글쓰기?

**1.3447** 공자는 용서를 제1의 덕목으로 삼는다. 어짊은 전통적으로 내려오던 오상五常인 인의예지신仁義禮智信 가운데 하나였을 뿐이다. 그만의 독특한 언어는 다름 아닌 용서다. 그는 어짊의 구체적인 실천을 용서라고 말한다. 인仁과 서恕, 공자에게 그것은 도덕의 추상성과 구체성이었다. 묻는다. 어떻게 사랑해? 어떻게 어질어? 답한다. 너그러워라, 헤아려라, 받아들여라. 용서의 도덕이다. 나도 잘못하고, 너도 잘못한다. 그러나 잘못을 없애는 것은 남의 일이 아니라 고스란히 나의 몫이다. 그러니 내가 하기 싫은 것을 남에게 시키지 말라고 하지 않더냐. 그것이 바로 나를 돌아보고 헤아려서, 내가 너그러워지고 남을 받아들이는 것이 아니더냐.

**1.345** 실수야.

**1.3451** 우리 모두 잘못할 수 있다.

**1.3452** 이대용의 명언: 누구나 잘못할 수 있어, 그러나 그 잘못을 어떻게 처리하느냐에 따라 그 사람의 인격이 나뉘는 거야.

**1.34521** 이대용은 오랜 내 벗이다. 사나이 중의 사나이들이 간다는 UDT를 제대한 스물다섯의 그는 지리산 정상에서 굶고 있는 고등학생에게 몇 숟갈 뜨지 못한 우리의 김치볶음밥을 코펠 채 넘겨주었다. '아이, 저 놈들 때문에 밥 못 먹겠네!' 덜 떨어진 나는 내가 배가 고파 우리를 바라보고 있는 젊은이를 보지 못했으며, 주더라도 덜어줬을 것이다.

**1.3453** 실수는 나의 벗이고, 인정은 나의 스승이다.

**1.3454** 우리는 과오를 인정함으로써 자신의 도덕성을 빛나게 한다.

**1.3455** 잘못했다는 것은 나는 그것이 잘못인 줄 알 정도로 도덕적이라는 자신감 또는 자존감의 표현이기 때문이다. 나는 그만큼 선하다. 나는 그만큼 선한 본성을 갖고 있다. 나의 본성은 착하다.

**1.34551** 일본군들이 제국주의 시절에 벌어진 만행인 성적 노예를 인정하

지 않는다는 것은 그들이 도덕적이지 않음을 자인하는 것이다. 부정함으로써 도덕성이 존립한다는 생각은 정말로 유아적인 판단이다. 잘못에 대한 부정은 자신들의 비도덕성을 만천하에 공표하는 것과 같다. 엄마가 빤히 보고 있는 일을 하지 않았다고 눈을 똑바로 뜨는 아이를 사랑하겠는가, 잘못했다고 우는 아이를 사랑하겠는가? 한국인들이 일본인을 용서하지 못함은 한국인의 심보가 작아서가 아니라 일본인의 거짓 때문이라는 것은 시대를 겪은 사람들의 말을 들어본 사람들은 누구나 다 안다.

**1.34552** 극우 일본인들의 논리는 이렇다. 돈 받고 갔다. 몸 팔러 갔다. 일본인 여성도 그랬다. 그런데 무슨 잘못이냐. 고급이건 저급이건 게이샤는 우리의 문화다. 대우의 차별은 인정할 수 있지만, 강제성은 인정할 수 없다. 따라서 위안부는 매춘부일 따름이다. 바이슌후다売春婦だ! 이 말과 사슴(ばかやろう馬鹿野朗)들!

**1.3456** 실수失手, 손을 놓쳤을 뿐인데도 그것의 결과는 참혹할 수 있다. 그래도 실수는 실수인 걸 어쩌냐. 법률로도 실수는 살인조차도 과실치사過失致死로 봐준다.

**1.3457** 실수하는 인간, 이것만 보며 성악이라고 말할 사람은 없다. 사람이 실수할 수도 있지, 이것이 성선의 위로다.

**1.34571** 일본인은 이제 실수할 기회조차 잃고 있다. 날이 갈수록 그들은 범죄를 도모하고 계획한 공모자로 이제는 낙인찍힌다. 그것은 이제 역사적 실수가 아니라 계획적인 착수着手로 역사 속에 남을 수밖에 없다.

**1.34572** 이대로 가다가는 일본인들은 성선의 용서를 더 이상 받을 수 없다. 그들에게는 성악의 대가만이 기다린다.

**1.34573** 한국인들이여, 이제는 성선의 잣대로 일본인을 보지 마라. 잘못하지 않는 사람에게는 법과 외교와 세력이라는 성악의 논리밖에 보여줄 것이 없다.

**1.34574** 법과 외교와 세력 곧 법法·술術·세勢가 바로 한비자의 논리다. 한

비자는 누구인가. 순자의 제자다. 순자가 누구인가. 성악설의 창시자다.

**1.346** 반성해.

**1.3461** 반성反省이란 돌이켜 본다는 뜻이다. 이때 성찰은 내면의 성찰을 가리킨다. 마음을 되돌아보기다. 성리학의 영향이겠지만 반성은 자아 성찰로 서구어에서의 반성reflection과는 무척 다르다. 서구어에서도 자아 성찰이라는 뜻이 없는 것은 아니지만 그것은 원뜻 그대로 반사反射 곧 반응反應이다. 따라서 동양의 용법에서 반성이나 성찰은 나에게 국한되지만, 서양어에서 반성은 타인에 대해서도 가능하다-I have a few reflections on your conduct. 우리말로는 기껏해야 '잘 반성해보라'고 반성하는 주체에게 권유할 수밖에 없지만, 서양어에서는 '내가 너에 대한 반성이 있다'는 반작용, 반응, 반동, 반향인 것이다.

**1.3462** 여기에서 반성은 철저히 자기의 도덕적 사고를 통해 자신의 행동을 돌이켜보라는 강력한 권고다. 반성은 반성을 시키는 사람이 할 수 없다. 반성은 반성하는 사람의 고유한 행동영역 안에서 이루어진다. 반성의 영역은 반성하는 주체의 것으로 분명하게 경계선이 그어져 있다는 말이다.

**1.3463** 반성하는 주체의 본성이 선하지 않다면 반성의 결과가 좋을 수 없다. 그러나 주체의 성선 때문에 반성의 결과가 좋게 나오길 기대하는 것이다. 이것이 성선이라는 가정이다.

**1.3464** 성선의 교육에서는 반성을 시킬 수는 있지만 대신 반성할 수는 없다.

**1.34641** 어렸을 때 어른들이 반성하라고 할 때, 가장 난감한 것이 무엇을 반성하라는 것인 줄 모를 때다. 뭘 잘못했지? 이리저리 머리를 굴리다 찾아내는 것이 반성이다. 나의 경우, 반성의 결과가 늘 엉뚱해서 또 반성해야 했지만.

**1.34642** 고전을 많이 내던 삼성출판사가 있었다. 무한경쟁의 삼성三星으로 생각하지만 그곳은 삼성三省이었다. 일일삼성一日三省은 주자학의 모토이

기도 했다. 하루에 세 가지씩 자신을 돌이켜보면 잘못할 일이 그다지 많지 않으리라는 것이 성선론자들의 생각이었다.

**1.3465** 우리말에서 반성문은 성선의 증거물이다.

**1.34651** 우리는 반성문만 쓰면 집에 갈 수 있었다.

**1.3466** 우리말에서 시말서始末書는 성악의 증거물이다.

**1.34661** 시말서를 쓴다는 것은 사표수리까지도 고려하라는 이야기다. 그냥 일의 처음과 끝을 쓰라는 것이 아니라, 잘못되게 된 원인과 결과를 적으라는 것이다.

**1.34662** 시말서를 회사반성문이라고 부르는 것은 성악의 조직을 성선의 조직으로 희화화하기 위함이다. 아니면 성선의 즐거움으로 성악의 무서움을 달래는 농이다.

**1.3467** 경위서經緯書는 비교적 중립적이다. 씨줄과 날줄, 다시 말해 세로줄과 가로줄에 맞춰 이야기를 해보라는 비교적 중립화된 진술서를 일컫는다.

**1.3468** 자본주의사회는 반성문을 쓸 기회를 주지 않고 시말서를 강요한다. 철밥통 공무원들이나 경위서를 쓴다.

## 1.35 성선은 평등의 이념이다.

**1.35001** 지금 산중에 비가 온다. 비가 오면 내가 비를 피할 수 있는 움막에 들어와 있다는 것이 무척이나 고맙다. 걸어 다닐 때와는 달리 차가 생기면 비가 겁나지 않는다. 비가 오지 않을 때는 움막과 차에 고마워하지 않는다. 이때 비는 우리를 에워싸고 있는 경제적인 조건이나 사회적인 환경이고, 움막과 차는 인간의 성선을 보장하는 최소한의 장치가 된다. 움막과 차 없이 비를 막기는 어렵다. 움막과 차는 나의 소유이건 공공재이건, 편하건 불

편하건, 좋건 나쁘건 누구라도 이용할 수 있어야 한다는 것이 평등의 이념이다.

**1.351** 우리는 누구나 교육받을 수 있고 받아야 한다.

**1.3511** 밥도, 잠도 그렇다. 더욱 그렇다.

**1.3512** 밥과 잠을 보장하는 것이 국가의 일이다. 그리고는 교육이다.

**1.3513** 달리 말해, 교육을 받는 자에게는 밥과 국 그리고 잠자리를 제공하는 것이 나라가 할 일이다.

**1.3514** 이상적인 국가는 무상교육, 무상급식, 무상 침대를 누구에게나 제공한다.

**1.35141** 우리나라에 무상교육과 무상급식의 이념은 활기찬데, 무상 침대의 이념이 없어 속상하다. 우리는 언제 어디서고 공짜로 잘 수 있어야 한다. 안 되면 국립캡슐호텔 어떤가? 매일 일정 시간에 청소 및 소독을 하고, 매일 한 장의 시트와 한 장의 수건만 준다.

**1.352** 우리는 선한 본성을 타고났기 때문에 평등하다.

**1.3521** 누구는 선한 본성을, 누구는 악한 본성을 타고 난다고 하면 평등하게 다룰 수도 없고 그래서도 안 된다.

**1.3522** 우리 모두 악한 본성을 타고 난다고 하면, 우리는 기회의 평등이 아니라 짐짓 결과의 평등만을 누릴 수 있을 것이다. 똑같이 교육받을 평등이 아니라 똑같이 처벌받을 평등만이 우리 앞에 남는다. 기회를 주면 나쁜 짓을 할 것이기 때문이다. 그것은 교육이 아닌 법 앞에서의 평등이다.

**1.3523** 교육의 평등을 주장하는 현대는 성악에 대한 성선의 승리를 상징한다.

**1.3524** '교육教育'은 성선을 주장하는 맹자에서 나오지만, 성악을 주장하는 순자도 '권학勸學'을 중심 사상으로 삼는다. 그런데 그 둘의 차이는 있는 것을 키우느냐, 없는 것을 만드느냐에서 크게 갈라진다. 단적으로 말해 맹자에게는 배울 권리가, 순자에게는 배워야 할 의무가 앞선다. 학습學習과 훈육

訓育의 차이다. 맹자는 있는 것을 키워 잘 살아보겠다는 것이고, 순자는 없는 것이지만 짐짓 만들어 잘 살아보겠다는 것이다. 그런데 현대 교육은 자율성을 강제성보다 앞세운다. 따라서 자율성의 성선이 강제성의 성악을 이겼다는 말이다.

**1.3525** 평등하게 교육을 받는 우리는 노자와 루소에게 크게 빚지고 있다.

# 2

# 국가는 인식의 산물이다.

# 2

# 국가는
# 인식의 산물이다.

## 2.01 국가는 일종의 형이상학이다.

**2.011** 무엇이 형이상학인가? 보고 싶은 대로 보는 것이 형이상학이다.

**2.012** 무지개는 몇 가지 색깔인가? 초등학생들은 일곱 가지라고 대답한다.

**2.013** 정말로 무지개 색깔을 세어보았는가?

**2.0131** 그대는 정말로 무지개 색깔을 세어보지 않았다.

**2.0132** 잠시 책을 덮고 무지개 색깔을 세어보자. 직접 보면 더 좋지만, 그렇지 않다면 사진이라도 찾아 살펴보라. 몇 가지 색깔인가? 일곱 가지로 보이면 그대는 거짓말쟁이거나 이 책을 읽을 자격이 없는 사람이다.

**2.0133** 우리는 무지개 색깔을 일곱 가지로 보도록 강요받았다.

**2.01331** 독일 과학철학자에게 밥을 먹으면서 무지개를 일곱 가지로 보는 것이 허구라고 떠들어댔더니, 그는 나를 의아하게 쳐다보았다. 누가 무지개를 일곱 가지로 보느냐는 얼굴이었다. 대한민국만 무지개를 일곱 가지 색깔로 가르치고 있는 것이다.

## 2.02 무지개 색깔을 일곱 가지로 가르치는 국가권력의 피폐를 고발한다.

**2.021** 무지개 색깔을 일곱 가지로 가르치는 교육학 공화국의 작태를 고발한다.

**2.0211** 교육학을 진리에 앞세우는 사범대학의 체제가 아이들에게 무지개 색깔이 몇 가지 색인지 묻지 못하게 만든다. 진리보다 앞선 수단이다.

**2.0212** 모든 것에 교육학을 붙이는 우리의 교육체계 아래 진리는 설 자리를 잃는다. 초등교육, 중등교육, 역사교육, 지리교육, 과학교육, 체육교육, 심지어 공학교육까지 모든 학문에 교육학이라는 이름을 붙인 교과교육학이

진리를 멍들게 하고 있다. 형식의 학문이 내용의 학문에 앞선다니, 망조다!

**2.0213** 교육학이 붙지 못하는 교과목은 철학밖에 없다. 그러나 교직과목이라는 이름으로 이상한 방식으로 철학조차 교육학의 둘레를 벗어나지 못하게 만든다.

**2.0214** 교육학을 듣도 보도 못한 자들이 대학 강단에 서는 것을 보라. 교육학이 중요한가, 진리가 중요한가?

**2.0215** 고등 교육학 곧 대학 교육학이라는 말을 함부로 쓰지 못하는 교육학자의 태도에서 우리는 교육학자의 일말의 양심을 엿본다.

**2.0216** 교육학이 진리가 되는 교육학 공화국은 국가가 만들었다. 정확히는 국가의 교육권력이 이 지경으로 만들었다.

**2.02161** 교육 권력이란 교육학 권력을 가리킨다.

**2.02162** 교육학이 권력을 내려놓지 않는 한 교육학은 학문이 되지 못한다.

**2.02163** 유일하게 자기 학문을 찬양하지 않고 존립기반 자체를 묻는 학문이 철학이다. 제대로 된 교육학은 그 뒤를 이어야 한다.

**2.02164** 철학자들이 '철학이란 무엇인가'를 묻듯이, 교육학자들이여, '교육학이란 무엇인가'를 물어라.

**2.02165** 교육을 묻지 말고 교육학을 물어라. 교육학을 묻지 말고 교육학자를 물어라. 교육학자를 묻지 말고 교육 권력을 물어라.

**2.022** 무지개의 색은 무한하다. 색의 점진적인 변화만이 있을 뿐이다. 그것을 관념적으로 그렇게 나누었을 뿐이다. 스펙트럼의 다양함이 곧 무지개 색깔의 다양함이다. 스펙트럼에 일곱 가지 색깔만 있을 수 없듯이, 무지개에도 일곱 가지 색깔만 있는 것이 아니다.

**2.0221** 무지개 색깔을 일곱 가지로 가르치는 한, 창조의 교육은 없다. 권위의 교육, 세습의 교육, 기망의 교육만이 있을 뿐이다.

**2.023** 연속의 스펙트럼을 일곱 개로 한정한 죄, 바로 교육학에 있다.

**2.0231** 일곱 개 색으로 한정한 것은 역사적으로는 뉴턴의 광학에서 비롯되는 오래된 오해다.

**2.0232** 뉴턴은 7이라는 숫자에 매달렸고, 그 숫자는 유대기독교적 숫자다. 천지창조의 수다. 그래서 럭키 7이다.

**2.024** 동양은 무지개를 5개로 보았다. '오색영롱한 무지개'가 아니더냐. 5색이 아니더냐.

**2.0241** 오색은 오행에서 나온다.

**2.03 동양과 서양의 형이상학은 '5 vs. 7'이다. 그것을 나는 무지개의 형이상학이라고 부른다.**

**2.031** 무지개 색깔조차 보고 싶은 대로 본다. 과학조차 그렇다.

**2.032** 보고 싶은 대로 보는 것이 바로 형이상학이다.

**2.0321** 보고 싶은 대로 봐놓고는 그것을 철학이라는 이름으로, 종교라는 이름으로, 교육이라는 이름으로 강요한다.

**2.0322** 동서양을 막론하고 대대로 전수되는 사유의 틀, 그리고 그 아래 꼼짝달싹하지 못하는 우리 의식의 꼴, 그것을 형이상학이 좌지우지한다. 아니, 그런 틀과 꼴을 형이상학이라고 부른다.

**2.0323** 형이상학의 위대함이 여기에 있다. 우리는 형이상학에 기대어 생각한다.

**2.0324** 형이상학의 무서움이 여기에 있다. 우리는 형이상학에 갇혀있다.

**2.0325** 데리다가 말한 백색 신화(white mythology)는 백인의 형이상학을 가리킨다.

**2.0326** 반드시 바람직하다고는 말할 수 없지만, 우리는 우리의 황색 형이상학을 갖는다.

**2.0327** 좋든 싫든 그 형이상학의 탐구는 반드시 필요하다. 우리는 우리의 신화와 형이상학을 잃어버렸다. 아니, 빼앗겼다.

**2.0328** 어린아이부터 어른까지 무지개 색깔이 일곱 가지라고 말하는 순간, 우리는 백인종(유대기독교) 신화의 추종자다.

**2.03281** 내가 무지개를 다섯 가지로 보라는 것은 아니다. 그것 또한 바람직하지 않다. 그러나 다섯 가지로 보는 세계가 바로 전통의 세계라는 것이다. 오행의 세계다.

**2.03282** 우리에게는 잃어버린 색깔, 아니 섞어버린 색깔이 있다. 청색 또는 녹색이다. 우리는 청록을 구별하지 않는다. 그것은 오행이라는 다섯에 맞추려다 보니 벌어진 일이다. 오행을 받아들인 동아시아국가는 모두 청록 색약이다. 그래도 멀쩡하게 잘 산다. 바다도 푸르고, 소나무도 푸르다. 청해靑海 바다의 독야청청獨也靑靑한 소나무다.

**2.03283** 그래도 우리는 심했다. 우리말에 청록을 구별하는 고유어가 없다. 아니면 내가 찾지 못했다. 누군가 찾는다면 꼭 말해 달라. 사투리라도 좋다. 직유나 은유는 아니 된다. 바다같이 푸르다, 소나무같이 푸르다는 안 된다. 풀색도 안 된다. 신록新綠(verdant)을 형용하는 파릇파릇, 푸릇푸릇, 풋도 안 된다. 녹綠이나 그린green, 이렇게 한마디로 떨어지는 우리말이어야 한다. 녹우당綠雨堂/Green rain lodge처럼 쓸 수 있어야 한다. 그리고 부탁건대, 용례도 하나둘 보여 달라.

**2.03284** 위안이라면, 유럽의 '노란 조끼' 시위대였다. 연두 빛인데도 그들은 그것을 노랗다고 불렀다. 찾아보니 유럽, 특히 북구의 언어에서 황색과 녹색을 구별하지 않는 경우가 있었다. 그들 모두가 황록 색약도 아닌데. 역시 사람들은 보고 싶은 대로 본다. 형이상학의 위대함이다. 그래서 형이상학이 신화가 된다.

**2.04 형이상학이란 볼 수도 없고, 들을 수도 없고, 만질 수도 없는 것이다.**

**2.041** 없는 것이 있는 것을 가지고 논다니 야릇하지 않은가. 희미稀微한 것, 몽롱朦朧한 것, 황홀恍惚한 것을 노자는 '검다' 곧 현玄으로 표현했다.

**2.042** 이후 현은 보이지는 않지만 모든 것의 바탕이 된다. 가장 근원적인 것, 가장 시초가 되는 것, 가장 밑바닥에 깔려있는 것, 그러나 찾으면 있는 둥 마는 둥 하는 것이 현이다.

**2.043** 현은 실체가 아니다.

**2.0431** 현은 무슨 보석처럼, 무슨 황금처럼 원석 그대로를 찾을 수 있는 것이 아니다. 기껏해야 사금砂金처럼 모으고 또 모아야, 철광鐵鑛처럼 끓이고 또 끓여야, 금으로 쇠로 비로소 꼴을 드러낼 뿐이다.

**2.044** 서양의 형이상학을 처음 면대한 동양인은 그것을 현학玄學이라고 불렀다. 위진시대의 고담준론高談峻論인 현학을 닮았기 때문이다. 현학은 『노자』, 『장자』, 『주역』을 중심으로 하는 사변적인 학문 경향을 가리킨다. 따라서 그것은 삼현경三玄經으로 불린다.

**2.045** 형이상학이란 말은 『주역』의 '꼴이 없는 것은 도道이고, 꼴이 있는 것은 기器다'(형이상자위지도形而上者謂之道, 형이하자위지기形而下者謂之器)라는 말에서 빌려 표현했다. 여기서 도는 진리, 원리, 추상성을 가리키고 기는 사물, 사태, 구체성을 가리킨다. 도는 도리道理이고 기는 기물器物인데, 형이상학은 보이는 기가 아닌 보이지 않는 도를 좇는다.

**2.046** 루소에게는 형이상학이랄 만한 것이 없다.

**2.047** 루소에게 굳이 형이상학적인 것이라면 일반의지라는 전제다.

**2.0471** 일반의지(General will)라고 불어의 제너널(Volonté générale)을 그냥 옮기지만 영어식으로는 그다지 제너럴하지 않다.

**2.0472** 영어에서 제너럴general은 제너럴 호스피탈처럼 일반병원, 시민

병원, 누구나 갈 수 있는 병원 정도다. 그 이상의 것은 유니버설Universal이라는 말로 절대적이고 보편적인 의미를 담는다. 단순한 사회생활 속에서의 일반적임을 가리키는 제너럴과 신학적이고 철학적인 의미에서 보편성이 구별된다. 사람의 일에는 제너럴, 천당이나 우주의 일에는 유니버설이라고 쓴다는 말이다. 라틴어의 유니버설은 절대자, 절대를 추구하는 학문의 전당인 대학, 최고권위의 교회에 사용했다. 그런데 어원의 본산지인 유럽에서는 인간세계의 보편성에도 제너럴이라는 말을 자주 쓴다. 한마디로 불어의 제너럴, 나아가 독어의 알게마이네Allgemeine는 영어의 유니버설과 맞먹는다는 것이다. 따라서 루소의 일반의지는 한국어에서는 보편의지로 격상되어 번역되어도 좋다.

**2.0473** 루소의 일반의지는 시민들 의지의 총합이 결코 아니다. 그것은 재밌게도 시민들과 개별적으로 계약을 하는 독립적인 어떤 것이다. 따라서 그의 일반의지는 상당히 추상적이고 형이상학적이다.

**2.048** 루소는 사회사상가다. 아니면 음악이론가다. 그에게는 형이상학이 없다. 달리 말하면, 그는 반反형이상학적인 태도를 지녔다는 것이다.

**2.0481** 노자도 형이상학을 싫어한다. 그런 점에서 노자와 루소는 통한다.

**2.049** 노자는 가장 형이상학적이면서 반형이상학적이다. 형이상학이 무엇인지 잘 알고 잘 말하고 있지만, 그는 그런 형이상학을 버릴 것을 요구한다. 형이상학을 깨기 위한 형이상학이다.

## 2.05 형이상학이 무너지면 국가도 무너진다.

**2.051** 형이상학이라고 해서 엄청난 것을 생각하지 마라. 내가 말하는 형이상학이라는 것은 국가라는 관념, 국가라는 신화, 국가라는 우화, 국가라

는 허구, 국가라는 우상을 통틀어 말하는 것이다.

**2.052** 유대인철학자들은 국가를 무척이나 싫어하고, 헤겔리안Heglian은 국가를 시대정신의 발현으로 본다.

**2.0521** 유대인들에게는 국가가 없(었)고, 헤겔에게는 국가가 있다.

**2.0522** 유대인들에게는 여호와의 천국이 있고, 헤겔에는 절대정신이 있다.

**2.0523** 유대인들에게는 게토가 있었고 헤겔에게는 게토가 없었다.

**2.05231** 게토의 표기법은 여럿이나 섹스피어의 <베니스의 상인>에도 게토ghetto로 나온다. 샤일록Shylock의 원한을 기억하라. 그들은 땅을 가질 수 없었다.

**2.05232** 오늘날에도 뉴욕 월스트리트의 금융업은 여전히 대부업이며, 유대인이 주름잡는다.

**2.0524** 헤겔에게 국가는 능동적인 이성의 산물이다.

**2.0525** 헤겔에게 국가는 인륜성의 궁극적 형태다.

**2.05251** 놀랍게도, 대한민국의 철학자도 전공에 따라 국가주의자와 비국가주의자로 나뉜다. 대체로 헤겔전공자들은 국가옹호론자이고, 유대인철학자를 전공한 사람은 국가는 소멸되어야 할 것으로 본다.

**2.05252** 유대인철학자는 너무도 많다. 마르크스도 그 가운데 하나다. 그의 이상단계에서 국가는 사라진다.

**2.053** 노자와 루소에게서 탈국가적 사고의 원형을 본다.

**2.0531** 노자는 전쟁의 포화 속에서, 춘추전국春秋戰國의 혼란 속에서 국가를 마다했고, 루소는 프랑스의 절대왕정 속에서 스위스와 영국으로 도망다니면서 고대 그리스의 폴리스를 꿈꿨다.

## 2.1 노자: 좋은 나라는 땅도 작고 사람도 적다.

**2.101** 노자는 좋은 나라의 작음을 닭이 홰치고 개가 짓는 소리가 들린다고 하지만 과장법이다.

**2.102** 그 정도면 마을 정도다. 닭 울음과 개 소리도 들린단다.

**2.103** 배와 수레가 있어도 오가지 않는다. 노자가 하고 싶은 말이 이것이다.

**2.104** 먹고 사는 것이 보장되어야만 땅은 작고 사람은 적어도 좋다.

**2.105** 잉여농산물이 나오면 그것은 계급을 만들기 때문에 그것도 좋지 않다.

**2.106** 사람은 적어도 주어진 논이나 밭을 일군다.

**2.107** 오늘날의 생산방식으로는 기계 없이 쉽지 않다. 사회적 비용이 들기 때문이다. 물값이나 전기료를 비롯해서 통신비, 교육비, 문화비가 적지 않다.

**2.108** 노자의 소국과민小國寡民의 이상은 상징이다. 그러나 그 상징성은 매우 크다. 그것은 바로 자급자족自給自足이다.

**2.1081** 소국과민은 자급자족이라는 말로 바뀌어야 한다. 현대적 언어로 새롭게 번역되어야 한다.

**2.1082** 자급자족만 된다면, 늘 아이들의 교육이 걱정이지만 귀농하고자 하는 사람은 많다.

**2.1083** 그 정신이 바로 노자가 하고 싶은 말이다.

**2.1084** 아이들도 부모를 이어 자급자족하면 되지 않느냐고 반문할 수 있겠지만, 막상 그들이 원하는 삶은 그런 것이 아닐 수 있다. 아이들의 미래와 그들이 스스로 선택할 가치를 생각한다면 부모의 고민은 깊어간다.

**2.1085** 귀농의 가장 큰 고민은 교육 문제다. 그것이 해결되지 않고 귀농을 말하는 것은 거짓이다.

**2.1086** 인터넷의 발달은 교육의 평등을 앞당긴다. 통신비의 제약만 없다면 그렇다.

## 2.11 작은 나라도 나라다.

**2.1101** 작은 나라가 하나의 나라로 인정받을 수 있는가? 있다. 그리고 있어야 한다.

**2.111** 바티칸 공국은 작지만 종교적으로 대우받는 나라다.

**2.1111** 바티칸을 지키는 군인은 스위스 용병이다.

**2.1112** 바티칸은 돈도 많다. 전 세계 천주교 신자들의 돈이다. 교황의 방문은 그것에 대한 답례와 무관하지 않다. 신도 수와 방문 횟수는 상관적이다.

**2.1113** 바티칸은 그리스도교의 비밀창고다.

**2.1114** 바티칸은 교황의 나라다.

**2.1115** 교황은 신의 뜻을 대변하기 때문에 그리스도교에서 최고의 권위를 갖는다. 그러나 그 최고 존엄의 선출은 신의 뜻을 무엇이라 이야기할 방도가 없기 때문에 할 수 없이 사람이 선출할 수밖에 없는 참으로 민주적인

과정을 거친다.

**2.1116** 교황은 신의 뜻을 안다고 하지만, 교황은 사람의 뜻으로 뽑힌다.

**2.11161** 그것도 한 번이 아닌 거듭된 투표를 통해 뽑는다. 그것을 콘클라베Conclave라고 부른다.

**2.1117** 대체로 권위의 계승은 선출이 아니라면 혈통으로 내려간다.

**2.11171** 교회도 세습으로 내려가기도 한다. 황공무지惶恐無地로소이다.

**2.112** 작은 나라는 인도양의 몰디브나 남태평양의 투발루나 나우루 같은 섬나라가 있으며, 유럽대륙에서 국가의 형태를 유지하는 데는 왕보다 낮은 급의 귀족이 다스리는 공국公國(principality)으로 리히텐슈타인과 모나코가 있고, 공화국으로는 산마리노가 있다. 리히텐슈타인과 모나코는 영국과 마찬가지로 입헌군주제다.

**2.1121** 그런 나라는 각자 알아서 살아가는 나라들이다. 문제는 군대다. 자기 방위가 가능하냐는 것이다.

**2.1122** 바티칸과 리히텐슈타인은 스위스가, 모나코는 프랑스가, 안도라는 스페인과 프랑스가 공동으로 국방을 맡아주고 있다. 산마리노는 정규군은 없지만 자원에 의한 모병으로 국경수비를 한다.

**2.113** 오히려 영세중립국 스위스가 작은 나라 적은 백성의 모범이다. 군대도 모병제가 아니라 징병제다. 국민투표에서 모병제가 부결된 바 있다.

**2.114** 루소는 모국 스위스를 좋아했다. 자신의 영예로운 제1, 제2 저작에서 제네바의 시민(un citoyen de Geveve)이라고 일컬어지는 것에 만족해했다. 디종 아카데미상을 받은 제1 저작 표지에는 이름조차 없이 제네바 시민이라고만 되어있었다.

**2.1141** 불온서적의 출판(『사회계약론』, 암스테르담, 1762.4.; 『에밀』, 파리 및 암스테르담, 1762.5.)으로 체포 명령이 떨어지자 루소는 스위스로 도망한다.

**2.1142** 루소 당시에도 스위스는 지금처럼 망명하기 좋은 나라였다.

**2.11421** 빨갱이로 몰린 채플린도 귀국이 금지되자 스위스에 안착했다.

이후 그는 시상식에 참석하기 위해 단 한 번 미국을 방문했을 뿐이다.

**2.1143** 명사였던 루소는 그곳에서도 편지글을 통해 끊임없이 자기주장을 펴나갔다.

**2.115** 노자는 무정부주의자다.

**2.1151** 무정부주의에 대해서는 많은 논란이 있다.

**2.1152** 무정부주의는 아나키즘이고, 아나키즘은 어떤 권위도 부정한다.

**2.1153** 그런데 많은 사람이 아나키즘이 테러리즘이라고 오해한다.

**2.1154** 아나키스트와 테러리스트는 전혀 다르다.

**2.1155** 아나키스트는 개인의 자유를 극도로 존중하고 그것을 억압하는 온갖 제도와 장치를 거부할 뿐, 폭력적인 파괴를 옹호한 적은 없다. 정부를 부정하는 것이 곧 반反정부가 아니듯, 그들은 무정부가 옳다고 생각할 뿐 반정부군이 될 생각은 없다.

**2.1156** 아나키즘은 하나의 정신해방운동으로 시작한다. 아나키스트들은 개인의 자유를 존중하는 만큼 타인의 자유를 빼앗을 생각은 추호도 없다. 타인의 자유를 존중하기 때문에 타인이 자기를 건들지만 않는 한 그들은 상대에 대해 그다지 관심이 없다.

**2.1157** 우리말에서 무정부주의라 번역이 되었다 해서 그것이 정부만 부정한다고 협소하게 생각해서는 안 된다.

**2.11571** 벨기에 국적으로 UN 일을 하던 사람에게 아나키즘이 무엇인지 물었다. 그가 마침 아나키즘 책을 보고 있었기 때문이다. 그는 나에게 단적으로 말했다. '땅 위에도 어떤 절대 권위가 없고, 하늘 위에도 어떤 절대 권위가 없는 것'이라고. 땅에는 정부와 통치가, 하늘에는 신과 종교가 없다는 이야기로 들렸다. 정부가 뭐라고, 신이 뭐라고 나를 건드리냐는 것이다. 아나키즘은 무정부주의만이 아니라 무종교주의이기도 한 것이다. 그는 포도주 전문가이기도 했다. 그의 아버지는 포도 맛을 보면 이 포도가 오래가도 될 것인지 바로 햇 포도주(보졸레 누보)로 먹어야 할 것인지 안다고 했다. 그래서

나는 그에게 물었다. '드라이'가 무슨 뜻이냐고. 그의 대답은 명쾌했다. '낫 스위트Not sweet!' 그는 아나키즘도, 드라이도 쉽게 말할 줄 알았다.

**2.11572** 미국 시애틀에는 아나키스트 서점이 스타벅스 매장 가까이에 자리 잡고 있다. 어부 시장 입구다. 그곳에는 온갖 아나키스트 관련 책들이 갖춰져 있다. 아나키스트들의 주장이 담긴 영인본 글도 팔았다.

**2.1158** 아나키스트들은 정부를 부정하는 까닭에 공산주의자와도 부딪혀야 했다. 프롤레타리아 독재를 꿈꾸는 공산주의자들은 공산당의 권력조차 부정하는 아나키스트를 인정할 수 없었다.

**2.11581** 우리나라에서 횡행하고 있는 아나키스트에 대한 오해에도 불구하고 대구를 중심으로 아나키스트 모임은 이루어졌었다. 하기락 교수를 중심으로 모임을 이어나갔지만 이제 명맥이 끊겼다. 사상적으로 아나키즘 운동을 하고 있는 사람이 박홍규 교수다.

**2.11582** 최근에는 자본주의적 자유주의에도 아나키즘이 원용되기도 한다.

**2.116** 노자가 아나키스트라는 것은 잘못된 번역에 경도된 사람이 아니라면 쉽게 이해한다.

**2.1161** 노자가 무정부주의자가 아니라는 생각에는 그가 정치가를 위해 글을 썼다는 생각에서 비롯된다. 노자의 철학이 현명한 통치자에게도 매력적이었던 것은 사실이다. 그러나 그렇다고 해서 그가 권력자에게 자신의 글을 바쳤다는 것은 앞뒤가 맞지 않는다. 노자의 기본사상이 이른바 부쟁不爭으로 불리는 반전론反戰論이다.

**2.1162** 노자에게는 전쟁은 안 된다. 따라서 군부조직은 평상조직과는 거꾸로 예를 삼아야 하고, 전쟁에 나가서도 소극적으로 임하고, 승리해도 슬퍼해야 한다. 승전을 즐기는 자는 살인을 즐기는 자다.

**2.1163** 홉스에게는 국가권력이 무지막지한 힘을 갖고, 그러나 인민의 평화를 보장한다. 『리바이어던』의 출현이다. 로크나 루소도 국가를 인정한다

는 점에서 아나키스트가 아니다.

**2.1164** 시대적으로 아나키스트는 사회계약론자를 반대하며 나온다.

**2.1165** 그러나 루소만큼은 홉스와 로크와는 달리, 사유재산에 대한 비판이 강력하다. 사유재산이 곧 불평등의 탄생이다. 그리고 그것은 곧이어 마르크스와 엥겔스에 직접적으로 영향을 준다.

**2.1166** 다만 루소에게는 노자가 내세우는 '부득이不得已'의 정신이 없다. 그에게는 전쟁을 해도 부득이하게 하는 소극성, 정확히는 부정성이 보이지 않는다.

**2.11661** 이점은 대한민국 입영 병사들의 슬픈 모토이기도 하다. 잘 하려고도 하지 말고, 못 하려고도 하지 말고, 어쩔 수 없는 것만 하라. 부득이는 '어쩔 수 없이'라는 뜻이다.

**2.11662** 대한민국 장병들은 반전론자이기는커녕 언제나 적과 용감하게 싸울 수 있는 용사다. 그러나 그들을 부득이로 만드는 것은 아직도 70~80년대식으로 운영되는 군대조직이다. 싸움은 미군과 졸병에 맡기고 자신들은 뒤로 빠지겠다는 썩은 지휘관이 횡행한다.

**2.11663** 대한민국 국민이 평시에는 별일 없는 군인들의 월급과 연금에 세금을 바치는 것은 오직 하나, 그들이 전시에 목숨을 바칠 것을 믿기 때문이다.

**2.11664** 대한민국 국군 간부들이여, 우리를 아나키스트로 만들지 말라.

**2.1167** 군사라는 무력과 종교의 권위를 한 손씩 들고 있는 무시무시한 군주에게 사회계약을 통해 권력을 아예 양도하는 홉스나, 신탁信託(trust)을 통해 주권을 위임하여 의회 제도를 통해 정치적 발언권을 확보하는 로크와는 달리, 루소는 끝까지 주권을 넘겨주는 것을 주저하거나 부정한다.

**2.11671** 루소가 홉스나 로크와 달라진 까닭은 바로 성선을 믿었기 때문이었다고 나는 단언한다.

**2.11672** 사람은 어떤 권위에 기대지 않고도, 어떤 통솔에 따르지 않고도

행복과 평화를 누릴 수 있다고 가장 착실하게 믿은 멋진 성선주의자들이 바로 아나키스트다.

**2.117** 아나키스트인 노자와 사회계약론자인 루소가 만날 수 있는 것이 바로 성선이라는 코드다.

**2.1171** 노자가 덜 아나키스트로 보이는 까닭이나 루소가 덜 사회계약론자로 보이는 까닭도 성선의 태도 때문이다. 다스리는 사람도 아무것도 하지 않는다면 다스려도 좋다는 무위의 다스림인 무위지치無爲之治를 내세우는 것이 노자이고, 아무리 계약을 한다지만 인민주권만큼은 안 된다는 최후의 방어선을 유지하여 양도라는 개념 없이 계약을 맺으려 하는 것이 루소다.

**2.11711** 『사회계약론』을 썼지만 계약을 꺼려하는 재밌는 루소다.

**2.1172** 노자에 대한 비판: 다스리지도 않는데 뭐 하러 그 자리에 있어?

노자에 대한 변명: 그렇다면 오늘날의 모든 입헌군주제는 성립할 수 없다.

**2.1173** 루소에 대한 비판: 양도 없이 계약하자면 도대체 무엇과 무엇을 계약하겠다는 것인지, 그것은 일방적인 요구라서 계약이 성립할 수 없다.

루소에 대한 변명: 그래서 공중公衆(le public)이 계약의 추상적인 당사자로 인민 개개인과 계약하고 있지 않느냐. 홉스처럼 개인끼리 계약해서 군주에게 통째로 넘겨주지도 않고, 로크처럼 신뢰 속에서 의회에 맡기지도 않는다.

**2.1174** 대신 로크는 믿음이 깨지면 되돌려달라고 할 수 있다고 하여 요즘 식으로 말하면 저항권의 발동을 잊지 않았다.

**2.1175** 루소는 주지 않았으니 찾아올 것도 없다.

**2.11751** 루소는 인민들이 일반의지를 따른다는데 일반의지가 뭔지 분명하지 않다.

**2.11752** 루소의 일반의지는 법이라는 것이 통설이지만, 우리는 법을 제정하지 법과 계약하지 않는다는 점에서 원초적인 문제가 남는다. 그렇다면 우리의 계약은 공중과 하는 것이다.

**2.1176** 일반의지와 공중의 관계가 애매하다.

**2.1177** 일반의지와 공중이 정당성을 확보하려면 루소가 바라듯이 만장일치가 최선일 텐데 현대정치는 늘 반반인 경우가 많다. 반쪽의 일반의지다. 절반의 공중이다.

**2.118** 일반의지와 공중은 작은 나라에서는 가능하다.

**2.1181** 작은 나라의 반대자들은 설득될 수도 있고, 타협할 수도 있고, 양보할 수도 있다.

**2.1182** 적은 사람일 때도 마찬가지다.

## 2.12 성선 없는 도덕은 불완전하다.

**2.121** 성악의 도덕은 도덕을 만드는 사람조차 성악이기 때문에 그 도덕의 진실성이 논리적으로 의심될 수밖에 없다.

**2.122** 순자가 늘 비판받는 까닭이 여기에 있다. 우리를 선으로 이끄는 최초의 예법은 누가 만들었느냐는 것이다. 그조차 성악일 터.

**2.1221** 성인聖人이 만들었다는 것이 순자의 답이지만 갑자기 튀어나오는 성인이라는 위대한 인물이 언제나 의문이다. 차라리 단군신화처럼 하늘에서 환인桓因이 내려왔다고 하라.

**2.12211** 윤리학적 순환일 텐데, 선을 추구하는 악인을 말하기란 정말 힘들다. 아우구스티누스가 악은 선의 결핍이라면서 악의 실재성을 멀리하려는 것과 논리적 구조에서는 비슷하다. 그는 결핍조차 선이라는 것을 몰랐지만.

**2.12212** 맹자가 아우구스티누스보다 매력적인 까닭은, 대전제로부터 악을 도출하지 않고 인간적인 아주 작은 발단에서 선을 도출하기 때문이다. 선악 모두를 다루는 윤리학이 아닌 선을 다루는 윤리학인 한, 악에서 선으로 가는 것보다는 선에서 선으로 가는 것이 훨씬 논리적으로 편하다. 아우구

스티누스도 양적으로 선악을 계산한다는 점에서 맹자와 통하지만, 이미 절대선이라는 전제가 있는 한 그것을 완성시키기는 참으로 어렵다. 차라리 맹자처럼 착실하게 부분적인 선을 쌓아 선에 가까워지는 것이 낫다. 실마리(단端)를 잘 엮어 군데군데 코가 빠졌더라도 옷 한 벌을 짜는 것이 낫지, 온전한 옷(선善)을 그려놓고 사람들에게 그렇게 만들라면 누구도 그렇게 만들기 어렵다.

**2.123** 로크는 재산권에 대한 최초의 긍정적 태도로 보아 이기적 행위가 쌓이면 공익이 될 수 있다고 믿는 것으로 보인다. 마치 맨더빌의 꿀벌과 같다.

**2.1231** 맨더빌의 꿀벌 이야기에서 꿀벌은 각자의 이기심으로 꿀을 모으지만 쌓고 또 쌓다 보면 꿀이라는 공익이 된다는 이야기다.

**2.1232** 맨더빌의 꿀벌의 비유는 애덤 스미스에게 곧바로 원용된다. 농부의 이기심이 나의 밥상을 풍요롭게 해준다고, 개인의 이기심이 국부를 낳는다고.

**2.1233** 애덤 스미스는 그렇게 간단하지 않았다. 『국부론』 이전에 『도덕감정론』을 쓴다. 도덕은 감정이란다. 동정심, 정확히는 공감이 도덕의 원천이 된단다. 누군가 아프면 나도 그 아픔을 느낀다는 것이다.

**2.1234** 어디서 많이 보지 않았는가. 남을 어여삐 여기는 것 말이다. 불쌍하니 도와주고 싶다. 세종대왕의 마음이거니와 그의 훈민정음 머리말의 근거가 바로 맹자였다. 오, 측은지심惻隱之心! 측은지심은 어짊이라는 덕성의 실마리다!

**2.1235** 스미스와 흄 등 스코틀랜드학파의 결론이 감정으로 오기까지 얼마나 돌고 또 돌았는가. 경험주의적 전통을 세우기 위해 얼마나 유럽의 선험적先驗的 곧 경험 이전의 독단에 놀아났어야 하는가. 도덕의 원천을 감정으로 보고 그것을 사단四端이라고 2천 년 가까이 믿어오던 유학자들의 신념을 이제야 깨닫는가.

**2.1236** 사단을 믿으면 성선주의자가 된다. 감정의 실마리가 도덕의 근원이라고 믿으면 인간의 본성을 믿게 되는 것이다.

**2.1237** 그러나 스미스는 그러지 못했다. 도덕의 원천이 감정이긴 하지만 서구적 전통에서 인간의 본성은 악하다는 전제를 벗어나지 못했다. 그래서 농부는 이기적이라고 그는 말하는 것이다.

**2.12371** 우리나라 사람들이 귀에 못이 박히듯 들은 말이 무엇인가. 밥 한 톨이라도 남기지 말라고, 농부가 얼마나 고생해서 지은 것인데 함부로 하냐고, 농부에게 고마워하며 밥 먹으라고.

**2.12372** 스미스 버전: 농부는 자기가 먹고살라고 농사지었을 뿐인데도, 결국은 내가 먹고 사니 좋다. 이기심은 배부름의 원천! 국가는 그 이기심을 내버려 두면 될 뿐!

**2.12373** 우리 어머니 버전: 농부가 피땀으로 지은 쌀이여. 고마워하면서 먹어! 서로가 고마워해야 하는 겨. 남에게 뭐라도 해줄 수 있는 사람이 돼야 하는 겨.

**2.12374** 스미스와 우리 어머니의 차이는 한 끝 차이의 태도다. 같은 현상을 놓고 이기적으로 볼 것인지, 이타적으로 볼 것인지 선택하는 것이다. 성선과 성악의 선택과 같다.

**2.12375** 농부가 이기적으로 생각한다는 근거도 많겠지만 이타적으로 생각한다는 근거도 많다. 농부는 자기가 먹을 것만 농사지으면 되는데도, 동네를 걱정하고 도시 사람을 생각한다. 내가 열심히 일해야 세상이 잘 돌아가지라고 여기며 새벽에 일어나서 물꼬를 본다. 옆 동네 김 서방은 도박에 빠졌지만 나는 그래서는 안 되지. 힘들더라도 할 일은 해야지.

**2.12376** 나의 강력한 주장: 대한민국 지성의 박약함은 다름 아닌 고마워할 줄 모르는 데서 나온다. 세상일은 내가 다하지 못한다. 따라서 내가 안 했다고 틀렸다고 하지 말고, 남이 해준 것을 고마워하면 된다. 민주화운동을 내가 못했지만 네가 해줘서 고맙다고 여기면 될 뿐이다. 내가 하지 않았다고

그것이 그르다거나 그들을 빨갱이로 몰아가서는 안 된다.

**2.12377** 나는 놀고 너는 일했다. 그런데 거기다가 왜 쓸데없이 일해라고 말할 때 사람은 미치는 것이다.

**2.12378** 나는 놀고 너는 일했다. 그래서 고마워, 내가 할 일을 네가 해줘서라고 말하면서 서로 즐겁게 사는 것이다.

**2.124** 홉스는 분명한 성악론자다.

**2.1241** 홉스가 성악론자라는 것은 내버려 두면 사람은 싸운다는 '모두와 모두의 싸움'을 주장하기 때문이다. 만인 대 만인의 투쟁!

**2.1242** 홉스가 성선론자라면 내버려둬도 사람은 잘 산다가 되어야 한다.

**2.1243** 성선과 성악의 관점 하나로 달라지는 세계를 보라.

**2.1244** 홉스는 절대군주를 옹호한다. 악한 인민들이 자신들을 살려달라고 절대 권력을 부여하는 애처로운 형국이다. 나의 힘, 너의 힘 모두 모아 그대에게 바치니 우리 모두 평화롭게 살게 해주소서.

**2.125** 로크는 재산 또는 재산권이라는 말을 구미 사회에 던져준 사람이다. 그는 이를 통해 인간의 권리까지 옹호한다.

**2.1251** 문제는 재산에 대한 욕심은 무한한데 재물은 한정적이라는 것이다. 그런데 재산권을 옹호한다는 것은 성선인가, 성악인가. 아무래도 욕심을 인정하는 것으로 보아 성악에 가깝다. 욕심은 어쩔 수 없다는 것이다. 그것부터 이야기를 시작하자.

**2.1252** 로크가 말하는 재산(property)이란 소유나 소유권을 비롯해서 물욕物欲도 포함된다.

**2.1253** 내가 잘 드는 비유다. 경험의 소산이니 어쩔 수 없다. 미군부대 담벼락에 이는 미국 정부의 재산이니 들어오지 말라고 한다. 우리 같으면 접근하면 발포함이지, 재산이니 뭐니 그런 말을 하지 않는다. 국방부 재산이니 들어오지 말라는 말을 들어보았는가. 그렇게 써놓으면 국방부는 국민의 세금으로 운영되고 나도 세금 내니 들어가도 되나 하고 되묻기 십상이다. 로크

이후 재산은 곧 재산권으로 해석된다.

**2.126** 루소는 어떤가? 사유재산이야말로 인간 불평등의 시작이라고 한다. 재산권이라는 것이 없었을 때는 평등했는데, 재산을 가지려고 별의별 짓을 다하다가, 법률로 보호받게 해놓았다는 것이다. 많은 배고픈 사람은 한 사람만이 갖고 있는 먹을거리를 빼앗아 먹는 것이 자연의 순리일 텐데 법률로 빼앗아 먹지 못하게 만들었다는 것이다. 루소에게서 법률은 그런 점에서 철저히 자산가편이다.

**2.127** 마르크스와 엥겔스가 그래서 자본가를 타도하자는 것이다. 그리고 무산자들이 정권을 잡아야 한다는 것이다. 자산계급에 대한 무산계급의 혁명적 승리만이 법률과 권력으로 보호받는 부르주아를 손아귀에 넣을 수 있다고 생각하는 것이 그들이다.

## 2.13 혁명을 믿으면 성선, 개혁을 믿으면 성악이다.

**2.131** 바꾸면 되리라 생각하니 성선이다. 바꿔도 그게 그거라고 생각하니 성악이다.

**2.132** 혁명과 개혁을 성선과 성악으로 치환하니 이상한가? 아니다. 어떤 혁명주의자가 인간의 본성과 그것의 미래를 믿지 않았는가. 그런 믿음 없이 어떻게 목숨을 내놓는가. 혁명에는 반혁명이 따르고 따라서 점진적인 개혁을 주장하는 사람들의 마음속에는 '그래봤자, 사람이지'라는 생각이 없다고 확신할 수 있겠는가. 그들은 '통치자들만 바뀌지 정치가 바뀐 것이 뭐 있어'라고 되묻지 않는가.

**2.133** 개혁주의자를 회의주의자로 몰고 가는 것은 결코 아니다. 회의주의자는 개혁조차 의심한다. 그러나 개혁주의자들은 제도의 개선으로 나쁜 사람들을 제어할 수 있다고 생각한다.

**2.134** 혁명주의자들은 새날이 올 것이라 믿는다. 법률로, 권력으로, 무력으로 누려왔던 돈과 자리의 독점을 한 칼에 바꿀 수 있을 것이라 생각한다. 새날이 오면 착한 사람들끼리 오순도순 잘 살 수 있을 것이라 노래한다.

**2.135** 나쁜 사람들끼리의 세상을 말하는 것이 성악주의자들이고, 착한 사람들끼리의 세상을 말하는 것이 성선주의자들인 것이다.

**2.136** 마르크스는 성선론자다. 특히 젊은 마르크스는 그랬다.

**2.1361** 주체사상도 인간개조의 희망을 무척이나 낙관적으로 믿기 때문에 성선의 극치를 달린다.

**2.1362** 사회는 통제하면서 인간은 신뢰한다는 것은 모순적이다. 그러나 사람을 꽃이라 보아도 강력한 통제의 구실은 쉽게 찾을 수 있다. 꽃을 피우지 못하게 하는 온갖 것들을 당이 막아주겠다는 것이니.

**2.1363** 진정한 사람에 대한 믿음은 사회에 대한 믿음으로 확대된다.

**2.1364** 좋은 사람은 좋은 무리를 이룬다.

**2.1365** 그렇다면 나쁜 사람은 나쁜 무리를 이루나? 나쁜 사람은 중간 매개로 그들을 규정하는 장치가 있으면 좋은 무리를 이룰 수 있다.

**2.13651** 우리나라의 모든 모임에 정관定款이 있고 총회總會가 있는 까닭이 이것이다.

**2.13652** 그래서 중요 사안은 반드시 총회에서 의결한다.

**2.137** 좋은 사람은 좋은 무리를 이룬다. 나쁜 사람은 나쁜 무리를 이룬다. 좋은 사람이 모여도 나쁜 무리가 된다. 나쁜 무리가 모여도 좋은 무리가 된다. 우리 삶의 온갖 태도는 바로 이 네 종류와 그에 대한 해석으로 모아진다.

ㄱ. G → Gs

ㄴ. B → Bs

ㄷ. G → Bs

ㄹ. B → Gs

**2.1371** ㄱ과 ㄴ은 쉽다. 질은 바뀌지 않은 채 양만 늘었을 뿐이기 때문이다.

**2.1372** ㄹ도 그 사이에 여러 장치를 집어넣어 질적 변화를 일으킨다.

ㄹ′. B → X → Gs

**2.1373** ㄹ에서 장치 X는 B를 G로 변환시키는 일종의 콘버터converter다. 그리고 B는 철저히 장치 의존적(device-dependent)이다. B가 G로 되느냐 마느냐는 순전히 장치의 성능과 용량에 달렸다. 우리는 그런 장치를 제도라고 부른다.

**2.1374** 문제는 ㄷ이다. 왜 좋은 사람인데도 모이면 나쁘게 되느냐는 것이다. 그것을 집단의식, 집단행동으로 쉽게 말하지만 그렇게 간단하지 않다.

**2.1375** ㄷ의 문제를 가장 명확하게 드러낸 사람은 라인홀드 니부어다. 그는 『도덕적 개인과 비도덕적 사회』라는 책에서 아무리 도덕적 인간이라도 집단으로 되면 비도덕적 사회가 되는 까닭이 무엇이냐고 물었다. 이타적인 도덕적 가치를 가진 사람도 여럿이 모이면 이기적이 되는 까닭을 물은 것이다. 히틀러가 나오기 전인 1932년의 통찰인데도 마치 나치즘의 기승을 예측하는 것만 같다.

**2.1376** ㄷ의 문제에 오히려 나치의 유대인 학살을 관찰자적인 시점에서 철학적으로 서술한 것은 한나 아렌트다. 그녀는 『예루살렘의 아이히만』에서 멀쩡한 사람이 어떻게 저렇게 악랄할 수 있는가를 묻는다. 그녀의 답은

악의 평범성 또는 진부성이었다. 그냥 하라는 대로 했소가 문제라는 것이다. 생각 없음이 죄라는 것이다.

**2.1377** 그러나 나는 그렇게 묻지 않겠다. 그들의 성선과 성악에 대한 관점을 묻고 싶다. 니부어는 개인은 이타성을 도덕적 가치로 삼는다고 했지만 그것이 본성의 선함으로부터 비롯된다고는 말하지 않았다. 그런 점에서 개인의 이타성은 아무런 근거가 없기 때문에 집단화되면서 쉽게 무너져버리고 마는 것이다. 아렌트도 선악을 별생각 없이 행하는 사람들을 비판한 것이지 인간의 본성에 대해 발언하지는 않았다. 이웃집 아저씨가 길거리를 깨끗이 쓰는 것은 늘 그래왔기 때문인 것처럼, 그 아저씨는 나라님인지 임금님인지 총통인지가 시키는 나쁜 짓도 그저 그렇게 할 뿐이었다. 그녀는 노동에 대해서는 의미 있는 분류를 했지만 정작 인간성에 대한 탐구는 없었다. 그들이 말하는 선악은 철저히 사회적이고 개인적이지 않아서 본성의 문제를 건드리지 않는다. 본성의 문제가 중요한 것은 인간의 본성이 무슨 실체처럼 있기 때문이 아니라 그것에 대한 입장이 이후에 엄청나게 다른 결과를 낳기 때문이다. 성선, 성악이라는 판단 자체는 우스꽝스러운 것일지라도 그 판단은 신념의 체계로 미래의 향방을 결정하는 데 결정적인 역할을 한다는 이야기다.

**2.1378** 성선과 성악의 문제가 도덕적 판단에 이렇게 큰 영향을 끼친다는 것은 체득하기 어렵다. 그 까닭은 윤리학 자체가 사실적이지 않고 당위적인 데 있다. 비트겐슈타인이 말하듯, 윤리학과 미학은 논리적으로 도대체 말할 수 없는 것이다. 신념과 감정이 끼어들고야 만다.

**2.1379** 니부어는 의아할 정도로 마르크스의 프롤레타리아 혁명에 적극적으로 동조하면서도 공산주의자들의 혁명에 회의적이었다. 계급혁명을 하면서 계급의 이기성을 벗어나지 못하면 프롤레타리아의 혁명 후에도 현재 자본가들이 벌이는 꼬락서니와 마찬가지일 것이라고 예측했다. 그의 예측은 어긋나지 않아 혁명을 완수한 공산당은 여전히 무소불위의 권력을 누렸다.

**2.138** 성악론자도 혁명 이후 확실한 제도의 수립으로 반혁명을 막을 수

있다고 주장할 수 있다. 그러나 성악론자인 한, 자신의 이기심을 긍정하는 한, 제도를 왜곡해서 자신이나 자기가 속한 집단의 욕망을 채우는 것을 용납하기 때문에 그의 혁명은 온전한 혁명일 수 없다. 그저 혁명을 가장한 부분적인 개혁일 뿐이다.

### 2.14 작은 나라는 새로운 나라가 되기 쉽다.

**2.141** 우리의 어려운 논의가 쉬워지는 부분이다.

**2.1411** 작은 나라는 통째로 바꾸기 쉽다.

**2.1412** 잘못되어도 다시 고치기 쉽다.

**2.1413** 의견을 모으기 쉽다.

**2.1414** 대의정치라면 만장일치를 지향할 수 있다. 루소의 꿈이다. 오늘 안 되면 내일을 기다리면 된다.

**2.1415** 취약계층을 돌보기 쉽다.

**2.1416** 오직이자 정말로 나쁜 점: 스스로 나라를 지키기 어렵다.

**2.142** 일반의지는 전체의지와는 다른데도, 루소는 만장일치를 원했다. 그래야 공중과의 계약이 정당성을 얻는다. 만장일치가 되려면 집단이 작아야 한다. 집단이 작으면 무력 앞에서 꼼짝없이 당한다. 그래서 루소는 스파르타 같은 강소强小 국가를 이상으로 삼았다.

**2.143** 작은 나라지만 연합체제를 이루고 있으면 국방의 걱정을 덜 수 있다. 연방군의 도움으로 작은 나라의 정체성을 유지할 수 있는 것이다.

**2.1431** 연방의 방은 사실 나라를 가리킨다. 노자의 소국과민小國寡民도 소방과민小邦寡民이었는데 한고조 유방의 이름을 피(휘諱)하느라 국이 되었다. 독일 같은 경우가 정말로 작은 나라들이 모인 독일 연방이다. 분데스리가란 연방 리그를 가리킨다. 철도도 국가의 기반시설로 연방 철도망이다.

**2.1432** 미국인들이 자신의 국가를 미국(America)이라는 말과 더불어 연방(the United States)이라는 말로 일컫는 것은 아메리카라는 땅덩어리 위에 세운 민주적이고 분권적인 정치체제를 중시하기 때문이다. 사법체제도 철저히 분권적인 곳이 미연방국이다.

**2.1433** 우리나라가 지방분권의 이상을 실현하려 애쓰는 것도 바로 이러한 정신 때문이다. 민주적이고 자치적이기 위해서, 분권적이고 참여적이기 위해서 일일생활권의 나라로 각자도생의 길이 막막한데도 지방자치를 정치적 이념으로 삼는 것이다.

**2.14331** 나의 생각으로 지방자치의 가장 큰 장점은 재밌다는 것이다. 그러나 재밌으려면 참여해야 한다. 참여 없는 자치는 물거품이다. 다양한 의견의 현실화가 지방자치의 가장 큰 매력이다.

**2.14332** 심지어 서울에서는 출산장려금을 백만 원을 주더라도 청주에서는 천만 원을 주고, 부산에서는 노숙자를 위한 게스트하우스가 전국적으로 시설이 가장 좋고, 울산에서는 초중고학비가 무료인데 광주에서는 자장면 값이 자치단체의 지원으로 전국평균의 절반이고, 바람 많은 제주도에서는 풍력발전의 기여로 전기료가 무료이고, 전국의 회의장이 되고 싶은 대전에서는 외지인에게 대중교통이 무료라면 재밌지 않은가.

**2.14333** 인도의 케랄라주는 발전소가 많아 전기를 무상으로 제공했다.

**2.14334** 전국적인 전염병의 유행에서도 지방자치단체장의 판단에 따라 방역에 대한 강도가 다른 것이 재밌지 않는가. 중앙의 눈치만 보는 지방자치단체장은 지도자로서 자격이 없다.

**2.14335** 나의 재미는 윤리학적 논쟁의 다양성에 기인한다. 무엇이 옳은가, 어찌해야 옳은가?

**2.1434** 노자의 작은 나라는 지방자치의 이념을 고스란히 담는다.

**2.144** 작은 나라에서는 기본소득제가 가능하다.

**2.1441** 기본소득제라는 이상적인 제도를 예로 들어보자. 기본소득제란

묻지도 따지지도 않고 어른이나 아이나, 돈이 많건 적건 상관없이 모든 국민에게 일정 금액을 주는 것을 말한다. 엉뚱한가. 아니다. 자본주의의 발달로 특정 기업에 돈이 쏠릴 수밖에 없고 나머지 국민들은 좋든 싫든 그것에 동조할 수밖에 없다. 이를테면 스마트폰을 칠레에 팔면 쿼터로 칠레는 농산물을 사달라고 한다. 칠레 농산물이 들어오면 농민은 먹고살기 힘들다. 따라서 스마트폰을 팔아 남긴 돈 가운데 일부를 농민들에게 나누어준다. 이런 논리다. 그런데 특정 농민에 한정되는 것이 아니다. 스마트폰을 전 세계에 팔기 위해서는 이것저것 사줄 수밖에 없다. 따라서 차라리 모든 국민에게 최소한 먹고 살만큼의 소득을 보장해주자. 이것이 기본소득제다.

**2.1442** 국가나 지방자치단체의 재난지원금도 비슷한 논리를 가진다. 돈을 주고 돈을 쓰게 해서 돈을 돌린다. 돈을 돌리는 것이 경제다.

**2.1443** 기본소득을 보장하면 불평등한 경제구조에 대한 불만도 해소되고 대기업이나 첨단산업에 대한 적개심도 감소될 뿐만 아니라 일정한 소비생활이 유지되어 사회적으로 안정된다. 사회의 안정성은 기본소득으로 지출되는 비용만큼이나 중요하다.

**2.1444** 인공지능이 사람들의 직업을 대체해가고 있는 이 시점에서 우리 모두는 잠재적 실업자가 될 수밖에 없다. 기본소득은 지식정보사회의 필연적인 요청이다.

**2.1445** 스위스에서 기본소득제도 도입에 대한 국민투표(2016)에서 23%의 국민이 찬성하는 바람에 부결되었다. 그런데 국민들의 반대 이유는 이미 충분한 복지가 되어있다는 것이었다.

**2.1446** 아프리카의 나미비아의 한 주에서 실험적으로 도입되었지만 타 지역으로 송금되어 유의미한 통계를 얻지 못했다는 보고가 있다. 그러나 독일에서는 로또처럼 추첨해서 1년간 매월 1,000유로를 주는 기본소득실험이 이루어지고 있다. 성공적인 결과가 발표되자 클라우드 펀딩 기부금이 늘고 있다. 그것의 이름은 '나의 기본소득'(Mein Grundeinkommen)이다.

**2.1447** 전 세계적으로 기본소득 운동이 벌어지고 있다. 우리나라에서는 월 60만 원 정도 책정했다가 30만 원까지 떨어진 바 있다.

**2.1448** 나라가 작을수록 기본소득은 현실화될 수 있다. 스위스에서 이를 놓고 국민투표를 실시한 까닭도 인구 천만이 안 되는 작은 나라이기 때문에 가능한 것이다.

## 2.2 루소: 이상국은 스파르타다.

### 2.21 사람마다 마음속의 이상국이 있다.

**2.211** 이상국의 설정은 삶의 태도와 직결된다.

**2.212** 이상국이 없으면 미래도 목표도 없다.

**2.2121** 현실은 이상적이지 않지만, 이상이 없는 현실은 더욱 이상적이지 않다.

**2.2122** 이상국을 서양에서는 유토피아라고 부른다. 장소를 가리키는 토포스에 부정하는 접두어를 붙인 그리스어에서 비롯된다. 장소나 위치가 없음이다. 그런 곳은 없다는 뜻이다. 그런데 그것이 유토피아가 되었다. 우리말로 하면 없는 곳이다. 없는 곳이 이상국이라니 얄궂다. 우리 모두에게는 없는 곳이 있다! 우리 모두에게는 있을 수 없는 곳이 있다!

**2.21221** 장관 가운데 무임소無任所 장관이라는 것이 있었다. 장관 자리이긴 한데 맡은 바 없는 장관이다. 장관이 아닌데도 국무위원이 되기 때문에 무임소 국무위원이라는 말로도 불리고, 특임장관이라는 말로도 불렸다. 맡은 부서는 없지만 부서 간의 조율 역할을 할 수 있고 대통령의 특수한 임무를 수행할 수 있다. 가장 나쁘게는 예비 장관으로 대기발령 중인 장관으로

볼 수 있다. 무임소와 유토피아는 어법상 닮았다. 유토피아는 무임소국 또는 무소지국無所之國이다.

**2.2123** 동양에서 이상국은 장자가 '어디 있지 않은 마을'(무하유지향無何有之鄕)이라고 불렀던 것이 대표적이다. '그런 데가 어디 있어, 없어'라고 말할 만한 마을이다. 어디 있나 마을, 어디도 없는 마을이다. 장자는 그곳으로 돌아가고 싶어 했다. 어디도 없는 마을로 돌아가고 싶다니 어법상 어처구니없다. 그러나 어처구니없는 용법을 동서양이 함께 쓰다니 놀라운 일이다. 그만큼 이상국은 그리 가능해 보이지 않았던 모양이다.

**2.21231** 도가철학 전공자 가운데 김시천 교수는 자신의 인터넷 아이디를 무하유지향으로 쓴다. 나는 그의 기발함과 미래에 대한 감각에 놀란다. 무하유지향으로 자신이 만들고 싶은 세계가 있음을 말하는 것이기도 하지만, 그것은 웹의 세계 속에 자신만의 무하유지향을 건설할 수 있음을 보여주는 것이기 때문이다.

**2.2124** 현실에서의 유토피아와 무하유지향은 바로 인터넷 속에 존재한다. 3차원적인 장소성을 갖고 있지 않으면서도 웹상 어디에나 있다. 그물과 같은 연결고리 속에서 형체 없이 시공 없이 숨어있거나 떠돌고 있다. 그러나 부르면 찾아오고 보내면 떠나간다.

**2.213** 이상국은 유령이다.

**2.2131** 이상국은 유령이지만 우리 꿈속의 벗이다. 이상국은 유령이지만 늘 우리 곁에 있는 수호천사다.

**2.2132** 이상국은 망령의 나라가 아니다. 이상국은 천사의 나라다. 우리의 이상이 망령이 아니고 천사이듯이, 우리의 미래에 대한 꿈이 망상이 아니고 희망이듯이, 우리의 앞날이 기대 속에서 현실화되었듯이!

**2.21321** 젊은이들이여, 컴퓨터 게임 속에는 싸움만 있는 것이 아니다. 그 속의 인물들이 건설하고자 하는 나라가 있다. 지나치게 감각적이고 육체적인 화면에 매달릴 것이 아니라 숨어버린 금단의 왕국(forbidden kingdom)을 찾

아보라. 자신만의 나라를 만들어보라. 이상국의 리니지lineage를 계승하라. 역사 속의 혈통을 찾아 그대가 바로 적손임을 보여줘라.

### 2.22 이상국은 역사 속에 있었다.

**2.221** 아무리 보아도 루소에게 영향을 받은 마르크스와 엥겔스다.

**2.222** 엥겔스의 『가족, 사유재산, 국가의 기원』은 루소의 단상을 체계적으로 증명해놓은 것과 진배없다.

**2.223** 루소는 말한다. 사유재산이 불평등의 시작이라고.

**2.224** 엥겔스는 말한다. 사유재산이 계급의 시작이라고.

**2.2241** 계급은 어떻게 생겼을까? 사유재산도 문제지만 잉여가 더 큰 원인이다.

**2.22411** 오늘날 한국 사회는 계급이라는 말을 계층이라는 말로 바꾸어 그 심각성을 호도하고 있다. 계급의 문제가 얼마나 시급한지 그 중요성을 바보로 만들고 있다는 말이다.

**2.22412** 호도糊塗는 중국어에서 바보라는 말이다. 계급이 아닌 계층이라는 말로 사람을 바보로 만들고 있다는 것이다.

**2.22413** 바보 만드는 말이 또 있다. 노동을 근로勤勞라고 부르는 것이다. 근로란 열심히 일하는 것을 뜻한다. 다시 말해 열심히 일하지 않는 사람은 근로자가 아니다. 근로기준법이란 열심히 일하는 사람에게만 해당하는 것이다. 노동절과 근로자의 날을 떠올려보라.

**2.22414** 어휘의 장난, 자본가들 입맛에 맞는 단어 선정, 그리고 법률가들의 동조가 한국의 노동자들을 얼먹게 했다. 이 죄를 어떻게 씻을꼬.

**2.22415** 그래서 철학이 절대적으로 필요하고 중요한 것이다. 철학자는 개념에 매달린다. 좋은 개념을 찬양하고, 잘못된 개념을 비난한다. 말과 뜻

에 매달리는 것이 철학의 시작이다. 한국 사회에서 철학이 찾아내야 할 수많은 개념 오용의 예는 많다. 정치가들이 남용하고, 법률가들이 오용하는 단어에 국민은 병들고 있다. 철학 몰라 오용 말고, 철학 알아 남용 말자.

**2.2242** 계급은 별거 아닌 클래스class다. 분류나 분법을 가리킨다. 이를테면 철학 수업도 클래스 가운데 하나다. 그러나 문제는 클래스를 자유롭게 선택하거나 오고 갈 수 있는 것이 아니라 클래스 속에 강제되기 때문이다.

**2.2243** 신분이 별건가. 오갈 수 있으면 직업이고 태생이고 고향이지만, 오갈 수 없으면 신분이지. 백정, 서출, 향·소·부곡.

**2.225** 마르크스는 신석기시대 혁명이라는 것을 설정한다. 그 전에는 먹고살 만큼만 얻었는데, 석기의 발달로 경작이 가능해지면서 자기 몫 이상의 것을 생산해내기 시작한다. 그것이 잉여剩餘surplus라고 어렵게 말하는 나머지다. 과잉의 뜻을 갖는다. 나머지가 탈이다.

**2.2251** 먹고 남은 것은 쌓아두면 되지, 뭐가 탈이냐라는 생각은 순진한 것이다. 나머지가 생기자 사람을 부려먹을 수 있게 된 것이다. 사람이 스스로 먹을 것만큼만 만들어낼 수 있다면 내가 사람을 부릴 까닭이 없다. 그런데 사람이 내 몫까지 만들어내니 나는 그놈을 머슴으로 삼으면 나는 놀 수 있다. 이것이 계급의 탄생이다. 한 사람의 생산량이 한 사람의 소비량을 넘어서고 다른 사람의 소비량까지 충족시키게 되자, 사람이 사람을 부리게 되었다!

**2.2252** 종이 있으면 뭐하냐. 내 몫까지 먹어 치우면. 노예가 있으면 뭐하냐. 재산만 축내는데. 그렇다면 종이나 노예를 쫓아낼 수밖에 없다. 그것이 자연 상태로 돌아가는 것이고, 그렇게 노예는 해방되는 것이다. 사회 상태에서 자기 몫을 다하지 않는 노예는 없애버리겠지만.

**2.2253** 나는 젊은 시절 마르크스의 잉여 개념에 화들짝 놀랐다. 이렇게 명쾌하게 주인과 노예를 설명할 수 있는지 감탄했다. 결국 우리 문명의 발달이 노예제를 만들었구나. 결국 우리 지성의 발달이 노예제를 합리화시켰구

나. 높은 사람과 낮은 사람의 문제가 바로 밥에서 비롯되었고, 내가 내 밥 말고도 남의 밥을 지어 바칠 수 있게 되면서 나는 노예가 되었구나. 인간의 현명함이 인간을 노예로 만들었구나. 인간의 문명은 이렇게 신분제를 공고히 해왔구나.

**2.2254** 루소가 말하는 『인간 불평등 기원론』이 바로 마르크스가 계급의 탄생을 탐구하게 한 원천이다. 사유재산의 탄생이 인간을 불평등하게 만들었다는, 루소가 누누이 자기 사상의 원천은 모두 거기 있다고 말하는 인간 불평등의 기원에 대한 탐구!

**2.226** 마르크스가 루소를 닮은 점은 그가 원시공산사회를 말하기 때문이다.

**2.2261** 엥겔스는 원시공동체사회라고 말하지만 내용은 같다.

**2.2262** 공산주의는 공산사회를 이상으로 삼는다. 그러나 공산주의는 실현된 적이 결코 없다.

**2.2263** 사회주의는 똑같이 일하고 똑같이 나누어 먹는다. 그러나 공산주의는 능력에 맞춰 일하고 필요에 따라 가져간다. 뭐, 이렇게 좋은 나라가 있냐. 없다. 이루어진 적이 없다. 일하고 싶은 대로 일하고 원하는 대로 가져가는 것이 어떻게 현실에서 이루어질 수 있단 말인가. 불가능하다.

**2.2264** 회사에 가고 싶으면 가고 가기 싫으면 가지 않고, 돈은 원대로 챙기고. 이게 공산주의다. 공장에도 갔다가 낚시도 갔다가, 돈 필요하면 달라고 하고, 이런 나라가 어디 있단 말인가. 『장자』에 나오듯 맹랑孟浪하기 짝이 없는 말이다. 책임지는 것 하나 없이 인심만 쓴다. 물결만 끊임없이 일으킬 뿐이다.

**2.2265** 이런 공격에 엥겔스는 말한다. 가족이 그렇지 않으냐고. 아버지가 일을 많이 한다고 밥을 많이 먹느냐고. 아이가 돈 달라하면 있는 대로 주지 않느냐고. 맞다. 가정만큼은 공산사회일 수 있다.

**2.2266** 그런데 역사적으로 공산사회가 있었다고 생각하는 것이 바로 마

르크스였다. 사냥을 해서 잡아오면 먹고 싶은 만큼 먹는다. 능력에 따라 사냥하고 필요에 따라 먹는다. 능력만큼 과일을 따오면 필요만큼 먹는다.

**2.22661** 작은 사회는 가능하다. 원시촌락은 가능하다. 그리고 자급자족할 수 있어야 한다.

**2.22662** 이웃집 숟가락 개수도 다 아는 사회에서 혼자 먹고 입 닦을 수는 없다. 캐오건 따오건 잡아오건 남는 것을 버릴 수밖에 없다면 나누어 먹는 것이 가장 좋다.

**2.22663** 현실적으로 잉여는 곧 저장과 직결된다. 곡류는 거의 모두 저장이 된다. 육류는 말리거나 염장과 훈제 등 여러 가공법으로 역시 저장된다. 어류도 마찬가지다. 그리고 가장 보존이 잘 되는 금과 보석도 그러하다.

**2.227** 루소에게 원시사회는 이상적이었다.

**2.2271** 루소는 고관대작보다 카리브해의 원시인이 행복하다고 생각했다. 욕망과 경쟁 속에서 사는 것보다 낫다는 것이다. 비만과 정신적 고통에 시달리는 것보다 건강한 자연인이 되라는 말이다.

**2.2272** 루소의 명언: 원시인은 사나워도 사악하지 않다.

**2.2273** 루소의 이어지는 명언: 원시인에 대해서 나쁘게 말하는 것이 모두 우리들 문명인에 대한 이야기다.

**2.2274** 원시에 대한 동경은 루소, 마르크스, 엥겔스가 공통적으로 지니고 있다.

**2.22741** 그렇다고 해서 그들이 원시로 돌아가자고 주장했다고 착각해서는 안 된다. 원시는 일종의 보여주기, 예제, 증거일 뿐이다. 따라서 그들에게 원시는 가정이고 이상이고 실례에 머문다.

**2.2275** 원시사회는 소규모다. 고대도시국가도 크지 않았다. 자치의 규모는 작을수록 좋다. 커지면 자치가 불가능해진다. 위임과 대리를 거쳐 마침내는 대의정치가 나오게 된다.

**2.228** 루소는 아테네보다 스파르타를 이상국으로 보았다.

**2.2281** 루소는 정치에 관심이 많았다. 코르시카 헌법 초안도 작성한 적이 있었다. 마침내 그의 정치적 이상은 『폴란드 정부에 관한 고찰』로 드러난다.

**2.2282** 흔히 민주주의의 원형으로 아테네를 꼽기 때문에 프랑스혁명의 도화선이 된 루소의 사상도 아테네를 이상으로 삼았을 것 같지만 전혀 아니다.

**2.229** 루소에게 아테네는 망한 나라다. 스파르타야말로 승리한 나라다.

**2.2291** 민주주의라는 말이 지나치게 좋게 평가되는 것이 문제다. 데모크라시의 데모는 군중, 다수, 다중이라는 뜻에 불과하다. 그럼에도 우리의 현대와 더불어 민주라는 말은 무조건적인 이상으로 설정되었고 따라서 이 민주주의는 뭔가 특별한 어휘로 성립되었다. 민주주의는 다수주의, 민의주의와 다르지 않다. 투표는 종다수로 결정되며, 정부는 옳건 그르건 민의를 따라야만 한다.

**2.2292** 민주주의가 마치 서양 역사를 통해 점진적으로 발전해온 것인 양 착각해서는 안 된다. 그것은 현대에서 고대 아테네의 민주정치를 부활시킨 것일 뿐이다. 아테네를 제외한 어떤 고대사회가 민주주의를 발전시켰는가. 그리고 이어지는 중세는 의회제를 빼놓고는 민주주의와는 거리가 멀다.

**2.2293** 영국이 명예혁명 이후 민주주의의 발생지가 된 것은 맞다. 그러나 영국은 여전히 왕정이며 귀족이 있다. 다시 말해 평민 출신으로 이루어진 하원이 아닌 귀족의 상원이 있는 한 엄격한 의미에서의 민주주의는 아닌 것이다. 상원의원은 주권자(lord)나 원로(senator)로서 특권을 갖는다.

**2.2294** 사라졌던 민주주의를 발굴해서 오늘날과 같은 정치체제를 만든 것이 위대하지, 아테네의 민주주의가 위대한 것은 아니다. 아테네의 민주주의는 그렇게 체계적이지 않았다. 도편 추방제가 아테네의 민주주의를 발전시켰지만 마찬가지로 퇴보시켰기 때문이다. 70년간 존속된 도편 추방제는 깨진 도기 조각이나 조개껍질(오스트러콘)에 이름이 많이 적히면 아테네에서

쫓겨나는 제도다. 요즘 식으로 말하면 종이에 이름을 써내서 6천 표가 넘으면 10년간 나라 밖으로 나가 있으라는 것이다. 무언가 한국전쟁 당시의 인민재판과 닮지 않았는가.

## 2.23 루소는 스파르타를 좋아했다.

**2.231** 스파르타의 정체政體를 좋아한 사람은 루소만이 아니다. 플라톤도 그랬다.

**2.2311** 플라톤에 대한 이후 철학자의 반발도 만만치 않았다.

**2.2312** 플라톤은 세계를 둘로 나누고야 말았다. 그의 문학적인 상상력은 신의 나라를 말하는 기독교 시대에 환영받았다. 플라톤 이후 서구사회에서 2분법은 나누어진 둘을 합칠 생각은 뒤로 한 채로 이것저것 마구 가르는데 급급했다. 동양 세계가 2분법을 끊임없이 하나로 일치시키려고 노력하는 것에 대비된다.

**2.2313** 플라톤은 이상적인 국가를 제시했다. 그의 국가의 모델은 재산, 아이, 여자까지 공유하는 나라다. 그러나 그는 민주주의를 비난했다. 물론 그때의 민주주의는 대중주의, 다수주의다.

**2.2314** 플라톤의 국가에서 남녀는 때가 되면 합방을 하고 아이를 함께 양육한다.

**2.2315** 플라톤이 말하는 나라에 근접하는 곳이 스파르타였다. 결혼도 납치혼이었고, 여인도 군사훈련을 받아야 했다. 스파르타인들은 적게 먹고 많이 싸웠다. 공동식사(syssitia)에 공동교육(agoge)이었다.

**2.2316** 플라톤의 공동양육은 바로 이런 스파르타의 방식을 원용한 것이다.

**2.2317** 플라톤의 이상도 5천 가구 정도의 도시국가에서 발현된다. 가구

당 5~6명을 친다면 2만에서 3만 정도의 국가다.

**2.2318** 스파르타도 다른 도시국가처럼 산악에 위치하지 않아서 교역 없이 자급자족할 수 있었다.

**2.23181** 노자의 소국과민이 오늘날로 표현하면 자급자족이라고 한 것을 떠올리자.

**2.232** 현대에서 플라톤을 가장 신랄하게 비난한 사람은 포퍼다.

**2.2321** 포퍼는 『열린사회와 그 적들』에서 플라톤의 관점이 열린사회와는 정반대의 길을 가고 있다고 지적한다.

**2.2322** 포퍼는 헤겔과 마르크스도 그렇다고 생각한다. 이상을 함부로 규정하고 역사를 제멋대로 단정하는 것이 문제라는 것이다.

**2.2323** 포퍼의 적은 역사적 결정론, 신의 선택이론 등으로 드러나는 전체주의다. 거기에는 신화와 종족의 우상이 설친다. 합리성과 비판이 자리 잡지 못한다. 포퍼에 따르면 그런 전체주의에 해당되는 것이 바로 공산주의와 나치즘이다.

**2.2324** 과학철학자 포퍼가 시사하는 바는 크다. 특히 그가 말하는 반증가능성(falsifiability)은 정말로 과학적 사고의 기반이 된다. 누구든 잘못할 수 있기에 잘못이라고 말할 수 있는 이론이야말로 과학적이라는 것이다. 잘못될 수 없는 명제인 신의 뜻이나 정치적 이데올로기는 반박되지 못하기에 때려치우라는 것이다.

**2.2325** 포퍼는 과학에서 말하는 검증 가능성(verification)을 뒤집어 말함으로써 과학의 특징을 잘 드러냈다. 철학이라고 해도 예외는 될 수 없다. 논박될 수 없는 철학은 훌륭한 철학이 아니라 거지같은 철학이거나 아니면 낭만파의 시라는 점을 철학자들은 분명히 해야 한다.

**2.23251** 우리나라 철학자들의 논문이 적지 않게 논박될 수 없는 까닭은, 첫째, 자기가 말하려는 주의주장이 명확히 없거나, 둘째, 어떤 철학자에 대한 이해만을 적시하고 그에 대한 입장이 서지 않았거나, 셋째, 학문과 권력

이 구분되지 못해 권력으로 비판이 제어되기 때문이다. 자기주장이 없는 글을 오히려 객관적으로 서술된 논문으로 보는 경향이 우리 철학계를 망치고 있다. 알다시피, 잘 된 이해만을 놓고 어떻게 반론을 제기하는가. 이해를 넘어 자신의 주장을 해야 비로소 논쟁이 가능하다. 이해를 넘어 주장한다는 것이 쉽지 않은 일이지만, 학계의 풍토가 이를 권장하는 방향으로 적극적으로 가야 스스로 생각하는 우리 철학의 미래가 있다.

**2.233** 플라톤의 죄는 많다. 세계를 양분한 죄가 가장 크고, 소크라테스만 옳다고 한 죄가 다음이고, 국가의 형태를 인위적으로 조작한 죄가 마지막이다. 그러나 양분의 죄로 기독교 문명이 흥성하고, 소크라테스의 절대화로 진리가 하나로 세워진 것이 그의 공로가 되었다면, 국가란 자못 작아야 한다는 의견도 그의 공헌 가운데 하나가 된다.

**2.234** 이후 플라톤을 흉내 낸 철학자 가운데 대표적인 사람이 토머스 모어다. 유토피아라는 말을 만들어낸 사람이 바로 모어다. 모어는 초승달 모양의 섬과 그 속에 54개 마을을 그린다. 문도 없고 사유재산도 없다. 통치자는 1년마다 선거로 선출되며, 도시 사람과 농어촌 사람도 2년마다 하는 일을 바꾸며, 집도 10년마다 제비뽑기로 돌아가며 산다. 똑같이 6시간 일한다. 옷도 똑같이 입는다.

**2.2341** 모어의 유토피아에서 문제는 노는 사람이다. 그들을 어떻게 통제하겠느냐는 것이다. 이런 문제는 사회주의 국가의 실험을 통해 우리는 역사적으로 목도한 바가 많다.

**2.23411** 고르바초프가 증언하지 않는가. 감자를 싣고 가는 트럭이 감자가 떨어지는데도 그냥 달려 세워 물어보니, 감자를 싣고 내리는 것은 나의 일이 아니라고 대꾸하는 바람에 페레스토로이카를 결심했다고.

**2.23412** 더 큰 문제는 내가 먹을 감자가 아니라는 것이다. 아니면 나는 이미 충분히 감자를 챙겼거나.

**2.23413** 감자라는 물질이 문제가 아니라 먹을 것에 대한 도덕적 의식이

부재한 것이 문제다.

**2.23414** 감자는 제주도 말로 지슬이다. 4.3사건을 다룬 <지슬>이라는 영화가 있었다. 감자를 쌓아놓고 살았는데도 제주도의 집에는 문이 없고 정낭만 있다. 동물들이 들어오는 것을 막거나 사람이 있고 없고만 표시했다. 오늘날 현대화된 제주도에도 많은 가옥이 육지처럼 문을 만들지 않는다. 문은 있어도 대문이 없거나 대문이 있어도 담장이 없는 경우가 많다. 같이 못살면 훔쳐갈 것도 없다. 있어도 비슷하면 훔쳐가지 않는다. 있는 것을 나눠주면 꿔가긴 해도 훔쳐가진 않는다. 그리고 감자가 남아돌면 아무도 가져가지 않는다.

**2.23415** 공산주의의 이상은 남아돌 때만 가능하다. 자본주의에 철저하게 기댄 것이 공산주의다. 그런데 욕심은 밑도 끝도 없다. 그렇다면 남아도는 것은 불가능하다. 식량은 설령 남아돌지라도 금은보화 같은 재화는 남아돌지 않는다.

**2.2342** 모어의 공산주의가 좋은 점은 도덕적 의무와 절제를 강조한다는 것이다. 기독교의 윤리가 요구된다. 이른바 그리스도교의 칠죄종인 교만, 시기, 분노, 나태, 탐욕, 식탐, 욕정 가운데 모어는 사회적인 요소가 강한 나태, 탐욕, 교만을 인간이 제거하기 어려운 세 가지 악으로 꼽는다.

**2.2343** 마르크스에게는 윤리가 없다. 필요라는 이름 아래 욕망을 극대화한다. 이것이 마르크스주의의 한계다. 성선을 지나치게 믿어도 문제다.

**2.23431** 성선을 믿어도 얼마나 얼마만큼 믿을 것인지에 대해서는 늘 생각해야 한다. 인간의 본성 자체가 선이면 부분도 선이지만, 사회적인 악과 만나는 부분에서 발생하는 화학작용 같은 반응은 고민해야 한다. 선善의 둘레가 흐물흐물 녹아내리는 현상! 그것은 성리학에서 말하는 기질氣質과 같은 내부의 문제가 아니다. 외부의 문제다.

**2.23432** 성선에 대한 변호는 악의 문제를 감정과 같은 본성의 한 부분에서 찾는다는 데 큰 문제가 있다. 진정한 성선론은 본성은 본성대로 내버려

두고, 악의 원인을 본성의 밖에서 찾는데 힘써야 한다. 그것이 바로 성선과 마주하는 물악物惡 곧 물질적 악들이다. 물질적 악은 본성이 아닌 외부의 악마이고 악귀이고 악령이다. 성선 대 정악情惡이 아니라, 성선 대 물악이다!

**2.2344** 모어는 나태, 탐욕, 교만 가운데 가장 무서운 것이 교만이라고 말한다. 교만의 원인은 다름 아닌 명예심이다. 나태, 탐욕, 교만에 빠져 있는 이들이 당시의 왕과 귀족이다.

**2.2345** 명예가 온갖 악의 근원이라고 말하는 루소를 보라. 명예가 아니라면 죽이지도 죽지도 않을 것이다.

**2.2346** 이름을 내세우는 유가를 보라. 모든 것은 이름이 있다. 그 이름대로 사는 것이 공자의 정명正名이다.

**2.2347** 그러나 노자는 무명無名이다. 이름 때문에 온갖 싸움이 난다. 임금이라는 이름 때문에, 아버지라는 이름 때문에.

**2.2348** 이름 없이 잘 사는 자연계의 수많은 동식물을 보라. 간혹 이름이 주어진 동식물도 모두 사람이 지어준 것이다. 늘 사람이 기준이라서, 먹으면 큰일 나는 것은 독초지만 먹지 못하는 것은 모두 잡초다.

**2.235** 베이컨의 『뉴아틀란티스』는 모어의 풍요 버전이다. 모어는 근면과 절욕을 통해 유토피아를 이룰 수 있을 것이라 생각했지만 베이컨의 신대륙은 모든 것이 넘쳐흐르고 남아도는 나라다. 모어의 이상사회는 작지만, 베이컨의 이상사회는 지나치게 크다.

**2.236** 노자와 루소에게 묻는다면, 그들은 신대륙보다는 초승달 섬에 환호할 것임에 틀림없다.

**2.2361** 루소에게는 노자처럼 절제나 절욕의 윤리설이 없어서 초승달 섬의 평화는 오래가지 못한다. 모어는 당시 엔클로저enclosure라고 불리던 울타리 치기를 걱정하면서 유토피아를 썼다. 사람이 자꾸 땅따먹기를 한다. 경작지가 양들의 천국이 된다. 그러자 모어가 말하듯 양이 사람을 먹는다.

**2.2362** 모어의 유토피아는 작다. 섬이다. 노자처럼 자급자족이 가능

하다.

**2.2363** 루소에게 섬은 언어의 발생지다. 돌아다니며 살 때는 공통된 말이 없었다. 작은 데서 살면서 특별하고 습관적인 표현법(idiom)이 발달한다.

**2.2364** 모어에게 섬은 물고기도 많고 과일도 많은 곳이다.

**2.23641** 우리의 동洞이라는 것이 바로 마을을 가리키는 것이다. 물이 나오는 곳을 중심으로 형성된 촌락이라는 뜻이다. 동굴의 동 자가 바로 그 글자다. 화양동華陽洞서원이라고 할 때의 동이다. 화양동 위에는 선유동仙遊洞이 있다. 동은 곧 독립되어 자급자족하는 마을을 가리킨다.

**2.23642** 이상국은 이상동理想洞이다. 아니면 꿈마을이다.

**2.2365** 우리나라의 이상국은 홍길동의 율도국이다. 밤섬 나라다. 이렇게 섬이다. 이상사회는 작은 데서 이루어질 수 있다는 것은 만국 공통의 관념이다.

**2.23651** 제주도도 섬이다. 도둑이 없다. 도둑질할 것도 없고, 도둑질해도 달아날 데가 없다.

**2.23652** 제주도는 대한민국 첫 번째 자치도道자 자치도島다.

**2.237** 루소가 스파르타를 이상적으로 삼았다는 증거는 많다.

**2.2371** 루소는 발본색원을 원했다. 그는 리쿠르고스Lycurgos가 스파르타에서 벌인 철저하고 과감한 개혁을 그리워했다. 수리보다는 낡은 건축 기둥을 깨끗이 헐고 새로운 집짓기를 바랬다. 로베스피에르가 그랬던 것처럼 말이다.

**2.2372** 리쿠르고스는 토지개혁을 단행하고, 주화도 금은이 아닌 철로만 만들게 하고, 밥도 함께 먹게 했다. 우리가 아는 스파르타의 모습이 그에 의해 이루어진다. 경제적인 쇄국도 잇따랐다.

**2.2373** 루소는 폴란드에 새로운 정부가 들어설 때 그런 작은 나라가 스파르타와 같은 완벽한 국가가 될 수 있기를 기대했다.

**2.2374** 루소에게 좋은 나라는 너무도 완벽한 나라이기 때문에 정부도,

행정가도, 법률도 필요 없다고 한다. 하지만 여기서도 스파르타는 예외다.

**2.23741** 정부도, 정치도, 법도 필요 없다고 말하는 사람은 바로 노자다. 우리네는 법 없이도 잘 산다. 법이 없다고 무법천지가 되지 않는다. 정치가는 적을수록 좋고 정부는 작을수록 좋다. 노자는 작은 나라 적은 백성을 바라지만, 대한민국은 작은 정부와 적은 정치가를 바란다. 국민만이 아니라 정부도 그래야 한다고 정치가들도 말로는 그렇게 떠든다.

**2.2375** 루소는 심지어 소크라테스보다 시민 카토(Cato Uticensis, BC 95~46, 소小 카토)가 훨씬 낫다고 한다. 소크라테스에게는 망한 아테네 말고는 조국이라고 할 것이 없지만, 카이사르의 독재에 항거하다 결국 자살로 목숨을 끊는 카토는 공화정과 자유의 수호자였기 때문이다.

**2.23751** 루소가 철학자가 아니라 사회사상가라는 것이 소크라테스와 카토에 대한 입장에서 잘 드러난다. 그는 사변보다는 사회비판에 바빴다. 진리보다는 좋은 세상을 좇았다.

**2.23752** 루소는 철학적 문제에 관심이 깊었던 사람은 아니다. 다른 계몽주의 사상가들과 마찬가지다. 그는 어린 시절부터 엄청난 독서광이었으나 당시 독일의 칸트나 영국의 흄과 같은 철학자는 아니었다. 참고적으로, 칸트는 흄으로부터 크게 깨닫는다고 고백한다.

**2.23753** 루소는 흄을 만나 영국으로 따라갔지만 그의 주특기인 불화로 바로 멀어져 런던 교외의 치즈윅으로 옮겼다가 바로 우튼에 머물면서 2년 전에 시작한 『고백론』의 앞부분을 쓴다. 총 1년 4개월 동안의 영국 생활이다.

**2.238** 루소와 흄은 이성이 아닌 다른 것을 중시한다는 점에서 통할 수 있는 부분이 많다.

**2.2381** 루소는 경험주의라고 할 만한 것이 없는데도 그는 철저히 감정을 옹호했다. 스코틀랜드학파가 중시하는 것이 바로 감정이었다. 알다시피, 경험론은 감정으로 설명될 부분이 많다.

**2.2382** 흄은 인상(impression)을 무척 강조한다. 지각을 인상과 관념으로 구분하는데, 생생한 지각이 인상에 속한다. '그 사람은 나에게 인상을 강하게 남겼어'라고 할 때의 인상이다. 인상은 지각 가운데서도 힘차고 생생한 것을 일컫는 것이다. 인상은 감각과 같은 경험의 자료다. 결국 흄의 독특한 인상론은 정념이나 정서를 중시하는 것이다. 흄은 『인간 본성에 관한 논고』에서 감각, 정념, 그리고 정서를 모두 인상으로 부른다. 그는 인상을 지각 자체로 여기는 것이다. 그런 점에서 흄이 유럽에서 망명생활을 하면서 고생하고 있는 루소를 영국으로 데려가는 데에는 사고의 동질성이 한몫했을 것으로 보인다. 그러나 루소의 독특함은 흄조차도 어쩌지 못했다.

**2.2383** 루소는 파리 의회가 『사회계약론』과 『에밀』에 대해 유죄판결을 내리자 스위스로 도피한다. 며칠 뒤 제네바 공국에서도 유죄판결을 내리자 다시 프로이센 공국의 뇌샤텔로 망명한다. 거기에서 시민권을 얻어 3년가량 머물다 흄을 따라 영국으로 갔던 것이다.

**2.2384** 흄은 당시 교회에 대해서는 비판적이었지만 『영국사』 전6권을 집필할 정도로 애국심이 있었다. 영국사를 집필하고 프랑스 주재 대사비서관으로 근무하기도 한다. 그렇게 한 살 차이인 그들은 만난다.

**2.2385** 루소는 애국심에도 관심이 많았다. 청소년 교육, 미풍양속의 선양, 축제를 통한 일체감 고양을 중시했다. 이런 그의 모습은 상당히 이중적으로 비칠 수 있다. 축제와 미풍양속의 견지 및 이를 통한 교육은 루소가 말하는 온갖 악의 근원인 명예심을 불러일으키기 때문이다. 그럼에도 루소가 이런 모습을 보이는 것은 스파르타와 같은 나라에 대한 열망 때문이었다.

**2.2386** 루소는 애국심 덕분에 다른 나라에 대한 차별이 생기더라도 어쩔 수 없다는 입장을 갖는다. 스파르타인들이 국내에서는 절대적으로 평등해도, 국경을 넘어서면 완전히 달라지는 것을 이해해야 한다는 것이다. 로마인도 그랬다는 것이다. 로마인의 관용은 자기네 관할지역에서만 유지되었지 이를 벗어나면 폭력도 용인되었다.

**2.24 아, 무서운 국가주의여! 아, 무서운 성악의 전통이여! 루소도 피해 가지 못하는 관념의 역사여!**

**2.241** 남이 겪는 살을 에는 아픔보다 내 손톱 밑의 가시가 더 아픈 우리의 알량한 세상!

**2.242** 로마인들은 검투사(gladiator)의 피와 죽음을 즐겼다. 죽는 사람들은 로마인이 아니거나 황제의 적이었다.

**2.243** 스파르타의 경제도 전쟁 노예이자 국유 노예인 헬로트helots에 의해 이루어졌다. 자유민도 있었고 참정권이 없는 반半자유민도 있었다. 군인들에 의한 민주국가가 바로 스파르타였다. 나를 살리기 위해 남을 죽이는 군인이 민주적으로 통치하는 나라에 인민은 군인밖에는 없다.

**2.2431** 상상해보자. 근육질의 중장보병의 투표와 선거, 그들에게 뽑힌 민회에 의한 의사결정이 어떤 방향으로 움직일 것인지.

**2.2432** 여인들의 군사훈련도 원정 나간 남자들을 대신해서 내부의 노예를 다스리기 위함이었다.

**2.24321** 젊은 학생들에게 공무원시험의 군 가산점을 놓고 일찍이 논쟁을 시켜본 적이 있었다. 완전히 성대결로 나갔다.

남학생: 군대에서 썩은 시간을 1점으로 보상해주는 것이 왜 나쁘냐?

여학생: 커트라인이 몰려있는데 1점 차이 때문에 붙고 떨어지는 것이 기회균등이냐?

남학생: 그럼 여자들도 군대 가라.

여학생: 우리는 애를 낳지 않느냐?

남학생: 그럼 애 낳지 않는 여자는 군대 가라.

여학생: 차이와 차별을 구별하지 못한다.

남학생: 군대가 왜 차이냐? 여군은 뭐냐?

여학생: 아무나 여군 하냐?

남학생: 여군도 왜 병兵은 없냐?

여학생: 여군도 좋은 직업이란 말이다.

남학생: 그러니까 남녀차별이다.

여학생: 그것도 차이와 차별을 구별 못하는 거다.

남학생: 다, 차이냐?

여학생: 여자들이 당해온 차별을 모른다.

남학생: 자기에게 좋은 것은 차이, 나쁜 것은 차별이냐?

**2.2433** 우리의 어휘는 정확해야 한다. 국민개병제가 아니라 남자개병제다.

**2.2434** 대한민국 국민이라면 병역의 의무를 진다고 해놓고 현실적으로는 남성에게만 의무를 부과하면 여성은 대한민국 국민이 아니라는 논리가 나온다. 물론 하위법인 병역법에서는 대한민국 국민인 남성에게만 의무를 부과한다고 명시되어있다. 그렇다면 정확한 표현은 남성개병제, 여성모병제가 옳다. 대한민국은 국민개병제가 아니다.

## 2.3 국가는 필요악이다.

### 2.31 조국祖國은 할아버지의 나라다.

**2.311** 조국은 조상의 나라를 가리키는 말로 유구한 역사와 전통을 지닌 나의 나라라는 말이다.

**2.312** 조국은 애국심 가운데에서도 국방과 관련되어 많이 쓰인다.

**2.3121** 우리는 조국을 수호한다.

**2.313** 현재 다른 나라 사람이라도 자신의 태생과 관련되어서는 조국이라는 말을 쓸 수 있다.

**2.3131** 예1: 나는 미국인이지만 나의 조국은 한국이다.

**2.3132** 예2: 나는 미국에서 태어난 미국인이지만 부모의 조국은 한국이다.

**2.3133** 이렇게도 가능하다. 예3: 나는 미국에서 태어난 미국인이지만 나의 조국은 한국이다.

**2.3134** 조국은 영어에서는 아버지의 나라(father's land)이니 분명하지만, 한자어에서 조국은 조상祖上의 나라라서 헷갈린다. 미국에서 태어난 나는 미국인이고 아버지는 한국인이거나 한국인이었기에 아버지의 땅은 한국이라

고 할 수 있지만, 나의 조상은 어찌 됐든 한국인이기 때문이다. 조국이라는 말의 모호함이 여기에서 나오고, 결국 태도의 애매함을 이끈다.

**2.31341** 한국인이 미국에서 태어난 한국인 부모의 아이에게 조국이 어디냐며 논쟁을 벌일 때 실제로는 개념상의 논쟁일 뿐일 때가 많다. 조상(ancestor)이야 아버지나 나나 한국이지만, 아버지의 나라(father's land)는 한국이고 나의 나라는 미국일 뿐이다. 그러나 우리말에서 조국은 선조(先祖; forefather)거나 원종(原種; a progenitor)의 뜻을 담고 있기 때문이다. 우리에게 중요한 것은 아버지만이 아니라 아버지의 아버지를 일컫는 조상님이다.

**2.31342** 특히 조국에는 강한 애국심이 개입된다. 다른 용어와는 다르게 특별한 감정을 일으킨다. 김치, 깍두기, 밥과는 달리, 조국이라는 말은 우리에게 뭔가 느끼고 움직이게 만든다. 소중하고, 불변해야 하고, 고락을 함께하며, 영원할 것 같은 무언가다. 손에 힘을 주게 만들며 눈을 크게 뜨게 만든다. 아무리 그것이 이데올로기로 훈육된 것이라 할지라도, 그리고 정치적 의미를 애써 모두 배제해도, 남는 그 무엇이 있다. 내가 묻힐 곳!

**2.31343** 조국이라는 말은 태극기라는 그림처럼 우리에게 감정의 발흥이나 행위의 이행을 일으키는 일종의 수행이론(performance theory)의 예가 된다. 상징이 표지와 다른 점이다. 상징철학의 카시러를 따르는 미학자 수잔 랭거에 따르면, 표지(sign)는 가리키기만 하지만 상징(symbol)은 뭔가 생각을 품게(conceive) 한다.

**2.314** 조국이 특별한 까닭이 여기에 있다. 조국은 반드시 나의 조국이 아니고 너의 조국이라도 감흥이 있다. 스메타나의 교향시 <나의 조국>(Má vlast)은 나라는 체코이고 땅은 보헤미아라고 해도 그것을 들을 때마다 대한민국의 산하山河가 떠오른다. 한라에서 백두까지!

## 2.32 모국母國은 어머니의 나라다.

**2.321** 모국은 어머니처럼 나를 받아주는 포근하고 사랑스러운 나라라는 뜻으로 언제나 돌아갈 수 있고 안길 수 있는 나의 나라를 가리킨다.

**2.322** 우리말에서 모국은 조국과는 달리 '어머니'의 나라라는 뜻이 없다. 나라가 어머니로 은유되는 것이다. 조국은 아버지의 나라이면서도 '조상 대대로' 살아오던 나라라는 뜻을 담는 반면, 모국은 생물학적인 어머니와는 상관없이 그 말 자체로 독립적인 의미를 갖는다.

**2.323** 조국은 세지만 모국은 부드럽다. 조국은 군사적 의미가 개입된다면 모국은 서정적 의미가 강하다.

**2.324** 모국은 언제나 돌아갈 수 있는 나라다.

**2.3241** 병역비리 등 비위로 대한민국에 들어오지 못하다가 들어오고 싶을 때 '조국으로 돌아가고 싶다'는 표현보다는 '모국으로 돌아가고 싶다'는 표현이 호소력이 있다.

**2.3242** 조국은 의무에 관련되고 모국은 권리에 관련된다. 사람들의 어법에서, 조국은 해준 것도 없는데도 뭔가를 해야 하고 모국은 받기만 했는데도 또 해준다.

**2.325** 노자는 말한다. 늘 그곳에서 홀로 서서 바뀌지 않는 것을 천하의 어머니라고. 나라에 어머니가 있어야 오래갈 수 있다고.

**2.3251** 모국은 늘 그곳에 있다. 그곳에서 나의 자식 국민들을 기다리고 있다.

**2.3252** 나라에서 중요한 것은 어머니 같은 원리다. 사람을 살리고 받아주고 기다리는 나라가 어머니의 나라다.

**2.3253** 모국에는 정치색이 많이 빠진다. 그래서 미국 시민이라고 할지라도 나의 모국은 대한민국이라고 말하는 데 어색함이 없다. 나의 국적(nationality)은 미국이라도 나의 어머니 땅(mother's land) 곧 모체는 충분히 한국이라고 말해도 되는 것이다.

**2.3254** 조국에는 정치색이 강하지만, 모국에는 정치색이 약하다. 그것이

모국의 위대함이다.

**2.326** 나라는 엄마이어야지 아빠면 안 된다는 것이 노자의 입장이다. 엄마의 입장에서 백성을 대하라.

**2.327** 루소에게 모국은 스위스 제네바였다. 그러나 프랑스어를 쓰는 그는 프랑스의 사상가로 분류된다.

**2.3271** 프랑스에서 체포령이 내려졌을 때 스위스(제네바 공국)로 피신하는 루소다. 그러나 모국도 그에게 유죄판결을 내리자 프로이센(뇌샤텔 공국)으로 도피한다. 국가 개념이 300여 년밖에 되지 않는 유럽에서, 오늘날에도 국경이 자유로운 유럽에서, 루소가 이곳저곳 떠도는 것은 충분히 가능한 일이지만 산후후유증으로 어머니가 떠난 것처럼 모국도 그를 버린 것이다.

**2.328** 루소에게는 모국도, 조국도 없었다. 오직 스파르타만이 자신이 그리워한 나라였다.

## 2.33 국가는 학문과 예술의 발전에 기여하지 못한다.

**2.331** 루소의 『학문예술론』은 르네상스 이후 학문과 예술이 오히려 시민의 도덕성을 타락시켰음을 밝힌 논문이다. 학문과 예술의 부흥이 도덕의 발전에 기여했느냐는 디종 아카데미 현상공모의 일반적인 생각에 정면으로 반하는 주장으로 당선된다.

**2.332** 루소는 여기서도 스파르타인의 기개를 칭송한다.

**2.3321** 서양인들이 말하는 도덕성에는 문약한 서생의 윤리적 덕목만이 아니라 근육질 군인의 전사적 용맹도 들어감을 상기하자. 지인용智仁勇의 용에 대한 강조다.

**2.3322** 이런 어법은 니체에서도 발견된다. 아테네 사람을 이성이나 합리성에만 매달리게 만든 소크라테스는 비도덕적인 것이다.

**2.3323** 한마디로 영웅적인 것이 도덕적이다.

**2.3324** 맹자의 호연지기도 도덕을 실천할 용기라는 점에서 통한다.

**2.33241** 아무리 겁나더라도 할 건 해야 한다. 그래서 그것은 배짱이다.

**2.33242** 젊은 시절 학회에서 배짱이라고 했더니 성현의 말씀에 그런 비속한 말을 쓰냐고 혼났다. 그래서 배포라고 바꿨더니 사람들이 좋다고 인용한다. 도덕적 배포와 도덕적 배짱의 차이가 무엇인지 모르겠다. 말을 돌리고 어렵게 쓰니 무슨 말인 줄 모르지. 배포가 강한가, 배짱이 강한가? 나는 실천의 문제라면 강한 편을 택하겠다. 배포나 배짱이나, 엎치나 덮치나, 둘러치나 매치나.

**2.33243** 재밌게도, 배포에는 크다는 말을 쓰고 배짱에는 좋다는 말을 쓴다. 큰 것이 좋은가, 좋은 것이 좋은가. 윤리학이 탐구하는 것이 '큼'인가 '좋음'인가. 크기는 윤리학이 아니라 오히려 미학의 주제다. 자연의 크기, 인격의 크기 등등.

**2.3325** 오늘날의 도덕에는 용기가 빠졌다. 김빠진 도덕이다.

**2.3326** 도덕을 실천하기 위해 얼마나 굳건한 도덕이 요구되는지 아는가.

**2.3327** 실천할 용기가 빠진 도덕은 도덕이 아니다. 도덕은 실천의 문제를 담는다.

**2.333** 루소는 예절이 사람들에게 나쁜 습관을 가르친다고 생각한다.

**2.3331** 유가의 예에 반대하는 노자다. 예는 본성을 왜곡한다.

**2.3332** 예는 본성이 준 자유를 빼앗는다.

**2.3333** 루소는 학문과 예술 그리고 예절이 사람이라면 가져야 할 덕성과 누려야 할 자유를 빼앗아버렸다고 주장한다.

**2.3334** 루소는 그래서 자연으로 돌아가라고 말한다. 자연의 힘, 자연의 기상, 자연의 순수를 닮으라는 것이다.

**2.334** 정부에 의해 통제되는 학문과 예술은 발전하지 못한다.

**2.3341** 주자학이 관학官學으로 자리 잡으면서 주자학은 내면의 학으로

전략한다.

**2.3342** 주자학 이후 유학은 심성心性의 학문이지 치국治國의 학문이 되지 못한다.

**2.3343** 심성을 키워야 치국도 된다고? 맞다. 주자가 『예기』라는 책에서 작은 편을 뽑아 만든 책 『대학』이 강조하는 것도 수신제가 치국평천하다. 그러나 사람들은 수신하다 평천하를 잊어버린다. 심성연마도 좋지만 그렇다고 해서 치국을 놓칠 수는 없다.

**2.3344** 성리학의 가장 큰 잘못은 유학을 지나치게 내면화시키면서 적극적인 사회 발언에서 멀어지게 만들었다는 데 있다. 성리학의 사회사상이 부족한 까닭이 여기에 있다.

**2.3345** 강유위가 말하듯, 공자의 학문은 본디 제도개혁에 있었다. 그것이 곧 개제改制다. 그래서 『공자개제고孔子改制考』다.

**2.3346** 청나라 말기의 상황이 답답하다 보니 유가들은 아예 맹자를 버리고 순자로 가기도 한다. 장병린이 대표적인 인물이다. 처음에는 강유위에 동조했으나 바로 결별한다.

**2.3347** 흔히 피렌체에서 벌어진 메디치 가문의 역할로 국가의 지원을 비유하지만 많이 다르다. 메디치 가문은 돈을 내줬을 뿐이다. 대한민국처럼 간섭하지 않았다.

**2.3348** 메디치 효과라는 것도 학문과 예술이 흥성하니 정치와 경제도 흥성하게 된다는 것이다. 돈으로 학문을 사겠다는 천민 자본주의자들이나 권력 지상주의자들의 의도로는 상반된 결과만이 나온다.

### 2.34 방임만이 학문과 예술을 키운다.

**2.341** 방임放任이란 풀어놓고 맡겨버린다는 뜻이다. 자본주의의 경제적

방임과 같은 말이다. 수요와 공급이 알아서 맞아가니 건들지 말라는 것이다.

**2.342** 국가는 학문과 예술을 지원하지만, 학자와 예술가를 철저히 방임하라. 군림하나 통치해서는 안 된다.

**2.343** 자유 없는 학문과 예술 없다.

**2.344** 사람은 자유롭게 태어났지만 여기저기 사슬에 매여있고, 주인이라고는 하지만 자연인보다 더 노예라는 것이 루소의 『사회계약론』의 시작이다.

**2.3441** 자유를 누가 속박하는가? 국가다.

**2.34411** 그래서 진정한 자유인은 국가권력이 미치지 못하는 곳으로 피하는 것이다.

**2.34412** 소로가 살던 『월든』은 그다지 숲속이 아니었지만 그의 정신은 철저히 국가권력으로부터 벗어났다.

## 2.35 국가는 하나의 인식체계다.

**2.351** 국가는 하나의 실체로 보이지만 실체가 없다.

**2.3511** 대한민국을 나에게 보여 달라. 가져오는 것은 지도거나 태극기거나 헌법일 것이다. 그것은 대한민국을 완전히 가리키거나 뜻하지 못한다.

**2.3512** 지도는 영토를 가리킨다. 그러나 지도는 흙이 아니다. 게다가 지도는 추상적인 관념이라서 영토를 제대로 표현하지도 못한다. 육지는 그런대로 명확하지만 육지를 둘러싸고 있는 바다는 어디까지가 영해인지 개념이 복잡하다. 6해리에서 12해리로 늘었다 줄었다 하는 것이 영해다. 그렇다고 해서 대한민국의 정의에 바다가 빠지는 것은 아니다. 영해에는 해저, 해상, 하층토(석유)까지도 주권이 미친다. 우리는 지도를 볼 때 땅만 보지만 사실 대한민국은 곰장어가 자신을 보호하는 점액질로 둘러 쌓여있는 것처럼

바다로 둘러 쌓여있다. 영공은 비행기도 함부로 통과를 못하니 말할 것도 없다.

**2.35121** 특히 한일어업협정으로 독도를 한일 공동수역으로 만들어놓은 장관과 대통령은 반드시 기억되어야 한다. 독도를 법률적으로 다툼이 되게끔 만들어놓은 이들이다.

**2.35122** 조선민주주의인민공화국도 유엔에 가입되어 있는 나라다. 그리고 대한민국의 정부가 관할하는 영토와 영해도 사실상 한정되어있다. 현재의 지도는 남북한 모두 각자가 주장하는 자기의 영토를 명기한 것일 뿐이다.

**2.3513** 태극기는 국가를 상징한다. 그러나 상징은 국가만이 아니다. 상징물은 여러 가지가 될 수 있고, 상징문양도 상당히 인위적인 것이다. 3.1 만세운동부터 오늘날까지 태극기가 담고 있는 의미는 강하기 때문에 태극기만 보면 가슴이 떨리는 이들이 바로 대한민국 사람이다. 그러나 대한민국이라는 실체를 가슴이 울렁거리는 정도를 기준으로 측정할 수는 없다.

**2.35131** 동계올림픽 유치를 계기로 남북한단일팀의 응원기로 한반도기가 채택되었다. 하얀 바탕에 파란 한반도 지형이 그려져 있는 것인데, 재밌게도, 나라에서 나누어준 것에는 오른쪽에 점이 하나만 있고 시민단체에서 나누어준 것에는 점이 두 개가 있다. 독도의 표시에서 차이가 나는 것이다. 단순히 통일이라는 염원으로 한반도기를 흔드는 사람도 있지만, 한반도기를 보고 질색하는 사람들도 있다. 남북통일 이후 미래의 국기를 생각하면 국기가 국가의 상징이라는 것도 무색해진다.

**2.35132** 태극기에 대한 상반된 태도를 지닌 사람들을 우리는 목도한다. 민주화 투쟁 당시에 죽은 사람의 관에도 태극기가 덮였고, 한국전쟁 당시 국군 전사자를 발굴한 유골함도 태극기로 동여맨다. 뿐만 아니라 보수우파의 시위에도 태극기가 펄럭인다. 다들 애국을 말하지만 애국의 방법은 이처럼 너무 다르다. 국기가 국가를 대표한다지만 상반된 이념을 대표하기도 하는 것이다. 우파는 좌파의 태극기 뒤에서 인민기를 떠올릴 것이며, 좌파는

우파의 태극기 옆에서 성조기(때로는 이스라엘 국기)를 볼 것이다.

**2.35133** 후미에踏み絵라는 것이 있다. 일본에서 천주교 박해 당시 신자들을 색출하기 위해 성모와 아기 예수 그림을 밟고 지나가게 했다. 못 밟거나 머뭇거리면 바로 잡아넣었던 것이다. 상징물과 대상을 동일시하는 것은 오래된 인류의 습관이다. 대한민국 사람 가운데 태극기를 함부로 밟을 사람이 몇이나 있을까.

**2.3514** 헌법은 가치다. 그래서 헌법적 가치를 소홀히 한 대통령은 탄핵의 대상이 된다. 국가를 대표하는 대통령조차 헌법의 가치 앞에서는 꼼짝 못하는 것이다. 헌憲이란 나라의 벼리를 가리킨다. 국가의 기준으로 그것의 최고 가치와 운영 원리를 뜻한다. 법 가운데 최고의 법이다. 추상적이지만 철학적이고, 철학적이면서도 선언적이다. 개별 국가의 구체적인 이념이라는 점에서 국민의 합의와 이상을 담는다. 따라서 자유, 인권, 행복과 같은 철학적 개념이 헌법에는 등장한다. 그런데 헌법의 해석도 시대에 따라 달라진다. 간통죄에 대한 위헌시비도 합헌에서 위헌으로 시간이 지나면서 바뀌었다. 바뀌는 가치를 국가와 동일시하긴 어렵다.

**2.35141** 근래에 들어서 많은 사안을 헌법에 소원한다. 그런데 그것은 대부분 현행 법률이 담지 못하는 새로운 가치의 도전과 결부되어있다. 따라서 오늘도 심의 중이다. 국가는 심의 중인 것이다.

**2.35142** 가치의 대립으로 우리나라의 헌법재판소는 늘 찬성파와 반대파가 함께 시위 중이다. 우리나라는 시위 중인 것이다.

**2.3515** 국경으로 국가를 보여줄 수 있는 곳은 많지 않다.

**2.35151** 분단으로 삼면이 바다로 덮여있는 바람에 국경은 곧 해외라는 개념이 대한민국에서는 번듯하게 있지만, 많은 나라에서 육지의 국경은 그렇지 않은 곳이 더 많다.

**2.35152** 산맥으로 나뉘면 그 산 전체에 철조망을 칠 수도 없다. 인위적인 장애물을 설치해도 그 위나 땅굴로 넘나드는 사람이 있기 마련이다.

**2.35153** 스위스 할머니는 프랑스로 장을 보러 온다. 물가가 싸기 때문이다. 서유럽 국가에서 국경은 전시가 아니고는 엄격히 관리되지 않는다. 국경은 전선이 아니다.

**2.3516** 국가를 보여줄 때는 여권뿐이다.

**2.35161** 그래서 국경에서는 국적이라고 말하지 않고 여권이라고 말한다. 어느 나라 여권이냐는 것이다.

**2.35162** 이중국적을 인정하는 나라도 많기 때문에 그때그때 다른 신분으로 다른 나라를 방문할 수도 있다. 이때 나의 국적은 여럿이 된다.

**2.352** 이중국적을 인정하는 나라에서 인민은 국가에 앞선다.

**2.3521** 국민은 국가를 선택할 자유와 권리가 있다.

**2.3522** 국가가 국민을 선택하는 것이 아니라 국민이 국가를 선택하는 것이다.

**2.3523** 국가는 일종의 협의체이고 그 협의에 자신의 의사가 반할 때 인민은 국가를 떠날 수 있다.

**2.3524** 인민이 국가를 떠나는 것에는 크게 두 종류가 있다. 첫째는 경제적 이민이고, 둘째는 정치적 망명이다.

**2.3525** 난민도 일종의 정치적 망명에 속한다.

**2.3526** 난민에 대한 국가의 정책과 국민의 태도가 그 나라의 국가관을 대변한다.

**2.35261** 오랜 외국생활에서 터득한 한 국가의 인권수준에 대한 판단기준: 힘없는 자를 어떻게 대우하는가를 보면 그 나라의 인권수준을 알 수 있다. 어차피 사회는 힘 가진 자에 의해 지배된다.

**2.3527** 우리나라가 단일민족국가라는 것은 더 이상 자랑할 것이 못된다.

**2.35271** 터키문화원장은 나에게 말했다. '여러분은 단일민족인 것을 자랑하지요? 우리는 하이브리드라는 것을 자랑합니다. 오스만투르크 제국은 온갖 민족으로 이루어진 나라였습니다. 우리는 아이가 백인이 나오건, 흑인

이 나오건 부인을 의심하지 않습니다.' 실제로 나도 부모와 전혀 다른 백인 터키 아이를 본 적이 있다.

**2.35272** 우리는 이미 다문화국가다. 다문화를 인정하는 순간, 우리는 단일민족임을 재빨리 포기해야 한다.

**2.353** 국가를 국가로 느낄 때는 나를 위해 국가가 나서줄 때다.

**2.354** 국가가 나를 위해 나서지 않을 때 우리는 국가를 잃는다.

**2.355** 우리는 국가보다 높은 가치를 갖는다.

**2.3551** 우리는 국가보다 높은 가치를 갖고, 가치가 다양해서 국가가 여럿인 것이다.

**2.3552** 니체는 『차라투스트라는 이렇게 말했다』에서 이렇게 외친다. 아직까지 하나의 가치가 없기에 천 개의 나라가 있다고.

**2.3553** 이 땅에서 선과 악보다 높은 가치는 없었다. 그러나 이 나라에서의 선은 저 나라에서의 악이 된다.

**2.3554** 장자는 말한다. 하늘의 군자가 이 땅의 소인이 된다고.

**2.3555** 현실에서 핵核우산은 선善우산이 되고 말았다.

**2.3556** 국가에 대한 수많은 인식의 범주를 보라. 자유국가, 민주국가, 사회주의국가, 공산국가, 자본주의국가, 민족국가, 국민국가, 방임국가, 경찰국가, 복지국가 등 국가는 하나의 인식의 범주가 되어 스스로를 규정한다. 국가는 인식의 결과인 것이다.

**2.3557** 국가에 대한 새로운 범주는 문명의 발달로 또다시 만들어질 것이다.

**2.356** 국가의 범주는 가치에 따라 결정된다.

**2.3561** 전통사회 속에서는 국가가 범주를 마련했지만, 현대사회에서는 인민이 범주를 만든다.

**2.3562** 내가 국가가 내놓은 범주 속에 빠지는 것이 아니라, 내가 범주를 만들어 나의 자유와 권리를 지켜주는 국가를 만든다.

**2.3563** 범주란 『상서尙書』의 홍범구주洪範九疇에서 나온 말로 가장 큰 규범과 형태를 가리킨다. 아리스토텔레스와 칸트의 10개 또는 12개의 카테고리를 범주로 번역하면서 범주는 인식의 형식도 지시하게 되었다.

**2.3564** 오늘날 국가는 가장 큰 인식의 범주로 성립된다.

**2.35641** 국가는 자유와 평등에 대한 일정한 입장을 갖는다. 그리고 그 입장을 국시國是라고 부른다.

**2.3565** 국가는 우리 삶을 결정적으로 규정한다는 점에서 허구가 아니다. 형이상학과 이념과 가치가 허구적 장치일 수는 있지만, 그것으로 건설되는 국가의 행정부와 입법부, 그리고 경찰과 군대는 허구가 아닌 실물로 우리의 삶에 개입한다. 우리의 의식을 현실화시키는 매체가 바로 법인 것이다.

**2.357** 루소는 놀랍게도 일반의지에 복종하기를 거부하는 사람은 자유로워지도록 강제당할 것이라고 말한다. 자유롭게 만드는 강제(on le forcera à être libre)라니, 그것이 자유일 수 있단 말인가. 달리 표현하면 강압적 자유이거나 폭력적 자유인데, 뭐 이런 자유가 있단 말인가. 꽃으로 때리면 사랑이란 말인가. 사랑의 매라는 말로 강단에서 벌어지는 폭력을 묵인한 것과 무엇이 다른가. 결국 매는 회초리에서 주먹으로 나가지 않았는가.

**2.3571** 루소의 모든 인간은 자유롭게 되도록 강제될 수 있다는 선언이 로베스피에르의 공포정치를 야기했음을 다시금 기억하자.

**2.3572** 서양의 본질주의적 사고에서는 사형의 삼단논법도 가능했다. 인간은 자유롭다. 그는 자유롭지 않기 때문에 사람이 아니다. 따라서 그를 죽이는 것은 사람을 죽이는 것이 아니다.

**2.3573** 만일 일반의지가 법이라면 이렇게 무서운 법이 어디 있는가. 루소는 만장일치를 꾀해야 한다고 단서를 붙이지만, 법이 통과되면 그에 반대하는 사람은 모두 몰살되어야 하는가.

**2.3574** 실체론의 위험함이다. 법이 마치 실체가 있는 것처럼 생각하는 것이다. 일반의지가 보편자처럼 하늘에 둥둥 떠다니며 우리를 돌볼 것 같이

생각하는 것이다.

**2.3575** 차라리 묵자처럼 신을 인정하고 그것이 하늘의 뜻(천지天志)이라고 말하라. 모든 사람을 사랑하는 것은 하늘의 뜻이니 따라야 하고, 하늘의 뜻을 따르면 하늘나라에서 그만큼 되돌려 받는다고 말하라. 오늘 너의 노고를 귀신이 지켜보고 있다가 상벌을 내릴 것이라고 말하라.

**2.3576** 추상적인 자유조차 남에게 결코 넘겨줄 수 없는데 어찌 구체적인 생명을 남에게 넘겨줄 수 있단 말인가.

**2.3577** 일반의지이든 공중이든 나아가 공동선共同善이든 실체화되면 안 된다. 그것은 겉도는 말일 뿐이다. 하다못해 자유조차 실체화되어서는 안 된다. 자유는 관계에서 나오며 타인과 더불어 향유하는 것이다.

### 2.36 루소의 가장 큰 잘못은 자유를 실체화한 것이다.

**2.361** 실체화된 자유는 쉽게 절대화된다.

**2.362** 절대화된 자유는 선악처럼 이분법적인 칼날을 휘두른다. 자유와 비非자유, 자유로운 사람과 자유롭지 않은 사람으로.

### 2.37 루소의 그다음 잘못은 자유를 실체화하여 국가에 대입한 것이다.

**2.371** 자유라는 실체를 얻은 루소의 국가는 인민(peuple)이라는 이름 위에서 더욱 실체화된다.

**2.372** 정치권력은 인민이 자유롭게 부여했고 따라서 그것이 갖는 폭력성도 정당하다.

**2.373** 국가가 갖는 강제성은 인민의 자유를 위한 것이기 때문에 옹호

된다.

**2.374** 공동의 선 또는 공동의 목적에 충실한 국가의 폭력은 정당하다.

**2.375** 스파르타는 그렇게 루소에게 이상국이었다.

## 2.38 노자처럼 반전론이 없는 것이 루소의 한계다.

**2.381** 루소에게는 스파르타처럼 민주적 합의에 의한 전쟁과 폭력이 용인된다.

**2.3811** 2003년 미국이 이라크에서 벌였던 것처럼, 국제적으로 금지되어 있는 대량살상무기를 양산하는 국가에 대한 공격은 허용되는 것이다. 그러나 대량살상 무기는 발견되지 않았다.

**2.3812** 1981년 영국이 포클랜드 섬에서 벌였던 것처럼, 소유권을 주장할 수 있는 곳에 대한 인근국가의 침공은 최신 첨단무기를 동원해 최단기간에 최소의 인명손실만으로 전쟁을 완수하여 영토를 수호해야 하는 것이다. 포클랜드 섬은 아르헨티나 바로 옆 남극과 가까운 데 있다.

**2.382** 루소에게는 노자처럼 부득이不得已가 없었다. 전쟁을 치르는 슬픔이 없었다. 국가의 영광만이 눈앞에 보였다. 루소는 부득이한 전쟁이 아니라 득의양양한 전쟁을 도덕적이라고 칭송했다.

**2.383** 루소의 스파르타는 아버지의, 사나이의, 군인의 나라였다. 노자의 나라는 어머니의, 사랑의, 식모食母의 나라였다.

# 3

# 불평등은 인위다.

3.1 자연에 귀천은 없다.

3.2 소유가 불평등을 만든다.

3.3 자본주의는 평등에서 출발한다.

# 3

# 불평등은 인위다.

## 3.01 불평등에 대한 탐구는 오래되었다.

## 3.02 그럼에도 불평등의 문제는 해결되지 않았다.

**3.021** 문제가 해결되지 않는 것은 해결하고 싶지 않기 때문이다.

**3.022** 해결하고 싶지 않은 사람 가운데 하나가 철학자다.

**3.023** 철학자는 자본가가 되기에는 글러먹은 사람이지만, 생각은 귀족적이다.

**3.0231** 생각이 귀족적일 수에 없는 것이, 특히 서양철학의 경우, 마르크스 이전의 철학자들 가운데 귀족이 아닌 철학자는 거의 없었다. 유일한 노예 철학자가 절름발이 에픽테토스Epictetus다. 견유학파의 디오게네스도 개가 되길 주저하지 않았다. 그러나 그들 모두 하루 벌어 하루 먹고사는 노동에 대해서는 말하지 않았다. 정신만큼은 고상했다. 동양도 많은 철학자의 대상은 인민이었지만 결과적으로는 문자를 아는 귀족들이 철학을 했다. 천민이길 자처한 묵자만이 생생한 노동자의 철학자였다. 자료가 별반 남아있지 않은 농가農家학파도 그랬다. 한자 용법에서 민民은 천민賤民이다. 민은 상민常民일지언정 적어도 귀족(경卿·대부大夫·사士)은 아니다.

**3.024** 철학은 돈이 있어야 한다고 하지만, 돈 있는 사람은 철학을 하지 않는다.

**3.0241** 돈 있는 사람은 세상의 문제가 들어오지 않는다. 그들은 세상이 돈으로 보일 뿐, 돈으로 된 세상을 보려고 하지 않는다. 나아가 세상을 보려고 돈도 쓰지 않는다.

**3.0242** 세상을 보게 해달라고 돈을 내놓은 자본가들이 있었다. 프랑크푸르트의 물주들이다. 파리가 유럽 철도망의 중심이라면, 프랑크푸르트는 유럽 항공망의 중심이다. 온갖 대기업들이 그곳에 몰려있다. 자본가들은 생

각했다. 이 자본주의의 문제는 없는가? 문제를 해결해야 우리가 더 잘 먹고 살 텐데, 하다못해 사회가 안정되어야 우리가 돈을 잘 벌 수 있는데, 그렇다면 철학자들에게 돈을 주고 자본주의의 병폐와 그 해결책을 찾도록 해보자. 돈은 우리가 낼 테니 생각은 너희들이 해라. 그래서 생겨난 것이 프랑크푸르트학파다.

**3.0243** 흔히 프랑크푸르트대학의 사회연구소에서 호르크하이머와 아도르노가 중심이 되어 벌인 지적 활동만을 주의하는데, 그 뒤에는 자본가들의 협조가 있었다.

**3.0244** 우리가 프랑크푸르트학파와 같은 활동을 했다면 안산(반월)학파, 창원학파, 인천학파가 형성되었을 것이다. 그 가운데 한 군데라도 경제적으로 전폭적인 지지를 얻을 수 있었다면 현실화될 수 있었을는지 모른다. 인천에는 하와이 동포의 돈으로 세운 인천과 하와이의 첫 글자를 딴 인하대가 있고, 창원에는 교육대학으로 시작한 국립창원대가 있고, 안산에는 공대 중심의 한양대가 있었다. 그러나 그 모두 그런 길을 가지 못했다. 서울에 청계천학파(옷)가, 부산에 자갈치학파(신발)가 없는 것과 마찬가지다.

**3.0245** 서슬이 시퍼런 군부정권의 눈치 속에서 철학자들도 움츠렸지만, 정신의 중요성을 깨닫고 있는 자본가도 없었다.

**3.0246** 유일한 예외가 선경(SK)의 최종현 회장이었다. 그런데 그는 미래보다는 과거에 매달렸다. 새로운 철학보다는 전통의 중요성을 강조했다.

**3.02461** 최종현 회장이 설립한 고등교육재단은 아직도 박사과정까지 장학금을 지급하는 대신, 내세우는 유일한 조건이 고전(사서) 읽기다. 조치원(현 세종시)에 호텔 같은 화장장도 일찍이 세웠다. 그다음으로는 김우중 회장이 대우재단을 세우고 학술총서를 내고 학회를 지원한 것을 꼽을 수 있다. 당시 거의 모든 소규모 학회는 서울역 앞 대우재단빌딩에서 이루어졌다. 그리고 LG(럭키금성)의 구자경 회장은 안식년을 보내는 교수들에게 파격적으로 생활비와 교통비를 일정한 미화로 지급하는 정책을 아직도 시행하고 있다.

나도 수혜자 가운데 하나다.

**3.02462** 나는 현대와 삼성이 그런 일을 하지 않는 것이 참으로 의아하다. 울산에 아산로만 깔 것이 아니고, 서울과 근교에 리움과 호암미술관만 세울 것이 아니다. 아산이라는 이름을 내세워 한 사람만 기리는 것도 안타깝고, 미술관처럼 무가격의 예술품을 수집하는 것도 속내가 엿보인다. 나는 삼성과 현대가 불평등의 문제에 거액을 내놓고 그 해결책을 모색해보라고 할 것을 간곡히 요청한다.

**3.02463** 내가 희망하는 (삼성 또는 현대의) 불평등연구소는 돈도 많이 필요 없다. 그러나 노조가 매우 강한 현대, 노조가 아예 없던 삼성을 넘어 공생과 상생의 길을 모색하자는 것이다. 노사갈등, 노노갈등, 사사경쟁, 사사통합 앞에서 우리는 불평등의 문제를 철학적으로 탐색하고 그 해결책을 제시하고자 하는 것이다. 해답까지는 아니더라도 문제만이라도 제대로 드러나면 해결책은 나오게 되어있다.

**3.0247** 프랑크푸르트학파는 마르크스에 프로이트를 섞었다. 자본주의(마르크스) 때문에 사회는 병(프로이트)들었다.

**3.0248** 프랑크푸르트학파의 마르크스에 대한 해석은 경직되지 않아 해방에만 매달리지 않았다. 인간의 내면에도 관심이 많았다.

**3.0249** 프랑크푸르트학파에는 스타급 철학자들이 많이 나온다. 철학자들에게는 마르쿠제, 하버마스가 유명했고 대중에게는 프롬이 유명했다. 오늘날도 아도르노의 글은 매우 어렵지만 철학도에게 꾸준히 읽힌다. 특히 미학(감정학)이 부활하는 추세다. 미학계의 스타이자 현대문명에 대한 예견을 탁월하게 보여준 벤야민도 프랑크푸르트학파와 연결해서 읽을 수 있다. 벤야민은 당시에도 영화를 복제(Reproduktion; copy)라는 개념으로 풀고 있다. 그는 『기술복제성 시대의 예술작품』이라는 새로운 세상을 보았다. 영화 다운받아, 그림 쏴줄게, 유튜브에 올려.

**3.02491** 우리에게는 80년대에 독일에서 들어온 백승균 교수가 프랑크푸

르트학파를 소개했지만, 학자들은 이론적인 학문으로만 공부했지 한국의 노동계를 공부하려 하지 않았다. 도구로서는 성공했지만, 그 도구로 분석할 대상이 청계천이자 반월공단이며 나아가 청량리 588이라는 생각은 하지 않았던 것이다.

**3.02492** 도구만 있고 대상은 없는 우리의 철학이다. 칼은 있는데 수박이 없다. 도마는 있는데 썰 고기가 없다. 칼과 도마가 없어도 수박과 고기는 먹을 수 있는데 말이다. 주먹으로 깨고, 손으로 뜯어서라도 말이다.

**3.02493** 대상도 우리가 아니다. 기껏해야 미국이나 독일이나 일본이다. 다른 나라의 계층(계급) 분석을 배워 우리의 계층(계급) 분석을 해야 하는데, 거기에만 머문다. 발로 하는 공부가 아니다. 머리만 좋으면 된다.

**3.025** 문제는 문제가 없는 것이 문제다. 문제가 문제다. 문제는 문제다.

**3.0251** 문제는 문제가 없는 것이다.

**3.0252** 문제가 없는 것이 문제다.

**3.0253** 한국 사회의 문제는 문제가 없는 것이다.

**3.0254** 문제가 없는 문제가 드러나지 않으면 한국 사회의 문제는 해결되지 않는다.

**3.0255** 좋은 철학은 문제를 많이 드러내는 것이지 해결을 많이 하는 것은 아니다.

## 3.03 우리의 문제는 불평등이다.

**3.031** 디종 아카데미의 현상공모 주제인 '사람들 사이의 불평등의 기원은 무엇이며, 불평등은 자연법에 의해 허용되는가?'라는 물음에 가장 과격하게 답한 루소를 찬양하라.

**3.032** 물이 꼴을 바꿔가며 요리조리 잘 빠져나가기 때문이 아니라 남들

이 싫어하는 낮은 데 머물 줄 알기 때문에, 물이야말로 우리가 가야 할 길을 보여준다고 외친 노자를 찬미하라.

**3.033** 서구사회에서 처음으로 불평등을 주제화시킨 루소다. 그 스스로 모든 사유의 출발점이라고 가장 마음에 들어 했던 글이 『인간 불평등 기원론』이다. 그래서 데뷔작인 『학문예술론』이 제1논문으로, 『인간 불평등 기원론』이 제2논문으로 약칭되는 것이다. 제1논문은 디종 아카데미상을 거머쥐었으나 제2논문은 그렇지 못했다.

**3.034** 노자의 길은 도道이자 진리다. 길은 가야 만들어진다. 길은 사람들이 다녀서 생겼거나 사람들이 다녀야 생긴다. 가거나 가야 만들어지는 것이 길이다. 길을 말하면 만물의 원리만이 아니라 그에 따른 방향과 목적이 설정된다. 낮은 데로 가라, 그것이 노자가 우리에게 제시하는 길이다.

**3.0341** 높은 길과 낮은 길이 있으면 낮은 길로 가라. 남들이 싫어하는 낮은 길로 가라.

**3.0342** 노자는 말한다. 귀함은 천함을 바탕으로 한다고.

**3.035** 다들 귀족을 말할 때 노자와 루소는 그냥 사람을 말한다.

**3.036** 사람은 노자에게는 민民, 루소에게는 인민(peuple)이었다. 노자의 민은 모택동에게 타인을 지칭하는 인人과 더불어 인민으로 성립하고, 루소의 퍼플/뻐쁠은 미국 독립운동의 제1개념인 피플이 된다. 우리는 인민人民이고, 우리는 피플people이다. We the People!

**3.0361** 우리는 우리를 가리키는 말이 없는 기이한 나라에 살고 있다. 우리는 누구인가? 우리는 국민인가, 인민인가, 백성인가, 시민인가? 우리는 시민이 아니라, 동민이고 읍민이고 군민이고 도민인가? 우리는 주민인데 거주민인가, 이주민인가?

**3.0362** 민주사회를 표방하면서 우리도 우리를 민으로 부르는 경우가 많은데, 왜 한동안 인민이라는 말은 쓰지 못했나? 공산주의자들이 쓰면 못쓰는 것인가?

**3.0363** 국민학교의 국민은 황국신민皇國臣民의 국민이라서 초등학교로 바꿔놓고, 대통령은 늘 담화문에서 왜 국민 여러분이라고 부르는 것일까?

**3.0364** 학계에서는 인민이라는 말을 자주 쓰고 있는데 왜 정부기관에서는 꺼려하는 것인가?

**3.0365** 과연 우리는 우리를 부르는 합의된 단어가 없단 말인가? 사람 여러분!

**3.0366** 민중과 민초라는 말을 비롯해서 서민과 평민이라는 말도 유행했다.

**3.0367** 민중은 운동권 말이라서 탈락, 민초民草는 풀뿌리(grassroots)라는 말의 번역어라서 탈락, 서민은 신세한탄을 하는 것이라서 탈락, 평민은 당 이름이었고 신분제를 떠올려서 탈락이다.

**3.03671** 민중신학(Minjung Theologie)만큼은 독일에서 그대로 쓰인다. 민중이라는 말의 독특한 함의 때문이다. 서남동 목사가 『민중신학의 탐구』에서 외쳤듯, 민중은 고통받기에 이미 구원받았다.

**3.03672** 민중이라는 말이 사람에 대한 일반칭이 될 수도 있었으나 운동권에 대한 반감, 강한 계급의식, 민주화 이후 불필요해진 동질감 때문에 사회 속 어휘 선택에서 멀어지고 있다.

**3.03673** 중산층을 겨냥한 중민中民이라는 말도 사회학자에 의해 제시된 적이 있으나 일회성에 그쳤다.

**3.0368** 그렇다면 역할과 규모만 남는가? 투표권을 가진 공민公民, 농업과 어업에 종사하는 농어민, 그리고 그들이 모인 대중과 군중 그리고 다중만 있는가?

**3.037** 차라리 민주주의라는 말을 바꿔라. 다중주의로 바꿔라. 아니면 인민주권주의로 길게 써라. 민주주의는 곧 민권주의가 아니더냐. 모든 권력은 인민에게서 나온다는.

**3.038** 우리의 역사 속에서 우리를 부른 말은 '우리'이긴 했다. '우리는 이

에'(오등吾等은 자玆에)로 시작되는 3.1 독립선언문의 우리였다. 그러나 우리를 단 한 번만 더 서술해주었으면 좋겠는데, 우리가 누구인지 누구이어야 하는지 말이 없다. 독립은 목표이었지만 독립되어야 할 주체가 누구인지는 말하지 않았다. 양반인지, 상민인지, 관노인지, 백정인지 아니면 우리 모두인지 말이 없다. 우리는 누구인가?

**3.0381** 대통령이 우리를 부를 말을 찾아주자. 우리는 황국신민이 아니며, 우리는 식민지인도 아니다. 우리는 그대에게 불리고 싶다. 나의 이름은 무엇인가? 우리의 이름은 무엇인가? 온갖 사람을 일컫는 말은 사람이란 말밖에 없는가?

## 3.04 우리를 부르는 말 가운데 현시점에서 가장 적합한 말은 시민이다.

**3.041** 많은 시외거주민이 불만을 가질 수 있는데 여기서 시민은 행정구역을 말하는 것이 아니다. 민주시민의 줄인 말로 정치적 행위의 주체들을 가리키는 것이다. 시민의 시市는 저잣거리, 서양식으로 말하면 포럼 곧 광장을 뜻한다. 모인 사람들, 모여서 떠드는 사람들, 나만이 아니라 남도 생각하는 사람들, 나라와 앞날을 걱정하는 사람들이다.

**3.042** 대통령도 토론할 때는 시민의 의견을 청취한다는 식으로 민주시민의 뜻으로 쓰기도 한다. 그러나 '(서울)시민'이 등장하면 대통령은 바로 '국민'으로 한 단계 올린다.

**3.043** 우리의 단어에서 시민이라는 말이 잘 드러나는 용례는 민주시민과 더불어 시민의식이다.

**3.044** 민주시민은 시민의식을 갖고 민주적 정치에 참여한다.

**3.045** 루소도 이런 문제를 고민했다. 그는 시민(citoyen)이라는 말을 자연인(homme naturel)과 대비되는 도시민으로 받아들인다. 여기서는 문명인이나

교양인 정도의 뜻이 들어간다.

**3.046** 자연인을 이상으로 삼으면서도 루소는 끊임없이 나라 이야기를 덧붙인다. 시민이 사는 도시(cité; civitas; polis)의 완성에 대한 관심을 포기하지 않는다.

**3.047** 차라리 노자처럼 홀로, 스스로, 저절로라고 말하는 편이 나았다. 제도에 의해 완성되는 인간성은 완전한 성선을 담지 못한다.

**3.048** 루소에게는 투표권을 지닌 도시국가의 자유민이나 공민을 뜻하는 시민(citoyen)이 바로 사회계약설의 주체였다. 시민에게 주권이 있다.

**3.049** 시민의 두 성격이 루소를 괴롭혔다. 자연인으로 완전한 사람이 사회인으로도 완전한 사람이 될 수 있을까? 이것이 루소의 문제였다.

**3.0491** 성선설의 좋은 점: 선한 사람은 선한 사회를 만든다. 따라서 선한 자연인은 선한 사회인이 될 수 있다. 선은 원시사회에서도 이상사회에서도 이루어진다.

**3.0492** 루소의 변명: 나의 원시 상태는 가정이고 이상이다. 따라서 자연으로 돌아가자는 말을 야만으로 돌아가자고 비꼬는 볼테르 같은 사람은 웃기는 사람이다.

## 3.05 평등한 우리를 가리키는 말을 찾자. 우리 여러분!

## 3.06 노자는 무위無爲를 말한다.

**3.061** 무위의 반대말이 위爲다. 위는 작위作爲이며 행위行爲다. 인간의 모든 작위이자 행위라는 면에서 인위人爲라고 말해도 좋다.

**3.062** 현대어에서도 인위는 좋은 뜻이 아니다. 그런데 노자의 어법에서

무위도 위하는 것(위무위爲無爲)이기 때문에 위의 일종이라 할 수 있다. 좋은 방향의 위가 무위라면, 나쁜 방향의 위는 그저 위였다. 그래서 노자의 위를 작위라는 말로 구별한다.

**3.063** 위僞를 나쁜 뜻이 아닌 인간의 적극적인 행위로 본 것은 순자다. 순자의 위는 본성을 감춘다는 점에서 거짓이라는 뜻도 있지만 거짓을 힘써 배우라는 것이기에 좋은 뜻이 들어간다. 사람(인人)이 애써야 할 것(위爲)이 바로 위僞가 되는 것이다. 여기서 위는 인위다.

**3.064** 나는 노자가 말하는 작위를 여기서 인위로 말한다. 무위와 인위, 자연 상태와 문명 상태의 대립이다.

**3.065** 노자의 무위와 루소의 평등, 노자의 인위와 루소의 불평등이 이렇게 만난다.

### 3.07 인도는 아직도 계급이 있다.

**3.071** 놀라운 일이다. 오늘날에도 계급제도가 존속하다니.

**3.072** 우리의 맥락대로 말하자. 인도에는 사람이 없다. 14억에 가까운 세계 제2위의 인구대국에 사람이 없다. 정치적으로는 있어도 문화적으로는 없다.

**3.073** 인도 국적의 모든 사람들은 참정권이 있다. 법률적으로는 차별받지 않는 시민이다. 그러나 시민끼리 철저히 차별한다.

**3.074** 인도의 불가촉(不可觸: Untouchable) 천민이 정말로 정치를 아는가. 부정적이다. 문맹의 그들은 정치가들의 획책에 넘어갈 수밖에 없다. 인도민족당의 승리는 신분제의 공고화다. 분파주의의 희생양은 언제나 불가촉들이다. 민족주의 속에 숨어 있는 전통과 종교에 대한 향수는 상위계급만의 것이다.

3.075 인도에서 벌어지는 여성에 대한 성폭력도 계급 문제와 연관이 있다고 나는 생각한다. 한 번 차별을 정당화하면 모든 것을 차별할 수 있다. 계급도 차별하는데, 여성이라고 차별 못하나.

**3.0751** 불평등에 관한 명제 1: 한 번 차별한 사람은 모든 것을 차별할 수 있다. 일회유별즉만사유별一回有別則萬事有別! 나아가 한 번이라도 차별을 넘어선 사람은 모든 차별에서 넘어설 수 있다. 일회무별즉만물무별一回無別則萬物無別!

**3.0752** 불평등에 관한 명제 2: 고타마 시타르타의 깨달음은 인도의 차별적 신분제를 반대하는 데 있다. 불교는 신분제를 반대하고 평등을 주장한다.

**3.0753** 불평등에 관한 명제 3: 인도에는 3차례의 종교개혁이 있었다. 첫 번째가 자이나교, 두 번째가 불교, 그리고 세 번째가 시크교다.

**3.076** 일본의 교토 교외의 뵤도인平等院이야말로 부처의 이념을 제대로 담은 절 이름이다.

**3.077** 카스트를 직업이라고 변명하는 사람은 계급주의자이거나 거짓말쟁이다. 자티jati라는 직업을 가리키는 말이 있다. 그들에게 카스트를 물으면 자티로 대답한다. 다시 말해 출생이라는 뜻의 바르나varna를 물으면 3천여 종의 세습 직업군 가운데 하나로 답하는 것이다. 세습 직업은 바뀔 수 없다. 바뀔 수 없으면 우리는 그것을 직업이라고 부르지 않고 신분이라고 부른다.

**3.078** 부처가 바꾸려 했으나 바꾸지 못한 인도의 신분제다. 천년 동안의 불교왕국에서는 신분제가 억눌러졌지만 다시 돌아온 힌두교의 세상에서는 신분제가 다시 기승을 부린다. 불교가 힌두교화한 결과다.

### 3.08 부처는 신이 되는 바람에 죽어버렸다.

**3.081** 시간이 지나면서 부처는 3억3천의 신 가운데 하나가 된다. 비슈누

와 우위를 다투다 밀려나게 되면서 역사 속에서 사라진다.

**3.082** 부처가 신이 되지 않았으면 불교는 인도에서 사라지지 않았고, 계급도 사라졌을 것이다.

**3.0821** 그래서 천민 출신의 제헌 의원인 암베드카르는 힌두교에서 개종을 하자고 했고, 이슬람교와 불교를 놓고 고민하다 불교 쪽으로 결정하며 신불교론을 쓴다. 이슬람교나 불교나 모두 만민평등주의다.

**3.0822** 암베드카르는 세계종교사에 길이 남을 50만 명의 개종식을 갖는다.

**3.083** 인도철학사에서 불교는 이단이다.

**3.084** 인도철학을 공부하는 것이 불교를 공부하는 것은 아니다. 근친성에 빠지면 정말 위험하다.

**3.0841** 힌두교와 근친상간하고 있는 불교학자들이 적지 않다.

**3.0842** 불교는 힌두교가 아니다.

**3.0843** 대승불교가 힌두교와 비슷해진 것이 결국 자충수自充手가 되었다. 제살 깎아먹기!

## 3.09 신이 없이도 평등을 말할 수 있다.

**3.091** 신 없이도 평등을 외쳐야 한다.

**3.0911** 신이 있으면 신과 내가 불평등해진다.

**3.0912** 하늘에도, 땅 위에도 절대적 권위가 없다는 무정부주의의 이념이 여기에 있다. 어떤 차별도 인정하지 않겠다는 철저한 권력의 파괴다. 관념의 권력도, 실제의 권력도 안 된다.

**3.0913** 신 앞에서의 평등은 전제부터 불평등하다. 신과 나의 불평등은 인정해놓고 나머지는 평등하다는 것인데 그래도 될까?

**3.0914** 법 앞에서의 평등은 과연 우리들을 평등하게 만들었는가? 법은 멀쩡한 나를 불평등한 나로 만들지 않았는가? 나는 그런 것을 모른다고 말하자, 그들은 권리 위에서 잠자는 자는 보호받지 못한다고 답했다. 나는 권리도 의무도 모른 채 잘 살고 있었는데 말이다.

**3.0915** 법 앞에서 평등하다고 해놓고 율사律士들은 온갖 돈과 권력을 챙기고 있지 않은가.

**3.09151** 우리나라 국회의 경우 법조인 출신이 많을 때는 20%에 이른다. 늘 그랬다. 열 명 중 한둘은 법조인이었다. 검사 출신은 일본에 비해 열 배 이상 많다. 왜? 우리나라 법조인 가운데 적지 않은 수가 정의가 아니라 권력을 탐하기 때문이다.

**3.09152** 법조인 출신 정치가들은 검찰이 불러도 혼자 간다. 스스로 변호사이기도 하지만, 검찰 후배들과 허심탄회하게 이야기하고 싶은 것이다.

**3.09153** 법 앞에서의 평등은 집안에 변호사 하나쯤은 키우고 있는 사람들이다. 돈 많은 사람들은 검사 사위를 보고 싶어 한다. 나의 돈을 지켜줘.

**3.0916** 우리가 순응해서 그렇지 우리는 법이라는 절대 권위 앞에서 평등이라는 말에 속아 넘어가기 일쑤다.

**3.0917** 법망에서 빠져나가는 사람들은 누군가? 법의 친구인가, 법의 상전인가, 법의 주재자인가?

**3.0918** 법을 만드는 사람이 법의 주인 노릇을 하고 있는 것이 문제다.

**3.092** 불교만이 신과 나의 평등을 외친 종교다.

**3.0921** 인도에는 무신론의 종교도 많다. 신이 없음을 믿는 종교다.

**3.0922** 불교는 누구나 깨달을 수 있다고 한다. 깨달은 자가 곧 부처다. 그것이 평등이다.

**3.0923** 불교에는 신이 없기 때문에 완전한 평등의 종교가 된다.

**3.0924** 잊지 말자. 불평등에 관한 명제 1은 말한다. 한 번 차별한 사람은 온갖 것을 차별한다. 한 번 차별이 무서운 까닭이다.

**3.0925** 모든 차별을 부정한다는 점에서 싯다르타는 아나키스트다.

**3.0926** 불교가 중국에 들어왔을 때 부처를 얼굴이 노란 노자(황면노자黃面老子)라고 불렀던 까닭에는 바로 이러한 아나키스트의 요소 때문이었다.

**3.0927** 고정된 실체에 대한 부정에서 국가, 민족, 종교, 권력, 권위, 관습이 강요하는 것에 대한 부정으로 나가는 것은 필연적이지 않은가.

**3.0928** 불교의 절대 평등은 만물에 대한 무차별로 나간다. 그래서 살생을 하지 않는 것이다.

**3.093** 루소가 내세우듯 이상적인 법은 일반의지이지만 현실에서의 법은 차별을 정당화해줄 뿐이다.

**3.0931** 가진 한 사람의 것을 못 가진 사람 여럿이 빼앗으려 하자 법을 만들었다는 말이다. 권력에 기탁한 재산의 보호, 보호에 대한 대가인 권력!

**3.094** 노자에게 전제되었지만 개념화되지 못하는 평등은 장자에서는 제물齊物이라는 단어로 정식화된다. 제물처럼 완전한 평등은 인류의 철학사에서 제시된 적이 없다. 제물의 제는 저울같이 기하학적인 평등平等의 평(물같은 수평)도, 현실에서 땅을 아무리 다져도 조금은 울퉁불퉁한 균일均一의 균(편평한 땅)도 아닌, 보리밭처럼 제각각 크고 있지만 고만고만하게 보이는 제물의 제(엇비슷하게 자라난 곡물)이기 때문이다. 집체의 평등이 아니라 독립의 평등이다.

**3.095** 루소는 평등에서 출발해서 국가라는 불평등을 만들고야 만다. 이상에서 출발해서 현실로 돌아와 보니 홉스와 로크 같은 거인이 이미 새로운 사회를 만들고 있었던 것이다. 홉스는 무지막지한 권력을 옹립해서, 로크는 의회주의자의 입장에서 사회계약설을 주장하고 있을 때, 루소는 국가 간의 불평등은 논외로 한 채로 절대군주도 없고 대의정치도 없는 정말로 이상적인 국가를 만들고 싶어 한 것이다.

**3.1 자연에 귀천은 없다.**

**3.11 귀천은 사람의 것이다.**

**3.12 사람의 가치가 귀천을 만든다.**

**3.121** 자연에 강약은 있어도 귀천은 없다.

**3.122** 자연에 친소親疎는 있어도 존비尊卑는 없다.

**3.123** 사람의 가치로 자연을 바라본 지는 참으로 오래되었다.

**3.124** 사람의 가치를 제거하고 자연을 바라보자는 것이 노자의 생각이다.

**3.125** 노자의 자연은 자연스러움이지 자연 세계가 아니다.

**3.1251** 여기서 자연은 자연 세계를 가리킨다. 그러나 세계는 또한 인간의 틀로 만물을 바라보는 것이니, 세계라는 말을 빼자.

**3.1252** 여기서 자연은 루소의 대립구조로 말하자면, 사회 상태(état de société)가 아닌 자연 상태(état de nature)다. 인간의 삶만 콕 집어 말한다면, 문명의 삶(vie civile)이 아닌 자연의 삶(vie naturelle)이다.

**3.126** 노자의 자연스러움도 시간이 흐르면서 점차 만물의 총칭으로 나간다. 장자를 제멋대로 풀어버린 곽상郭象의 주해에서 자연은 만물의 총명總名이라고 말한다. 자연은 본디 만물의 집합으로 불릴 수 있는 대상물이 아니었다. 만물의 고유한 성질을 그렇게 일컬을 뿐이었다. 나의 형태가 자연이 아니라, 나의 본성이 자연스러웠다. 노자의 자연은 자연물이 아니라 자연성이었다. 그런데 자연성을 지닌 모든 것이 자연물이 되고 말았다.

**3.127** 나는 여기서 노자의 어법이 아닌 오늘날의 어법을 따르기로 한다. 오늘 나는 법률적 자연인이자 산속의 자연인이다. 루소가 말하는 자연의 삶이다.

**3.128** 루소의 자연은 그런 점에서 노자의 자연성과는 다르다. 서양 어법에서도 자연(nature)은 자연이기도 하고 본성이기도 하지만, 루소의 자연은 본성보다는 자연에 가깝다. 그러나 자연은 본성이고 본성은 선하다는 맥락에서는 루소와 노자가 통한다.

## 3.13 자연을 제대로 보게 되었을 때 사람도 잘 보인다.

**3.131** 새는 귀하고 벌레는 천한가? 아니다.

**3.132** 호랑이는 귀하고 돼지는 천한가? 아니다.

**3.133** 소나무는 귀하고 떡갈나무는 천한가? 아니다.

**3.134** 나리는 귀하고 개나리는 천한가? 아니다.

**3.1341** 사람 참 고약하다. 자신이 좋은 것에는 참을, 나쁜 것에는 개를 붙인다. 참과 거짓이 아니라, 참과 개다. 복숭아와 개복숭아다. 참외(참오이)와 오이다. 새조차도 잡아먹을 수 있는 것에는 참을 붙인다. 참새!

**3.1342** 그러다 보면 사람에게도 참과 개를 붙일 수 있다. 참한 사람과 개새끼!

**3.135** 사람은 귀하고 짐승은 천한가? 아니다.

**3.136** 문명인은 귀하고 원시인은 천한가? 아니다.

**3.1361** 인류학의 위대한 공헌은 어떤 문화도 우열은 없다는 전제를 사람들에게 공유시킨 것이다.

**3.1362** 인류학의 탄생 이전에 인류는 고급과 저급, 문명과 야만으로 나뉘어 있었다. 인류학의 태생이 제국주의 시절에 정복과 지배를 도와주던 학문이기도 했다. 상대방을 알아야 침략하니 인류학이 필요했다. 나아가 인류학은 상대방은 열등하니 우리가 통치하겠다는 이념을 제공하기도 했다. 그러나 현대 인류학의 탄생은 말 그대로 인간학(anthropology)의 탄생이었다. 모든 문화에 나름의 까닭이 있고 나름의 흐름이 있었다. 각 문화를 깊게 이해할수록 문화의 우열은 불가능했다. 정신세계도 그렇고, 운영체제도 그랬다.

**3.1363** 문화에 우열이 없다는 전제는 문화상대주의라는 비난을 받았다. 그렇다면 도덕적 가치란 불가능하다는 것이었다. 그러나 각 문화 속에 들어 있는 가치는 문명 세계와는 같지 않되 처한 환경 속에게 가장 실질적으로 영위되고 있는 정신적 장치였다.

**3.1364** '원시 부족이라고 함부로 도덕적 기준을 들이대면 안 되는구나!', '그들의 도덕적 기준이 문명세계와는 다른 방식으로 타인을 배려하고 공동체의 이익을 도모하는 것이구나!' 이것이 문화인류학이 우리에게 가져다준 선물이었다. 겸손하라는 선물, 이해하라는 선물, 존중하라는 선물이었다.

**3.137** 루소도 나름 문화 인류학적 결과물을 종종 인용한다. 흄이 영국사에서 인도를 말하듯, 루소의 프랑스도 이미 세계를 경영하고 있었다. 1608년에 이미 캐나다 퀘벡을 건설한 것을 떠올리면 이해가 쉽다. 17세기 초 북아메리카의 많은 지역을 비롯하여 프랑스령 기아나(1624), 카리브해의 과들루프와 마르티니크(1635)가 프랑스의 점령지가 되어 오늘날까지 유지되고 있으며, 17세기 후반으로 가면서 아이티(1665)와 인도 해안의 일부도 프랑스령이 되었다. 루소는 카리브해의 원주민을 자주 일컫는다.

**3.138** 유럽의 고관대작보다 나은 삶을 사는 카리브해 원주민을 루소는 자연적 삶의 표본으로 설정하고 동경한다.

## 3.14 자연이라는 것은 그것을 언제 어디서 보느냐에 따라 다르게 보인다.

**3.141** 사이좋은 자연 상태도 있고 싸우는 자연 상태도 있다.

**3.142** 자연을 본성으로 여긴다면, 사람의 본성은 타락한 사람들 속에서보다 자연에 순응하는 사람들 속에서 찾아보아야 한다는 것이 아리스토텔레스 이래 루소가 고수하는 견해다. 루소는 이를 『인간 불평등 기원론』의 엑서규(장전章前의 경구警句: 표제 밑에 본론으로 들어가기 전에 붙이는 다른 사람의 말)로 사용한다.

**3.1421** 사람의 본성은 문명 상태의 사람들이 벌이는 행태보다는 자연에 순응하며 사는 사람의 소박한 삶 속에서 더 잘 그려질 수 있다는 것은 보는 시점과 보는 장소에 따라 인간의 본성이 다르게 그려짐을 말한다.

**3.1422** 사람의 본성은 나의 시각에 따라 다르게 보인다.

**3.1423** 시각은 관점이고, 관점은 세계관이며, 세계관의 정립에 중요한 것은 바로 인간본성에 대한 판단이다.

**3.1424** 인간 본성이 하나의 실체 덩어리로 있는 것이 아니라, 그것에 대한 관점 세우기가 중요하다는 것이다.

**3.1425** 인간 본성에 대한 판단이 한낱 믿음에 불과할지라도 그 믿음은 세계를 구성하고 있기 때문이다. 엄청난 세계!

**3.143** 노자는 말한다. 귀한 것은 천한 것을 뿌리로 삼고, 높은 것은 낮은 것을 바탕으로 삼는다고.

**3.1431** 귀한 것과 천한 것이 무슨 고정된 것인 양 여기는 것이 문제다. 귀

천은 상하처럼 상대적이다.

**3.1432** 나는 그보다 천하지만 너보다 귀하다. 이렇게 상대적이다. 나는 그보다 키가 작지만 너보다 크다. 귀천은 고하처럼 비교급 앞에서는 맥을 못 춘다.

**3.1433** 귀천은 실체적이지 않다. 실체는 고정불변의 것을 말한다. 귀천은 결코 고정불변의 것이 아니다.

**3.1434** 귀천이 고정불변의 것이 아니지만 그렇게 만들려는 것이 바로 신분제이고 그것은 신분제를 밑받침해주는 이데올로기였다.

**3.1435** 철학이 신분제를 옹호한다면 그것은 하나의 이데올로기로 전락한다.

**3.1436** 저잣거리의 건달이 주위의 천한 것들을 모아 천하를 통일한다. 그가 바로 한고조 유방이다. 한나라의 개국공신인 번쾌는 개백정, 하후영은 마부, 주발은 나팔수, 관영은 옷감 장수였다. 결국은 유방에게 처형되지만 멋쟁이 무장 한신도 당시에는 일 없는 한량이었다. 유방이 스스로 말하듯, 그는 장량처럼 책략을 쓸 줄도, 소하처럼 보급품을 제 때에 나를 줄도, 한신처럼 싸움을 잘할 줄도 몰랐지만 오직 하나 그들을 높일 줄 알았다. 그런데 항우는 제 풀에 책사 범증조차 쫓아내고 말았다.

**3.1437** 집안 좋고 잘 난 역발산기개세力拔山氣蓋世의 항우가 자기 밑에서 기던 잡놈 유방에게 당하고 만 것은 바로 낮출 줄 몰라서였다. 산을 뽑을 힘이 있으면 뭐하나, 세상을 덮을 힘이 있으면 뭐하나, 귀한 것은 천한 데서 나오는 것을, 높은 것은 낮은 데서 올라가는 것을.

**3.1438** 유방은 진나라에 처음 반란을 든 진승에게 은왕隱王이라는 시호를 내리고 사당에 모셨다. 가난하여 남의 집 머슴살이하던 진승은 외쳤다. 왕후장상의 씨가 따로 있느냐(王侯將相寧有種乎)고. 유방은 자신을 스스로 높이지 않고 진승을 높임으로써 자신을 높였다.

**3.1439** 유방만 천했는가? 명나라를 세운 고조 주원장은 탁발승이 아니

었던가. 밥을 구걸하고 다니지 않았던가.

## 3.15 사람을 이끄는 사람은 스스로 낮춘다.

**3.151** 말로만 낮추지 말고 진정 그렇게 생각하라. 우리는 모자랄 수밖에 없다. 하나보다는 여럿이 낫다.

**3.152** 임금이 스스로를 일컫는 과인寡人이라는 말은 모자란 사람이라는 뜻이다. 매 번 '이 모자란 사람이 생각하건대', '이 모자란 사람을 도와주겠는교'라고 말했던 것이다.

**3.153** 왕후가 스스로를 낮추어 부르는 것이 이런 노자의 권유 때문이었다.

**3.154** 노자는 '외로운 사람'(고孤), '모자란 사람'(과寡), '영글지 못한 사람'(불곡不穀)이 후왕의 자칭이라고 적시한다.

**3.155** 나는 거듭 말하노니, 세상일 혼자 다 못한다. 고마워하라.

**3.156** 노자는 말한다. 성인聖人은 스스로 아끼지만 귀하다 여기기 않는다고.

**3.1561** 잘 날수록 스스로 귀해지면 안 된다. 자기를 아끼는 것과 귀히 여기는 것은 다르다. 스스로 아끼는 것은 남과 상관이 없는 혼자의 일이고, 스스로 귀하게 여기는 것은 남과 비교하는 여럿의 일이다. 절대고독 속에서 자기사랑은 좋은 일이지만, 상대 관계 속에서 자기 높이기는 나쁜 일인 것이다.

**3.157** 천리 길도 발밑부터. 노자의 말이다. 천리 길도 한걸음부터 가야 한다. 귀천은 없다. 오늘의 귀함도 천함부터 시작되었다. 밑바닥부터 기어 황제가 된 유방과 주원장을 보라.

**3.158** 루소여! 그대의 추종자였던 로베스피에르에 의해 기요틴에서 목이

잘리는 루이 14세와 마리 앙투아네트, 그리고 그들의 머리가 땅 위에서 선혈과 함께 굴러다니는 것을 떠올려라. 얼마 후 그대를 찬양한 로베스피에르조차 기요틴에서 머리를 잘려나가는 것도 떠올려라. 그대가 죽은 지 10년 후에 벌어진 공포다.

**3.1581** 댕강댕강 목이 잘리는 소리가 들리는 듯하구나. 학살은 인간의 고유한 행태다. 문명의 결과다. 증오와 그 증오를 이용하려는 자들에 의해 벌어지는 인종청소는 우리 문명의 박약함을 여실히 증명한다.

**3.159** 죽음을 무겁게 여겨라. 노자의 말이다.

**3.1591** 상대의 세계 속에서 삶보다는 죽음을 먼저 생각하라.

**3.1592** 삶을 무겁게 여기지 말고, 죽음을 무겁게 여겨라.

**3.1593** 내가 잘 살려고 남을 죽이지 말라.

**3.1594** 내가 많이 먹으려고 생명이 있는 것을 함부로 죽이지 말라.

**3.1595** 죽였으면 먹어라. 멸치건 굴비건 남기지 마라. 삼겹살이든 목살이든 남기지 마라. 족발이건 닭발이건 남기지 마라. 그들은 너를 위해 온몸, 아니면 가슴과 목, 아니면 발이라도 바치지 않았더냐. 너는 그들을 위해 무엇을 했더냐.

### 3.16 사람에게 귀천은 없다.

**3.161** 자연에 귀천이 없듯 사람에게도 귀천은 없다.

**3.162** 오히려 천한 사람이 귀해진다.

**3.163** 귀한 사람은 천한 길밖에는 없다.

**3.164** 스스로 천해져라. 기꺼이 천해져라. 낮은 데로 임하라.

**3.165** 천한 사람이 귀한 사람이다.

**3.166** 더러운 일을 마다하지 말라.

**3.167** 나라님의 일은 남들이 하기 싫어하는 쓰레기를 치우는 일이다.

**3.1671** 누군가가 해야 할 일이지만 하기 싫어하는 일이 쓰레기를 치우는 일이다.

**3.1672** 그래서 청소부는 공무원으로 직업을 보장받는다.

**3.1673** 좋아하는 일은 내버려 두어도 잘 된다. 나서서 한다. 그러나 사람들이 하기 싫어하는 일은 나라가 할 수밖에 없다. 나라는 그때 필요하다.

**3.1674** 누구든 해야 할 일이지만 누구도 하기 싫은 일을 나라가 해야 한다.

**3.1675** 대통령은 국가급 미화원이다. 더러운 일과 하기 싫은 일, 하긴 해야 하는데 할 수 없는 일을 나라가 맡아서 해야 한다. 나는 청소부로소이다.

**3.1676** 지도자를 뽑을 때 그가 청소부를 자임하는가를 물어야 한다. 쓰레기 치우는 일을 하겠냐는 것이다.

**3.168** 예수는 천했다.

**3.1681** 천한 자가 가장 고귀한 행동으로 존귀해졌다.

**3.1682** 자기를 죽임으로써 남들을 살렸다.

**3.169** 백범 김구도 천했다. 백범이라는 뜻이 백정범부白丁凡夫를 가리켰다.

## 3.17 자연법 제2원리: 귀천은 없다.

**3.171** 귀천은 사람의 것이다. 자연에는 강약만 있다.

**3.172** 귀천이라는 것이 인간적 관점이라서 자연에 귀천이 없다면, 사람에게 굴레 쓰인 귀천도 자연적 관점으로 조금만 나가보면 아무것도 아니다.

**3.173** 강약조차 멀리서 보면 과연 무엇이 강한지 약한지 헷갈린다.

**3.1731** 식물은 동물을 통해 씨앗을 교류하고 멀리까지 나른다. 동물이

식물을 먹지만, 식물은 동물을 부린다.

**3.1732** 바퀴벌레는 아무것도 아닌 것 같지만 인류보다 오래되었다. 진화의 나이로 따지면 바퀴벌레가 사람보다 형님이다. 라쿠카라차! 혁명하는 우리는 바퀴벌레다.

**3.1733** 강한 것이 살아남는 것이 아니라 살아남는 것이 강한 것이다. 우리는 살아남았다.

**3.174** 귀천만 없는가? 존비도 없다.

**3.175** 귀천과 존비가 없으니 사람은 평등하다.

**3.176** 노자가 말하지 않았는가. 자연은 높은 것을 덜어 낮은 것을 채워주는데, 인간은 낮은 것을 덜어 높은 것을 더 높인다고. 하늘은 남는 것을 덜어 모자란 데 보태주는데, 사람은 모자란 것을 덜어 남는 데 더 남게 한다고.

**3.1761** 한 번 귀천을 받아들이면 귀한 사람은 더욱 귀해지고 천한 사람은 더욱 천해진다. 그것이 사람이 하는 짓이다.

**3.1762** 그래서 단 한 번이라도 귀천을 받아들이면 삶이 꼬이게 되는 것이다.

**3.1763** 그래서 단 한 번이라도 차별을 받아들이면 안 되는 것이다.

**3.1764** 역사 속에서 그렇게 한 번 시작한 불평등이 오늘까지 오게 된 것이다.

**3.1765** 귀천을 단 한 번이라도 받아들이지 말라. 받아들이는 순간 우리의 인생은 노예의 길을 가게 된다.

**3.1766** 너를 천하다고 말하는 이를 그냥 두지 말라. 천하게 너를 취급하는 자를 그냥 넘기지 말라. 너는 설령 고귀하지 않을지라도 천하지는 않다.

**3.1767** 네가 가난하다고 천하다고 말하는 사람의 혀를 잘라라. 가난과 귀천은 별개의 것이다. 빈천이라는 말을 없애라. 부천富賤은 있을지라도 빈천은 없다. 가난한 자는 도둑질을 덜 했을지니.

**3.1768** 너의 고상한 지성과 남을 배려하는 덕성이 돈으로 귀함을 사는 천민 자본가들에 휘둘리지 않게 하라. 네 눈이 그들의 천한 부귀에 쏠린다면 차라리 눈을 감으라. 그것은 눈에 독毒일 뿐이다. 그들의 부에 눈독을 들이지 말라. 너의 지성과 덕성에 공을 들여라.

**3.18 자연에는 귀천이 없다. 그대도 자연이다.**

## 3.2 소유가 불평등을 만든다.

**3.21 디종 아카데미의 현상공모 주제는 '사람들 사이의 불평등의 기원은 무엇이며, 불평등은 자연법에 의해 허용되는가?'라는 것이었다.**

**3.211** 인간의 불평등은 어디서 시작했는가라는 물음은 현재의 인간은 불평등하다는 것을 전제한다. 의문이 아니라 확인이다.

**3.212** 달리 말해, 위의 주제는 불평등을 자연법으로 옹호할 수 있느냐는 질문인 것이다.

**3.213** 루소는 자유를 남에게 맡기는 자연인은 없다고 말한다.

**3.214** 루소에게 자연법에 분명히 위배되는 것은, 우리는 굶주리는데 누구는 향락 속에서 주지육림을 즐기고 있는 것이다.

**3.215** 자연 상태에서 대부분이 굶고 있는데 몇몇이 고기를 굽고 있다면 내버려 둘 리가 없다. 그래서 소수가 누리는 부의 향유는 자연법에 어긋난다는 것이다.

**3.216** 루소는 자연법에 대해서는 많이 말하지 않는다. 다만 그로티우스가 말하는 자유의 양도는 얼토당토않다고 한다. 바보가 아니라면 아무도 자신의 자유를 타인에게 넘길 사람은 없다는 것이다.

**3.217** 당시의 푸펜도르프는 이중계약을 내세워 사람들끼리 계약(수평계약)한 다음 군주와 인민이 한 번 더 계약(종속계약)한다는 식으로 논지를 흐렸다. 마치 집을 사고팔 때 먼저 계약금을 걸고 나중에 잔금 치르는 것과 비슷하지만, 어떤 안전장치가 마련되어 있더라도 자신의 자유를 팔 사람은 없다.

## 3.22 루소는 소유 때문에 인간의 불평등이 시작되었다고 말한다.

**3.221** 소유의 대표적인 것이 바로 재산이다. 재산 곧 사유재산이다.

**3.222** 원시인은 소유가 없었다. 그래서 평등했다.

**3.223** 루소는 말한다. 한 사람이 두 사람 몫을 차지할 줄 알면서부터 불평등은 시작된다.

**3.2231** 마르크스는 말한다. 한 사람이 두 사람 몫을 만들어내면서 불평등은 시작된다.

**3.2232** 생산수단이 발달하면서 돌을 주워 쓰거나 쪼개어 쓰는 것이 아니라 갈아 쓰기 시작하면서 생산이 늘어났고, 사람이 한 사람 이상의 몫을 생산해내기 시작한다. 그것이 신석기 시대 혁명이다.

**3.2233** 따라서 루소가 말하는 것처럼 한 사람이 두 사람 몫을 차지하게 되는 것이다.

**3.2234** 모든 사람이 한 사람 몫만 얻는다면 노예를 둘 까닭은 없다.

**3.2235** 노예가 자신의 몫만이 아니라 내 몫과 그 이상을 생산하기 때문에 그를 노예로 삼는 것이다. 노예가 자신의 몫만 하거나 남의 몫까지 축내면 당장 집 밖으로 쫓아낼 수밖에 없는 것이다.

**3.22351** 정말로 똑똑한 노예라면 바보 노릇을 하지 않았을까? 죽이지만 않는다면 그 노예는 자유를 얻는다. 아무도 그를 간섭하지 않는다. 넉넉한 주인이라면 밥도 먹여 주리라.

**3.2236** 따지고 보면 황당하다. 인간의 문명이 발달해서 계급이 생겼다니. 인간의 문명이 발달을 안 했으면 계급이 없었는데 말이다.

## 3.23 문명의 발달은 좋은 것인데, 계급은 나쁜 것이라는 말은 양가적이다.

**3.2301** 양가적兩價的이라는 말은 이중적 심리상태를 가리킨다.

**3.2302** 남녀 관계에서 이런 표현을 많이 쓴다. 좋으면서도 싫다. 싫으면서도 좋다.

**3.2303** 양가성이란 심리학적 복잡함이다.

**3.231** 문명의 발달로 계급이 생겼으면, 문명을 거부하든지 아니면 계급에 순응하는 것이 일관적이다.

**3.2311** 그런데 사람들은 문명은 즐기면서 불평등은 싫단다.

**3.2312** 그렇다면 불평등은 문명의 한 부분일 뿐이다.

**3.2313** 순응자: 문명의 도도한 흐름을 꺾을 수는 없다. 불평등도 어쩔 수 없다. 계급도 어쩔 수 없다. 신분도 어쩔 수 없다.

**3.2314** 거부자: 문명이 그렇다 할지라도 우리는 불평등은 고치고 넘어가야 한다. 계급을 받아들이며 살 수는 없다.

**3.232** 루소의 판단: 차라리 원시의 건강한 문화로 돌아가자. 자연으로 돌아가자.

**3.233** 루소와 엄청나게 다른 마르크스의 판단: 발전이 최고조에 이르면 혁명을 통해 불평등이 사라질 수 있다. 프롤레타리아가 자본가를 뒤집는 것이다.

**3.234** 루소와 마르크스의 첫 번째 공통점은 둘 다 순응을 거부한다는 점이다.

**3.2341** 그래서 루소는 프랑스혁명의 정신적 지주, 마르크스는 레닌의 이론적 스승인 것이다.

**3.235** 루소와 마르크스의 두 번째 공통점은 불평등은 사라질 수 있다는 것이다.

**3.2351** 루소는 소박한 삶을, 마르크스는 풍요로운 삶을 내세웠지만 둘 다 그리되면 불평등은 사라질 수 있다고 믿는다.

**3.2352** 그런데 루소는 줄여나가는 것이고, 마르크스는 늘이는 것이다.

**3.2353** 루소는 그런 점에서 노자에 빚지지만, 마르크스는 노자의 무욕無欲에는 전혀 관심이 없다. 마르크스에게는 노자의 두 번째 보물인 검儉 곧 검약儉約이나 검소儉素가 없다.

**3.2354** 이것이 마르크스의 한계다. 젊어서는 사람을 믿었다가 마침내 사람을 믿지 않은 잘못이다. 처음에는 루소를 따랐다가 나중에는 루소를 버린 잘못이다. 욕망을 줄일 수 있다고 믿은 성선의 노자를 따르지 않고, 욕망은 결코 줄일 수 없다는 성악의 스미스를 따른 잘못이다.

**3.2355** 루소의 철학은 성선을 따르고, 스미스 경제학은 성악을 말한다.

**3.236** 루소와 마르크스의 차이점은 문명의 지향을 하나는 뒤로 보고, 하나는 앞으로 보았다는 것이다.

**3.2361** 뒤로 본다는 것은 역사의 시원으로 되돌아간다는 것이고, 앞으로 본다는 것은 미래의 문명을 꿈꾼다는 것이다.

**3.2362** 뒤로 간다고 해서 정말로 뒤로 가는 것은 아니다.

**3.2363** 역사적 복고復古주의를 정말로 옛날로 돌아가자는 생각으로 받아들이면 큰 오산이다.

**3.2364** 복고주의란 대체로 혁명적인 경우가 많다. 이상의 나라가 과거에 있을 뿐이다. 이상을 실현하기 위해 과거의 현실을 미래의 현실로 만들고 싶어 하는 것이다.

**3.2365** 과거가 정말 현실로 있었는지는 아무도 모른다. 그런 점에서 과거

의 현실을 미래를 위해 창조적으로 해석하는 것이 복고주의의 기본 틀이다.

**3.2366** 요순시대로 돌아가자고 할 때 무엇이 요순시대인지 아무도 모르지 않는가. 요순은 모토이고 아젠다인 것이다. 표어나 표지로서의 요순이다.

**3.2367** 가장 성공적인 복고주의의 성공이 바로 민주주의다. 역사를 통해 부정적으로도 해석되어오던 아테네의 민주주의를 현대는 시민사회의 등장과 더불어 멋지게 부활시켰다. 죽은 자식 살려내기다.

**3.237** 루소는 아테네를 싫어했다. 대중들에게 권력을 준다는 데 치를 떨었다. 시민들이 공무를 관리하거나 법률의 집행을 직접 맡으려는 경솔한 공화국이 되어서는 안 되었다.

**3.238** 루소는 자연 상태를 갓 벗어난 아테네를 파멸시킨 결함도 바로 이런 민주주의에서 나왔다고 생각했다.

**3.2381** 아테네를 싫어하고 스파르타를 좋아한 루소는 그런 점에서 민주주의자는 아니다. 도편을 던져 사람이나 추방하고 있는, 대중과의 야합이 루소의 눈에는 보였다.

**3.2382** 루소는 로마인들이 실시한 평민투표(plebiscite)에 질색했다. 그것은 오늘날의 국민투표다. 평민들은 행정의 전문가도 아니면서, 행정관들이 갖고 있는 일반 시민으로서의 권리조차도 빼앗았기 때문이었다.

**3.2383** 그러나 그도 복고주의자였다. 아테네와 경쟁한 바로 그 스파르타를 부활시키고자 했다.

**3.2384** 아테네는 아테네를 중심으로 맺은 델로스 동맹으로 페르시아와의 전쟁에서 승리한다. 그러나 아테네의 독주에 스파르타는 반기를 들고 동조하는 도시국가들과 펠로폰네소스 동맹을 맺고 전쟁을 개시한다. 결국 27년간의 펠로폰네소스 전쟁의 승리자는 스파르타였다.

**3.23841** 아테네를 못마땅해 한 루소, 아테네의 소크라테스를 못마땅해 한 니체가 서양철학의 대표적인 반골들이다. 루소는 성악의 전통에서 생소하기 짝이 없는 성선을 기치로, 니체는 이성의 전통에서 힘의 의지인 격

정(Affekt)을 기치로 철학의 전복을 꾀한다. 그런데 루소나 니체나 모두 감정(affect)을 중시한다는 점에서 통한다. 원시의 느낌, 초인의 느낌을 고스란히 느껴보자.

**3.2385** 니체는 소크라테스를 비도덕적이라고 말한다. 그때의 도덕은 용기, 힘, 전의戰意, 투쟁, 격동이다. 스피노자의 코나투스conatus가 수동적이고 정적이라면 니체의 힘을 얻고자 하는 뜻(권력의지)은 능동적이고 동적이다. 멈춰있는 것은 의지가 아니다. 죽든 살든 뛰어나가야 의지다. 루소의 도덕적 인간도 그렇다. 철학자들처럼 방 속에서 길거리에서 사람이 죽든 말든 자기가 거기에 끼어들지 않아도 되는 논리만 생각해내는 자들에게서 도덕적 인간을 발견할 수는 없었다.

### 3.24 현대문명의 가장 큰 문제가 소유에서 나온다.

**3.241** 소유는 우리의 문명의 양식을 송두리째 바꿔버렸다.

**3.242** 가진 바가 곧 내가 되었다.

**3.243** 자본주의사회에서는 돈이 없으면 나도 없다.

**3.244** 로크는 그것을 재산 또는 재산권이라 말했다. 그것이 인권의 배경, 정확히는 인간 권리의 초석이다. 뭔가 가질 수 있어야 사람처럼 살 수 있다는 말이다. 아무것도 가질 수 없다면 사람이 사람 노릇을 할 수 없다.

**3.2441** 로크가 말하는 인권과 이 시대가 말하는 인권은 거리가 있다. 이 시대에 재산권은 너무도 당연하기 때문에, 경제적인 것 외의 다른 것에 인권이라는 말을 자주 쓴다. 그러나 로크의 논리처럼, 재산권 없이는 인권도 없다.

**3.2442** 나의 것이 무엇이냐가 늘 문제지만, 나의 것이 있어야 먹고 살기 때문이다.

**3.245** 루소가 정면으로 반대하는 것이 바로 로크의 재산 또는 재산권이다. 사유재산의 탄생이 불평등의 원인이기 때문이다.

**3.246** 루소가 말하는 자연 상태에서는 나의 것이라고 할 것이 분명하지 않았다.

**3.2461** 내가 어릴 때는 친족들이 이집 저집 다니면서 어울리고 먹고 마시는 것을 당연하게 생각했다. 내 것 네 것이 혈족들끼리는 없었던 것이다. 없는 살림에 가져갈 것도 없었다. 아니면 손님이라고 아이들 먹을 것도 없으면서도 밥상에 내놓아야 했다. 그래서 나에게 어른들이 내놓은 철칙이 바로 밥을 반만 먹으라는 것이었다. 반을 남겨야 그 집 식구들이 먹을 수 있었다. 그러면 어른들은 밥에 물을 확 부어버려 다 먹지 않을 수 없게 만들어놓았다. 남기는 것은 예절이고, 밥에 물을 말아주는 것은 대접이었다.

**3.2462** 원시 부족들이 선물을 주고받는 여러 방식 속에서 인간의 증여의 양식이 단순하지 않고 여전히 복합적임을 찾아낸 모스의 『증여론』처럼, 지금 보면 야만적일 수밖에 없는 형태였지만 우리의 인간관계는 서구사회 못지않게 복잡했다. 증여론의 증명처럼, 우리는 남에게 베풂으로써 권위를 내세울 수 있었다. 그러나 오늘날은 주지 않으면서 가진 것을 보여줌으로써 자신의 권력을 자랑하니 정말로 위태롭기 짝이 없다. 모스가 말하는 것처럼, 사회보장제는 국가가 국민에게 베풀어주는 선물이며 그 선물로 우리는 국가의 권위를 인정하게 되는 것이다.

**3.2463** 우리의 자본가들은 과연 우리에게 인심을 쓰는가? 국민들에게 그들이 후하게 보이는가? 잔치를 베풀어 자기의 존재를 과시하거나, 굿판을 벌여 자기의 과오를 씻어버리고 있는가? 온 국민에게 떡을 돌린 적이 있는가?

**3.247** 프랑크푸르트학파의 대중적 철학자였던 프롬이 물은 것도 바로 소유와 존재의 문제였다. 그의 『소유냐, 존재냐』는 소유를 위해서 살 것인지 존재를 위해 살 것인지를 묻는다. 많이 가지면 뭐하나 제대로 사는 것이 중

요하지. 돈을 위해 사나, 살기 위해 돈 벌지.

**3.248** 법정의 『무소유』가 국민적 관심을 불러일으킨 것도 바로 그것이다. 가질수록 불편하고 버릴수록 편하다.

### 3.25 소유가 소유를 낳는다.

**3.251** 따라서 루소는 소박을 말한다. 소박하여 원시 상태의 건강함을 되찾으라고 권유한다. 그러나 그것이 소유를 줄이라는 것인지는 분명하지 않다.

**3.252** 루소는 경제적으로 평탄하지 않았으며 어디에도 오랫동안 정착하지 못했다. 스스로는 소유하지 않았던 것이다. 그러나 귀족의 후원이 없으면 그도 살 수 없었다.

**3.253** 루소는 심지어 테레즈와 만난 지 23년 만에야 다섯 아이를 모두 보육원에 보낸 채 결혼할 정도로 아무것도 지니고 있지 않았다. 그렇다고 그가 스님처럼 독신 출가를 한 것도 아니었다.

**3.254** 마르크스는 소유를 부정하면서도 욕심은 긍정한다.

**3.2541** 욕심을 긍정하면서 소유를 부정한다는 것은 소유가 욕심의 결과라는 점에서 모순적이다.

**3.2542** 사유재산이 계급의 원인이니까 사유재산을 없애서 평등을 실현하겠다는 것이 마르크스의 입장이다.

**3.2543** 그런데 마르크스에게 사유재산이 없어지는 것은 정치적인 강제에 의한 것이지 자발적인 줄임이나 버림으로 이루어지는 것이 아니다.

**3.2544** 그 논리는 사유재산은 모든 사람이 갖고 싶어 하지만 국가가 갖지 못하도록 강제한다는 것이다.

**3.2545** 달리 말하면, 인간은 사유재산으로 사람을 부리고 싶어 하는 악

한 성품을 갖고 태어났다는 말이 된다.

**3.2546** 마르크스주의의 가장 큰 문제는, 따라서 그 악한 욕심을 충족시켜주자는 데 있다.

**3.2547** 사유재산이 주인과 노예가 생기는 까닭인데, 개개인이 사유재산을 갖지 않게 하면서 개개인의 재산에 대한 욕망을 채워주면 계급과 불평등이 사라질까? 아니다.

**3.2548** 마르크스주의가 빠뜨린 욕망론이다.

**3.255** 욕심은 끝이 없다.

**3.2551** 누구도 긍정하지만 아무도 증명하지 않은 명제다.

**3.2552** 누구도 긍정하지만 아무도 증명하지 않은 명제야말로 수학적이라서 선험적이지 않고, 역사적이라서 경험적인 항진 명제(tautology) 아닐까. 계속된 반복으로 그것이 옳다는 것을 모든 인간이 몸소 증명해온 후천적 진리가 아닐까.

**3.2553** 이것을 가지면 저것도 갖고 싶지 않은가. 아예 갖지 않으면 괜찮은데 말이다. 차가 없으면 괜찮은데, 있으면 더 좋은 차를 갖고 싶지 않은가. 편한 가구가 없을 땐 괜찮은데 의자가 생기면 책상이, 책상이 생기면 발 받침대가, 발 받침대가 생기면 안마기가 갖고 싶지 않은가. 그래서 물건은 늘어나고 공간은 좁아지지 않는가.

**3.2554** 그리하여 깨닫는다. 갖는다는 것은 끝이 없구나, 차라리 버려야 하겠구나.

**3.2555** 명예욕은 더 그렇다. 시의원 하면 도의원 하고 싶고, 도의원 하면 국회의원 하고 싶다.

**3.2556** 과연 내가 정말로 필요한 것은 무엇인가를 묻게 된다. 그리고는 불필요하지는 않지만 지나치고 넘치는 것을 자르게 된다. 그것이 바로 줄임이다.

**3.256** 노자는 말한다. 줄이고 아끼라고.

**3.2561** 노자는 줄임(검儉)을 자신의 보물 가운데 두 번째라고 말한다. 검소와 검약 그리고 절검節儉의 검이다. 그런데 율곡 이이가 노자를 해석하면서 꽂힌 한 글자가 바로 아낌(색嗇)이라는 말이었다. 오늘날 나쁘게 쓰이는 인색吝嗇의 색이다.

**3.2562** 노자가 참으로 잘 익은 말을 쏟아내니 율곡은 그의 해석서 이름을 『순언醇言』으로 붙였다. 술이 참 순醇하구나.

**3.2563** 줄임은 나라뿐만 아니라 환경단체에서 강조해서 나름대로 윤리적 덕목으로 들어온다. 절약을 통해 살림을 넉넉하게 하고 환경을 보호하자는 것이다. 이를테면 일회용품을 줄이자는 것이다.

**3.2564** 아낌은 이렇게 말하면 좋은 뜻이 쏙 들어온다. 생활만 줄이는 것이 아니라 너의 정신도 아껴라. 아낌은 마음 씀씀이도 줄이는 것이다. 오늘날로 표현한다면 몸단속이나 마음 단속의 속束 자와 통하는데 속이 동여맨다는 뜻이기 때문에 색과는 그 행동 주체가 다를 수 있어 주의를 요한다. 남이 동여매는 것이 아니라 내가 아끼는 것이다.

**3.2565** 노자는 말한다. 사람을 다스리고 하늘을 섬기는 데 아낌 만한 것이 없다고. 아낌은 이렇게 나의 인간과 자연에 대한 태도인 것이다. 함부로 마음 쓰지 말고, 함부로 퍼주지 말고, 함부로 나대지 말라.

**3.257** 루소는 소박하라고 말했지만, 소박은 루소 이전에도 이후에도 서양철학사에 과히 좋은 말이 아니다. 후설이 말하듯, 현상을 제대로 못 보고 그 겉옷만 보는 것이 바로 소박한 것이다. 그런 점에서 루소의 기획은 실패한다.

**3.2571** 게다가 루소의 소박은 생활의 소박이지 정신의 소박까지 못 나간다. 정신이 소박하면 생활도 소박해지듯이, 생활을 소박하게 하면 정신도 소박해진다. 그러나 그 소박이 무욕까지 가려면 그 길은 멀다. 소박이 욕망의 절제, 감정의 절제, 물욕의 절제에까지 이르기 위해서는 많은 줄임이 필요하다. 루소에게 없는 것이 바로 그런 소박이다.

**3.2572** 루소는 찾아오는 사람을 귀찮아하기는 했고 홀로 산책을 즐길 수 있는 정원 생활을 좋아하기는 했지만, 그렇다고 해서 줄임과 아낌의 철학을 내세우지는 않았다.

**3.2573** 루소는 스파르타를 이상적으로 생각했고 스파르타 군인들의 공동식사가 바로 줄이고 아끼는 것임을 떠올릴 수 있었겠지만, 그렇다고 해서 사회주의처럼 식량의 배급을 전면적으로 내세우지는 않았다.

**3.2574** 루소가 말하는 소박이란, 목마르면 시냇물을 떠 마시고, 배고프면 나무 열매를 따먹고, 졸리면 그 밑에서 잠을 자는 낭만적 묘사에 지나지 않는다.

**3.25741** 물도 안 나오는 산속에 있는 내가 골짜기의 물에서는 흙을 가라앉혀 맑은 물을 얻고, 뱀을 겁내면서 두릅과 산딸기를 따고, 밤낮을 가리지 않고 몰려드는 벌레에 잠 못 이룬다는 것을 루소는 알까?

**3.25742** 물을 얻기 위해서는 석유화합물인 양동이나 호스가 필요하고, 뱀에게 물리지 않기 위해서는 고무장화가 필요하며, 모기와 나방을 피하기 위해서는 살충제가 필요한 것을 소박하지 않다고 루소는 야단칠까?

**3.25743** 흐린 물을 먹고, 맨발로 다니고, 벌레에 물리는 것이 루소가 말하는 자연인(homme de la nature)인가?

**3.25744** 태초의 자연인은 추위와 배고픔에 떨어야 했다.

**3.2575** 루소에게는 신교도적인 절제는 있을지라도 스토아적인 금욕은 강조되지 않는다.

**3.2576** 공산주의가 말하는 필요만큼 가져가라는 이야기 속에서 아무도 어디까지가 필요인지는 가르쳐주지 않는다. 사람에 따라 필요의 욕구는 천차만별이다. 생존을 지탱하는 것이 필요라고 해도, 쌀밥을 먹을 것인지 보리밥을 먹을 것인지, 돼지고기를 먹을 것인지 소고기를 먹을 것인지에 따라 필요는 달라진다. 풀이라도 상추를 날로 먹을 것인지 아스파라거스를 구워 먹을 것인지에 따라 비용도 달라진다.

**3.2577** 바라는 것, 언제나 대주면 돼. 이것이 공산주의이고 그들이 말하는 생산력의 극대화다. 가능하면서도 가능하지 않은 말이다.

**3.25771** 가능성도 나는 보았다. 휴지는 화장실에서 절대적으로 필요하다. 그런데 화장지를 늘 제공하면 아무도 휴지를 공연히 가져가지 않는다. 미군부대에서 처음 본 휴지의 범람에 나는 놀랐다. 제한된 공간은 물론, 어디서나 비치되어 있으면 휴지에 욕심낼 사람은 없다.

**3.25772** 불가능함도 나는 보았다. 길거리에 방치되는 공용자전거, 무료주차장에 붙박이로 자리 잡는 가게와 천막, 사람이나 차 다니라고 만들어놓은 길에 주차하는 사람들을 통해 우리의 이기심이 한정 없음을 느낀다. 모자라서 그러는 것이 아니라 남아돌아도 편하고 이익이 되기 때문에 그런다는 말이다.

**3.258** 마르크스가 인간의 욕심을 그대로 받아들이는 것은 성악의 태도다.

**3.2581** 마르크스도, 특히 젊은 마르크스는 인간의 본성을 믿고 혁명의 완수를 꿈꿨다. 이것은 성선의 태도다. 선한 본성으로 건설되는 선한 사회!

**3.2582** 그러나 선한 사회의 조건으로 물질의 풍요를 넘어 범람을 내세우는 것은 사람의 무한한 욕망을 받아들였기 때문이다. 욕심 많은 사람이 만드는 착한 사회란 어불성설이다.

**3.2583** 노자의 이상은 욕심이 있지만 욕심을 줄인 사람들이 만드는 좋은 사회였다. 말이 되지 않는가. 착한 사람들이 모인 착한 무리!

**3.2584** 마르크스가 자본주의의 발달에 기대어 이루고자 했던 공산주의의 이상은 이렇게 시작부터 삐꺽거릴 수밖에 없었다.

**3.2585** 악한 사람이 모여 선한 무리를 만드는 데에는 반드시 제도적 장치가 개입되어야 했고(ㄹ'. B→X→Gs), 완벽함을 이상으로 삼지만 결코 완전해질 수 없는 것이 곧 제도인 것이다

**3.2586** 제도는 말이지만 그것을 해석하고 행동하는 것은 사람이기 때문

에, 그 간극은 어쩔 수 없이 벌어진다.

**3.2587** 마르크스의 인간과 사회는 결국 성선의 인간이 지향하는 성악의 사회가 되고 말았다. 성악의 결과는 욕망의 극대화일 수밖에 없다.

**3.259** 나는 욕망을 부정하는 것이 아니다. 유한한 인간이 유한한 욕망을 갖는 것은 당연하다. 마찬가지로, 유한한 인간이 무한한 욕망을 갖는 것은 당연하지 않다.

**3.2591** 유한한 인간이 유한한 욕망을 갖는 것은 자연스럽지만, 유한한 인간이 무한한 욕망을 갖는 것은 자연스럽지 않다. 노자의 자연스러움으로 풀면 이렇게 되는 것이다.

**3.2592** 유한한 인간이 무한한 욕심을 논증할 수 없는 까닭도 이제 슬며시 이해되지 않는가.

**3.2593** 노자가 끊임없이 무 내지 무한으로 가려는 까닭을 알겠는가. 자신을 무로 이끌거나 무화시켜, 유한에서 머물 수밖에 없는 한계를 극복하려는 것이다. 유한한 내가 욕심을 극대화시킬 수 없는 바에야 유한한 내가 욕심을 무화시켜 무에서 머물고자 하는 것이다. 나의 무욕無欲으로 남에게 무위無爲하고, 남에게 무위하여 문명의 명예욕에서 벗어난다. 무명無名의 세계로 입문하는 길이 바로 명예욕에서 벗어나는 것이다. 사람은 이름이 없으면 싸울 일도 없다.

**3.25931** 현대어의 조어에서는 없지만, 나는 명예욕보다는 차라리 명욕名慾이라고 쓰는 것이 더 낫다고 생각한다. 문명의 결과가 이름이다. 탈문명의 방법이 이름 벗기다.

**3.25932** 이름만 없다면 현대문명에서 사람들이 사는 것은 어처구니없게도 엇비슷하다. 세끼 밥을 먹고, 예닐곱 시간 잔다. 하다못해 도시인은 중고차를 몰아서 그렇지 그냥저냥 자기차가 있거나 빌릴 수 있고, 농촌에서는 저녁시간에 전기장판을 틀어놓고 텔레비전에 매달려 산다.

**3.26 노동이 권리가 되는 사회에서 우리는 이름을 벗고 삶 그 자체로 돌아가야 한다.**

**3.261** 현대사회에서 노동은 이제 권리가 되었다. 노동을 하고 싶어도 시장이 허락을 하지 않는다.

**3.262** 인간의 노동은 필연적으로 인공지능(A.I.)에 의해 대체된다. 여기서 필연성이란 인간이 현대문명까지 보여주었던 행태를 기준으로 볼 때 그렇다는 말이다(수학적이거나 논리적인 필연성이 아니다. 여기서 말하는 필연성은 십중팔구十中八九를 뜻하는 개연성蓋然性에 불과하다). 소유가 불평등을 낳았음에도, 사유재산이 계급을 낳았음에도 마르크스의 혁명론이 나오기 전까지는, 고대 그리스 아테네의 민주정치를 부활시키기 전까지는 우리는 문명과 타협하였다. 우리는 여전히 왕정을 문화적인 자존심으로 받아들이고 자본가들이 만들어놓은 질서에 한몫 끼고자 하는 오늘을 살고 있다.

**3.263** 인간의 본성이 악해서가 아니라 오히려 인간의 평등을 완성시키기 위해서, 우리는 인터넷망을 연결시키고 자료를 교환하고 집조차 공유한다. 물리적 폭력을 스마트폰으로 공개하고 권력의 비밀을 웹에 올려, 법적 처벌이 가능하게 하거나 저항의 연대를 조직한다.

**3.264** 초연결사회가 결국은 인공지능에 의한 인간 노동의 대체를 야기할지라도 우리는 평등하고자 하는 희망을 포기할 수는 없는 것이다.

**3.265** 그런 점에서 문명의 발달은 우리에게 평등함을 주는 대신 무노동, 무직업, 무임금의 삶을 가져다줄 가능성이 매우 높다.

**3.266** 이런 상황에서 기본소득론은 다시 설득력을 얻는다. 기본소득이 작은 나라에서 실현이 가능하다는 주장을 넘어, 인공지능 시대에 벌어지는 무노동, 무직업, 무임금의 삶에 필수적으로 요청되는 것이다.

**3.2661** 기본소득의 실현이 가능한 '작은 나라'는 '자치'라는 이념으로 대체된다. 작은 나라에서 실현이 가능한 기본소득의 이상이 작은 지방자치단

위를 시작으로 운영되어야 하는 것이다.

**3.2662** 사람을 먹고살게는 해줘야 할 것 아닌가. 산업이 몇몇 기업에 집중되고 있는 마당에 일 없고 벌이도 없는 사람들에 대한 배려는 해줘야 할 것 아닌가. 소수가 다수를 먹여 살릴 수밖에 없는 상황에서 소수에 모이고 있는 돈을 국가권력이 사람들에게 나눠주어야 하는 것이다. 기본소득론의 이론적 근거가 여기에 있다.

**3.26621** 이른바 4차 산업사회라는 것은 별 근거가 없는 유행어다. 1차 산업혁명이 증기기관이나 방적기와 같은 거대한 동력을 쓰는 자동화 기계의 발명으로 이루어지고, 2차 산업혁명은 전기의 발명으로 에너지의 전달을 자유롭게 만들어 주었고, 3차 산업혁명은 전기를 바탕으로 디지털 정보교환이 가능한 인터넷 시대를 열었다. 그런데 4차 산업사회는 사실상 혁명적인 발명은 없고 그 모두를 모았을 뿐이기 때문이다. 초연결사회라는 표현이 나아 보인다. 1차 산업혁명에는 증기기관, 2차 산업혁명에는 전기, 3차 산업혁명에는 디지털이라는 분명한 증거물이 있다. 그러나 4차 산업혁명은 디지털 인터넷의 극적인 고도화라는 결과물만 있을 뿐이다. 물리적으로는 우리는 기본적으로 유선의 전기사회(전기가 꺼지면 인터넷도 꺼지니까)에 살고 있으며, 비물리적으로는 우리는 지금에서야 무선의 디지털사회(정보를 교환하는 방식이 0, 1이니까)에 들어서고 있는 것이다. 그러나 초연결사회는 컴퓨터의 용량이 대규모화하면서 세상의 온갖 정보를 모을 수 있게 되었고 마침내는 '스스로 생각하지 않는다고 아무리 우겨도 아무래도 스스로 생각하는 것 같은' 인공지능을 탄생시켰다. 빅 데이터에 기반한 사물인터넷(IoT)이 걸음마 상태의 인공지능이지만 그것은 알파고처럼 인간의 지능을 넘어서고 있는 것이다.

**3.26622** 디지털이 아니었으면 이런 변화는 불가능했을 것이다. 양자컴퓨터의 발명으로 더 큰 용량의 계산이 가능할지는 몰라도 정보교환 방식을 1과 0 단 둘로 해치우는 디지털의 마력이야말로 문명사적 변환을 가져다주었다. 주머니 속의 도서관과 박물관 그리고 변호사까지 가능하게 해 준 것이

다름 아닌 디지털이다.

**3.26623** 인터넷을 뒤지다 보면 '나는 로봇이 아닙니다'라는 것을 로봇이 알아보지 못하게 인증하라는 문구를 만나게 된다. 장난기가 있는 접근 인증이라고 생각하기 쉬운데, 그것은 인공지능이 우리의 지성에 접근하는 것을 방지하기 위한 디지털 민중의 발악이다.

**3.2663** 중국은 인공지능에 국가의 사활을 걸고 있다. 미국을 뛰어넘을 수 있는 유일한 방법으로 인공지능을 선택했다. 중국에서 인공지능의 좋고 나쁨을 따지는 것은 해당害黨 행위다. 그래서 장밋빛 청사진만 난무한다. 붉은 파랑이 춤을 춘다.

**3.2664** 결국 우리는 인공지능에 인류의 운명을 맡길 것이다. 그런데 인공지능이 가져다주는 미래는 과거의 문명과는 다르다. 과거의 문명은 1, 2, 3, 4급 정도의 계급이 있고 비율이 10, 20, 30, 40퍼센트의 인구비율로 되어있었다면, 미래의 문명은 1, 2급의 계급이 있고 비율은 1 대 99퍼센트, 아니, 하나 대 수백만의 인구비율로 될 것이다. 따라서 계급을 못 느끼게 될지도 모르지만, 결국은 지배와 피지배라는 형식은 변하지 않는 것이다.

**3.2665** 마르크스가 바라던 풍요로운 물질 사회는 제3세계를 제외하고는 이루어졌을지도 모른다. 그러나 그가 바라던 평등은 빅브라더 아래의 평등이 되고 말았다.

**3.2666** 마르크스가 차라리 풍요를 부정했고 스토아적인 금욕을 말했다면 더 좋은 평등사회가 이루어졌을 것이다.

**3.2667** 마르크스가 스미스가 전제한 성악을 부정했다면 그의 경제철학은 나의 욕심을 위한 자본주의만 횡행하지 않고 남을 위해 절제하는 공산사회가 현실화되는 기초를 마련해주었을지 모른다.

**3.2668** 서양철학에 성선과 성악의 구별이 없고 그것이 주제화되지 않았다고는 하지만, 마르크스가 성선의 인간학을 기초로 성악의 경제학을 세운 것은 확실한 실수였다. 성선의 인간학이라는 철학적 선언을 뒤로한 채 홀로

남은 성악의 경제학은 결국 정치적 당성으로 빠지고 말았다. 그것은 프롤레타리아라고 불리는 선한 사람들의 악한 독재였다.

**3.2669** 선한 사람이 악한 사회를 만드는 것을 설명하기는 정말 힘들다(ㄷ. G→Bs). 니부어의 도덕적 인간이란 악함을 버리고 선함을 선택하는 사람이라는 뜻이지 사람이 본성적으로 선하다는 말은 아니다. 니부어는 마르크스의 계급론에는 동조했지만 그의 결론에는 찬성하지 않았다.

**3.27 서양에는 성선과 성악의 구분이 없어 루소의 사상사적 지위가 명확하게 드러나지 않는다.**

**3.271** 사람은 눈앞의 이익 앞에서 눈에 쌍심지를 켜지만, 나보다 배고픈 사람 앞에서 마음 편하게 밥을 먹을 사람은 없다. 그렇게 사람의 본성을 바라보자는 것이 성선설이다.

**3.272** 죄는 미워하더라도 사람을 미워하지 말라는 것이 성선의 요강이다. 이 말은 우리나라가 성선의 문화를 받아들이고 있음을 보여준다.

**3.273** 어렵더라도 욕망의 충족보다는 오히려 욕망의 줄임이 우리를 더욱 잘 살게 해 줄 것이라는 것이 노자의 권고다.

**3.274** 욕구가 충족되어야 한다고 욕망까지 충족되어야 하는 것은 아니다.

**3.275** 우리는 지나친 욕망을 욕심이라고 부른다.

3.3 자본주의는 평등에서 출발한다.

3.31 나는 자본주의를 무서워한다. 나는 돈이 마음을 이기는 것을 걱정하기 때문이다.

3.32 술이 자본주의를 돌아가게 한다는 마르크스주의자의 주장에 대하여: 만일 자본주의를 넘어설 수만 있다면 나는 기꺼이 술을 끊겠다.

3.33 자본주의가 평등의 기반을 마련해준다면 나는 기꺼이 자본주의자가 되겠다.

3.34 자본주의의 핵심가치가 자유라고 하지만 나는 평등을 말하겠다.

**3.341** 기회의 평등이 자본주의의 출발점이다. 그러나 결코 결과의 평등을 받아들이지 않는 것이 또한 자본주의다. 그래서 무섭다.

**3.3411** 포커poker 판에서의 싹쓸이가 자본주의다. 한 푼의 개평도 없다.

**3.3412** 그런데도 우리는 포커 판에 뛰어든다. 왜? 그것이 아무리 무서워도 기회는 같기 때문이다. 오늘 밤 나도 한판 거머쥘 수 있다.

**3.3413** 그런 점에서 오늘날의 자본주의는 포커 판 자본주의다.

**3.3414** 누군가가 속이지 않는다면, 누군가가 짝을 먹고 있지 않다면, 누군가가 끼어드는 것을 막지 않는다면 해 볼만 하다.

**3.3415** 그런데 우리의 자본주의는 속이고, 짝을 먹고, 끼어들지 못하게 하는 데 문제가 있다. 훼방 놓는 자본주의다.

**3.3416** 법률로 속이고, 정치와 결탁하고, 둘레를 친다. 공정한 게임으로 돈을 버는 것이 아니라 카드에 엉뚱한 규칙을 만들고, 혼자 하지 않고 둘이 짜고 게임을 하고, 판돈을 핑계로 아무나 못 들어오게 해서 돈을 번다.

**3.3417** 세계적인 도박장에 가보라. 칩 하나에 수백만, 수천만 원씩 하더라도 칩을 가진 사람을 못 들어오게 하지는 않는다. 드레스코드는 있을지언정 사람에 대한 진입장벽은 없다.

**3.3418** 이런 포커 판은 자유를 원리로 운영되는가, 평등을 원리로 운영되는가? 자본주의라고 어렵게 생각하지 말고, 우리의 문제로 단순화시킬 필요가 있다.

**3.35 포커 판이 벌어진다. 우리는 말한다. 자유롭게 끼어드세요. 여기서 포커 판은 자유경쟁을 상징한다.**

**3.351** 포커 판 신사 A1: 나도 끼어듭시다. 자유 아닙니까?

**3.3511** 포커 판의 자유를 말하는 것 같지만 이때의 자유는 철저히 끼어들거나 말거나 스스로 결정할 자유가 있다는 것으로 사회적으로는 곧 기회의 평등이다.

**3.3512** 판 밖의 사람은 기회의 평등을 주장하고 있다.

**3.352** 포커 판 신사 A2: 마음대로 하쇼. 자유요.

**3.3521** 기회의 평등을 받아들이고 있다.

**3.3522** 기회의 평등에 대한 긍정인데, 그는 지금 자리에 있는 사람에게 동의를 구할 수도 있었다. 나는 좋은데 여러분은 어떤지? 이것이 민주적 절차다. 새로운 사람이 오면 물이 흐려질 수 있지만, 뭉칫돈도 들어올 수 있다.

**2.353** 포커 판 신사 A3: 물이 왜 이래. 난 나가겠소. 자유요.

**3.3531** 새롭게 들어올 수 있다면 나갈 수도 있다고 생각한다. 네가 들어올 자유가 있다면, 나는 나갈 자유가 있다. 그런데 이것은 자유의 평등이다.

**3.3532** 자유를 말하면서도 그 자유의 무한정함을 말하지 않는다. 자유가 평등하게 실현될 것을 주장한다. 그는 판을 접자고는 말하지 않았다. 판을 접자고 동의를 구할 수도 있지만, 그것은 일어서고 싶은 사람은 일어서면 된다. 그의 마음대로 판을 깰 수도 없다.

**3.354** 포커 판 신사 A4: 나가든 말든. 돈을 땄나보오. 자유롭게 하시오.

**3.3541** 포커 판에서는 늘 계산이 맞지 않는다. 잃은 돈은 100원인데, 사람들이 딴 돈을 아무리 모아도 100원이 되지 않는다. 술 나르는 종업원에게 팁을 아무리 많이 주었다 하더라도 이렇게 모자랄 수는 없다. 그러나 누가 돈을 땄는지는 다 안다. 딴 사람이 일어서도 할 말은 없다. 그의 자유다. 내가 그의 자유를 보장하는 것처럼, 나도 일어설 자유를 보장받는다. 이것도 자유의 평등이다.

**3.3542** 개인적 자유가 사회적 자유로 넓혀졌다. 자유는 철저히 개인주의적인 가치다. 네가 나에게 뭐라고 할 수 없다는 것이다. 나를 독립된 단위로 보고 나에게 의사결정권을 달라는 것이다. 그런데 사회적 자유란 개인적 자유의 집합이기는 하지만 그것을 실제적으로 찾기는 너무 어렵다. 자유라는 것 자체가 독립되어 있어 그 자유의 내용이 각자 너무 다르기 때문이다. 사회적 자유란 실상 합의의 다른 말에 불과하다. 그것은 의견의 일치(consensus)

이며 나아가 만장일치(one consent; general consent; common consent)일 뿐이다. 그리고 그것의 방식은 바로 투표다. 투표에 의해 결정된 사항은 개개인에게 평등하게 실현된다. 자유롭게 결정되었지만, 결정사항은 평등하게 적용된다.

**3.36 평등의 언어로 바꿔본 포커 판이다. 개인에게는 자유지만, 그 자유는 사회화되면서 평등의 언어로 바뀐다.**

**3.361** 포커 판 신사 B1: 나도 끼어듭시다. 기회는 평등한 거 아닙니까?

**3.3611** 자유는 곧 기회의 평등이라는 이야기다. 본인이 전 재산을 날릴 수도, 차를 한 대 뽑을 수도 있다. 따라서 포커 판에 끼어드는 것은 자유지만, 기존의 게이머들과 같은 권리를 달라는 점에서 평등을 요구하고 있다.

**3.3612** 거절되었을 때의 나오는 말을 생각하면 된다. 왜 안 된다고 하시오? 누구에게나 열려있는 것 아닙니까? 이렇게 평등을 말한다.

**3.362** 포커 판 신사 B2: 마음대로 하쇼. 기회는 평등하니까.

**3.3621** 이미 상대방에 익숙해졌는데 또 다른 사람이 들어온다는 것이 걱정스럽다. 그러나 그가 들어와서 내가 돈을 더 딸지 잃을지는 아무도 모른다.

**3.3622** 새로 들어오는 사람이 호구인지 아니면 꾼인지 모른다. 그렇다고 해서 그가 누군지 모르는 한, 막을 논리는 없다. 그래서 평등이다.

**2.363** 포커 판 신사 B3: 물이 왜 이래. 난 나가겠소. 여러분이 언제나 그만둘 수 있는 것처럼 나도 나갈 수 있소. 모두에게 주어진 평등한 기회요.

**3.3631** 다른 사람이 들어온다는 것을 빌미로 기존의 게이머가 나가려고 한다. 돈을 땄을 것이라고 추측은 된다. 그러나 그를 잡을 방도는 없다. 누구나 돈을 딸 수 있었다. 기회는 평등하게 주어졌다.

**3.3632** 평등한 기회가 주어졌으면 자신의 행위에 대해 이래라저래라 할

수 없다. 무엇인가 평등하지 않을 때 사달이 난다.

**3.364** 포커 판 신사 B4: 나가든 말든. 돈을 땄나 보오. 포커 판은 평등한 것이니까.

**3.3641** 이때 말하는 평등은 공평에 가깝다. 룰이 누구에게나 공평하게 적용된다는 것이다.

**3.3642** 포커 판이 불평등하다면 룰이 한정적이거나 편파적일 때다.

**3.365** 놀랍게도, 자유는 이렇게 기회의 평등으로 읽힌다.

**3.3651** 그래서 자유의 나라(free country)를 입에 달고 다니는 미국인들이 강조하는 것이 바로 E.O.(Equal Opportunity)다.

**3.3652** 미국은 이제 E.O.를 넘어 A.A.(Affirmative action)를 말한다. 기회는 균등하게 주어졌지만 결과적으로 기회를 균등하게 누리지 못하는 사람에 대한 적극적인 조치다.

**3.3653** 평등한 기회를 누리지 못하는 사람들에게 적극적으로 평등한 기회를 갖도록 도와주자는 것이다. 기회가 공평하다고 떠들지만 말고 공평한 기회를 진정으로 갖도록 해줘야 한다.

**3.3654** A.A.의 공헌은 정말로 컸다. 대학입시에서조차 백인이 아닌 다른 출신에게 할당을 해주었다. 우리가 외국인은 특별전형으로 뽑듯 인종별로 혜택을 주었다. 그렇게 하는 것이 그들에게는 기회의 균등이라고 미국 사회는 인정한 것이다. 그래서 그들에게 명문대는 있어도 학벌이라는 말은 없는 것이다.

**3.36541** 2007년 미시간대에서 아시안의 비율이 너무 많아 그들에게 주어진 할당을 폐지한다고 하여 논쟁이 벌어졌다. 우리식으로 말하면 역차별이라는 논리였다.

**3.36542** 2007년 하버드대에서는 소득 수준에 따라 등록금을 다르게 받겠다고 선언했다. 당시 기준은 5만 불 이상과 이하였다. 이제 하버드는 소득에 따라 등록금을 여러 단계로 나누었고, 이를 자랑한다. 하버드는 돈 많은

백인이나 유대인들이 가는 곳이 아니라 모두를 대표하는 대학이라는 자랑이다. 그래서 노숙자의 딸이 하버드에 갈 수 있는 것이다.

**3.36543** 어렵게 생각하지 말자. 서울대는 이미 법인화되어 국립대학의 등록금과는 다르게 운영된다. 서울대 교수와 직원은 더 이상 국가공무원이 아니다. 현재의 서울대는 나라의 지원을 받으면서도 등록금은 재량껏 받는 이상한 체제인 것이다. 서울대는 소득 수준에 따라 등록금을 받겠다는 선언을 왜 못하는가? 이미 돈 많은 자녀가 서울대에 가는 세태에서 의사나 변호사의 등록금으로 가난한 영재를 교육시키겠다는 주장을 왜 못하는가? 서울대는 그런 점에서 하버드대가 실현하고 있는 교육평등의 이념에는 발밑에도 미치지 못한다. 다들 과외로 돈을 벌어 괜찮다고? 그 시간에 공부를 하게 한다는 생각은 왜 못하는가. 국립대학의 많은 학생들이 돈 때문에 국립대학에 온 것을 모르는가. 국가장학금은 성적과 관계없이 소득분위로 나누어주는 것은 그들에게 면학의 환경을 기본적으로 마련해 주고자 함이다.

**3.36544** 미국은 주립대의 경우, 학과마다의 교수의 인종 출신 비율을 공시한다. 그러니까 코카시안, 아시안, 히스패닉, 아프리칸 아메리칸 이런 식이다. 주립대의 건강성을 인종별 다양함으로 유지하고자 함이다.

**3.36545** 그런 점에서 나는 미국이 우리나라보다 훨씬 평등을 앞세우고 있다고 생각한다. 의료보험에서는 우리에 훨씬 미치지 못하지만.

**3.36546** 많은 사람이 말하듯 미국의 등록금이 그들의 말처럼 매우 비싸다는 것도 거짓말이다. 하버드대 같은 차등 등록금을 제외하고라도 주립대의 경우 그 주에서 1~3년 거주를 하면 등록금이 반값으로 책정된다. 그래서 미국 학생들은 대학 입학 후 바로 주소지를 옮기고 1년 후부터는 해택을 받는 경우가 많다. 유학생이나 그런 혜택이 없는 것인데 그것을 일반화시켜 말하는 것은 미국의 교육제도에 대한 고의적인 왜곡이다. 돈이 없는 사람은 C.C.(Community College)에서 인정되는 학점을 얻어 주립대학에 편입하면 된다. 취직해서 돈 벌어놓고 그 돈으로 대학을 졸업하는 것이다. 그래서 내가

있던 주립대의 경우, 학력 차이를 걱정해서 C.C. 편입생들에게는 의무적으로 중간고사 성적을 내줘야 했다. 나의 학생 가운데에는 편입생이 없어 학기말에 몰아 성적을 냈는데, 중간 성적을 내주지 않은 것에 대해 학생의 문의를 받기도 했다.

**3.3655** 미국은 이제 A.A.와 더불어 정치적으로도 P.C.(Political Correctness)를 강조한다. 다양한 문화 속에서 어떤 것이 한쪽으로 쏠려있거나 어떤 것이 빠졌으면 이를 정치적으로 보정해주어야 한다는 것이다. 대학에서 기독교 문화만 가르치고 불교를 가르치지 않을 때 P.C.를 내세울 수 있다.

**3.3656** 법대 교수의 소설로 영화화된 <더 리더>는 유대인 학살과 관련된 문맹자의 이야기를 담고 있다. 거기에는 법대 수업장면이 나오는데 칠판에 'Affirmative action'이라고 써놓고 있다. 그만큼 A.A.는 새로운 법률적 의미를 담고 있는 것이다.

**3.366** 포커 판으로 돌아가 보자. 불평등을 자유라는 이름으로 가장하는 우리의 자본주의다.

**3.3661** 포커 판 신사 A1: 나도 끼어듭시다. 자유 아닙니까?

우리의 포커 판 C1: 우리끼리 놀고 있소. 그리고 판돈이 커서 못 끼오. 아? 돈이 있다고요? 그래도 안 되오. 우리는 우리끼리 돈을 주고받고 있소. 그리고 서로의 포커 방식을 잘 아오. 그런데 당신이 들어오면 판이 어지러워지오. 당신이 돈을 따 가면 우리끼리 나눠먹을 것이 없고, 설령 당신이 돈을 잃더라도 당신의 돈은 우리에게 아무것도 아니라오. 우리가 놀랄 만큼의 돈을 가져오든가.

**3.3662** 포커 판 신사 A2: 마음대로 하쇼. 자유요.

우리의 포커 판 C2: 좋소. 끼어드리기는 하겠소만, 먼저 가진 돈을 보여주시오. 우리와 비슷한 정도를 갖고 있나 봐야겠소. 원한다면 우리도 보여주겠지만, 우리의 돈을 합한 것을 사람 수로 나눈 정도는 갖고 덤비시오. 우리는 같이 놀 사람인지 알아야겠소. 그래야 공정하니까. 그것을 불공평하다고 말하지 마시오. 그것이 우리가 말하는 평등이오.

**3.3663** 포커 판 신사 A3: 물이 왜 이래. 난 나가겠소. 자유요.

우리의 포커 판 C3: 아무나 끼는 줄 아는 모양인가. 평등은 무슨 평등, 난 알지도 못하는 저런 작자와는 놀지 못하오. 저이가 우리의 룰을 알 것 같소? 우리만의 룰이 있는데. 오랜 룰, 우리끼리 놀았던 룰이 있는데 갑자기 웬 잡놈! 야, 기도, 이리와 저놈 쫓아내! 빨리 와. 우리의 돈으로 먹고살면서 느리기는. 총을 차고 곤봉을 들고 있다고 힘을 쓰지만, 우리가 없었으면 총과 곤봉도 사지 못했을 거면서.

**3.3664** 포커 판 신사 A4: 나가든 말든. 돈을 땄나 보오. 자유롭게 하시오.

우리의 포커 판 C4: 나도 우리의 포커 판을 모르겠네. 어떨 땐 규칙, 어떨 땐 관행, 어떨 땐 관계, 어떨 땐 힘으로 밀어붙이니. 돈을 따면 오히려 일어서지 못하고, 잃었으면 끝이지 개평을 달라고 떼쓰지 않나! 우리 포커 판은 자유가 없소. 오히려 지나친 평등만이 넘치오.

**3.367** 누구든 낄 수 있는 포커 판이 우리가 바라는 자본주의다(E.O.). 못 끼면 끼도록 도와주자(A.A.). 그래도 못 끼는 사람은 정치적으로 보완해 줘야 한다(P.C.).

**3.3671** 자유란 개인주의의 산물이다. 그래서 자유주의와 개인주의는 늘 함께 일컬어진다. 그런데 자유가 사회로 나갈 때 그것은 평등으로 불린다.

개인 ⟺ 자유

사회 ⟺ 평등

(⟺는 호환성)

**3.3672** 그래서 자본주의라는 사회적 운영체제의 중심에는 평등의 이념이 우선시 되어야 한다. 그런데 이런 단순한 관계가 이데올로기로 취급되면

서 이상한 양상이 벌어진다.

가. 개인주의 ⟸ 자유주의
나. 사회주의 ⟸ 평등주의
다. 자유주의 ⟺ 사회주의
라. 민주주의 ⟺ 공산주의
( ⟸는 호환성; ⟺는 대립성)

**3.3673** 가.의 경우, 사람들은 개인주의보다는 자유주의라는 말을 선호한다. 자유주의 속에 숨어있는 철저한 개인주의를 감추고자 하는 것이다.

**3.3674** 나.의 경우, 사람들은 평등주의보다는 사회주의라는 말을 선호한다. 평등주의라고 하면 마치 개인(주의)의 자유(주의)를 무시하는 것 같이 들리기 때문이다.

**3.3675** 다.의 경우 냉전 시대의 대립 개념인데, 가.와 나.의 입장을 존중하는 것이다.

**3.3676** 라.가 문제다. 대한민국의 이념 대립 구도가 이랬다. 사회주의 국가도 민주주의를 표방하는데도 사회주의를 민주주의의 대척점에 놓아 그렇지 않은 것처럼 호도했다. 우리의 교과서가 이렇게 쓰였다. 그것은 사상의 대립을 어휘의 장난으로 분탕질해놓은 것이었다.

**3.36761** 사회주의도 민주주의를 내세우듯, 민주주의도 평등주의를 내세운다. 그래서 우리나라의 헌법도 자유와 평등을 이야기한다.

**3.36762** 그렇다면 자본주의라고 해서 평등주의를 말하지 못할 까닭은 없다. 자본주의가 강조하는 기회의 평등이 내가 말하고 싶은 평등의 일단이다.

**3.36763** 자본주의는 평등하지 않은 결과를 받아들이라고 한다. 그러나 그 조건은 기회의 평등과 과정의 공정이 보장될 때다. 기회가 평등하지 않았

거나 과정이 공정하지 않았으면 우리는 자본주의의 결과를 받아들일 수 없게 되는 것이다.

**3.36764** 국가가 기회의 평등, 과정의 공정, 결과의 정의를 말하는 것은 자본주의의 원칙에도 맞는다. 또한 북유럽 사회주의 국가의 이념에도 맞는다. 아니, 미국과 같은 자본주의의 첨병 국가에도 맞는다. 그러나 정의가 무엇인지는 철학자마다 다르고 문화마다 다르다.

**3.36765** 철학자에 따라 정의가 다른 까닭은 무엇이 기회의 평등인지 무엇이 과정의 공정인지에 대한 판단도 다르고 그에 따라 결과의 정의도 달라질 수 있기 때문이다. 이를테면 타고난 재능은 어쩔 수 없다고 하더라도 가문의 능력은 어떻게 보아야 하는지, 공정한 과정이 되기 위한 규칙의 설정은 누가 어떻게 해야 하는지, 그에 따라 얻어진 결과를 평등한 기회를 얻지 못했거나 과정에서 소외된 사람에게 나눌 것인지 말 것인지를 따져보아야 한다.

**3.3677** 개인주의나 자유주의가 개인에게만 머무를 때는 평등을 이야기할 필요가 없다. 성선과 성악을 한 사람이 홀로 있을 때 말해보았자 의미가 없는 것과 같다. 혼자 있는 사람에게는 선악이 있을 수 없듯이, 평등은 사람과 사람끼리 함께 있을 때야 비로소 의미 있는 개념이 된다. 물론, 평등을 만물에까지 확대해서 사람과 짐승의 평등을 말한다면 이야기가 달라진다. 아무리 홀로 있는 자연인이라 할지라도 내가 토끼를 잡아먹어도 되는지, 내가 물고기를 잡아먹어도 되는지를 따지게 되면 선악의 문제가 발생하기 때문이다. 스님의 육식에 대한 선악관을 떠올리면 된다.

### 3.37 평등이 전제되어야 자유주의의 이상이 온전해진다.

**3.371** 평등 없이 자유주의 없다. 내가 자유를 누릴 수 있는 것처럼, 남도

자유를 누릴 수 있어야 한다.

**3.372** 만일 나의 자유가 남을 불평등하게 대우해서 얻어지는 것이라면, 나는 그것을 악마의 자유주의라고 부르겠다.

**3.373** 어떤 자유주의 사상가도 남을 희생시키는 것을 자유라고 부를 사람은 없다. 나의 자유와 남의 자유를 어디서 어떻게 얼마나 만나게 할 것인지가 늘 문제가 될 뿐이다.

**3.374** 악마의 자유주의에서는 폭력과 무관용 그리고 경쟁만이 난무한다.

**3.375** 자유주의를 내세우는 자본주의에서도 운영 이념의 중앙에 평등이 자리해야 하는 이유가 여기에 있다.

**3.3751** 사회주의가 평등을 내세운다고 그 말을 피할 까닭은 없다.

**3.3752** 마르크스도 지적했듯이, 역사의 발전에서 자연적(필연적)으로 나오는 것이 자본주의고 그것을 넘어 인위적(혁명적)으로 만들어지는 것이 사회주의다. 자본주의는 사회주의의 아버지인 것이다.

**3.3753** 자유를 완성시키기 위한 평등의 복원은 자본주의를 고상하게 만들 뿐만 아니라 지속 가능하게 해준다.

**3.3754** 현대의 자본주의는 어차피 국가가 개입하는 수정자본주의의 권유에서 자유로울 수 없다. 미국의 뉴딜정책이 대표적이지 않은가.

**3.3755** 포커 판도 평등하다. 자본주의만 평등하지 않다고 말할 까닭은 어디에도 없다. 적어도 기회의 평등(E.O.), 적극적인 평등(A.A.), 보완되는 평등(P.C.)이 늘 요구되는 것이다. 그것은 윤리적 단계(E.O.)에서 법률적 조치(A.A.)로, 법률적 조치에서 정치적 보정(P.C.)으로 나가면서 자본주의를 완성시켜주고 있다.

**3.376** 루소는 불평등을 보았으면서도 평등보다는 자유를 내세우는 과오를 범했다. 이후 혁명의 이념도 평등이 앞서지 않고 자유가 앞서면서 자유라는 이름 아래 정죄하고 그에 따라 처형이 벌어졌다. 그들은 자연법의 제1원

리를 철저하게 무시했다. 사람을 살려라!

**3.3761** 기회의 평등은 과정의 평등을 낳고, 과정의 평등은 결과의 평등을 낳는다. 실물적인 결과의 평등이 아니라 의미상의 평등을 낳는다. 이른바 정의로운 결과이기 때문에 결과에 승복한다는 말이다.

**3.3762** 평등 없는 자유 없다. 평등이 자유를 만든다. 자유는 평등할 때 비로소 자유롭다.

**3.3763** 자유가 평등을 지향할 때 소유권의 보장도 가능하다. 평등한 자유 속에서 얻어진 결과를 부정할 사람은 없다. 결과가 정의롭지 않다는 불만이나 항의는 모두 기회의 불균등과 과정의 불공평에서 비롯된다.

**3.3764** 성선주의는 과정의 평등을 강조한다. 누구나 선할 수 있었는데 선하지 못한 것은 과정상 악을 유도하는 무엇이 끼었기 때문이다. 성악주의는 결과의 평등에 집중한다. 오늘의 결과는 누구나 하는 나쁜 짓으로 얻은 것이니 많은 소유는 더 악한 것이고 적은 소유는 덜 악한 것이 돼버린다. 그렇다면 우리는 자본주의는 성선에 바탕하여 오늘의 풍요를 이끌게 되었다는 거친 결론을 얻게 된다. 다만 그 조건은, 과정까지는 아니더라도 최소한 기회의 평등이 보장되어야 한다는 데 있다. 그 방향성과 원칙이 엄격하고 분명하게 지켜지는 한, 성선주의의 입장에서는 자본주의가 그 건강성을 유지할 수 있다는 것이다.

**3.3765** 내버려 둬도 잘 산다는 것이 성선이다. 자유방임(laissez faire)주의라는 말의 방임放任이 바로 이런 성선의 이념을 담는다. 그러나 스미스의 논법은 서양철학의 거센 줄기를 거역하지 못했다. 내버려 두라고 하면서도 경제는 이기심의 결과라고 말한다. 스미스가 놓친 것이 이것이다. 꿀벌의 이기심이 꿀이라는 이타적 결과를 결코 낳을 수는 없다. 꿀은 그들의 이기심 덩어리이고, 나는 나의 이기심으로 그들의 꿀을 훔쳐 먹는다. 갑자기 악이 선으로 질변하는 현상은 거기에 없다. 오히려 그 논법은 꿀벌의 이타성, 개미의 이타성을 말하는 편이 나았다. 꿀벌이나 개미는 본성적으로 이타성을 타고

났다면서 성선을 말하는 편이 나았다는 것이다. 우리의 부모가 늘 말했듯, 농부의 노고를 고마워하면서 밥을 먹는 편이 그들과 나 모두에게 도움이 되는 것이다. 다들 착하네, 땀 흘려 일하고. 다들 착하네, 먹으면서 고마워할 줄 알고. 다들 착하네, 밥 먹고 열심히 공부하고. 다들 착하네, 그러다 보니 마을이 발전하고 나라가 흥성하네! 비록 낭만적이지만 스미스보다는 일관적이다.

**3.377** 루소는 토지의 경작으로 토지의 분배라는 문제가 생겼으며, 불평등의 시작은 바로 토지의 분배에서 나왔다고 진단한다. 토지는 소유라는 개념 없이 점유(possession)만으로도 양식을 생산을 해낼 수 있었는데, 어느덧 점유가 반복되면서 소유가 생겨났다는 것이다. 이렇게 자연법에서 생겨나는 권리와는 다른 새로운 종류의 권리인 소유가 생겨나고 마침내 불평등이 시작된다. 불평등은 부(재산), 신분, 권력, 타고난 장점으로 구분되지만, 그 가운데에서도 부 또는 소유가 다른 불평등의 원인의 최종귀착점임을 루소는 주장한다. 소유가 없던 시절을 이렇게 꿈꾸는 것이다.

**3.378** 자본주의는 부의 축적을 목적으로 삼는다. 그래서 루소의 기준에 따르면, 자본주의에서는 불평등이 정당화된다. 그러나 자본주의는 부의 축적에 앞서 그것을 위한 기회의 평등을 주장한다. 그런 점에서 자본주의의 적이야말로 불평등에 있는 것이다.

**3.3781** 쉽다. 기회의 평등과 결과의 평등을 구별하라.

**3.3782** 더 쉽다. 자본주의 사회에서 기회의 평등으로 얻어진 결과의 불평등은 옳다. 그럴 수 있다.

**3.3783** 따라서 자본주의를 불평등하다고 여기게 되는 것은 바로 기회와 과정의 불평등 때문임을 알 수 있다. 자본주의가 불평등을 공고히 하는 것이 아니라, 자본주의의 악덕을 옹호하는 자들이 기회의 평등과 과정의 공평을 막기 위해 자본주의 자체를 불평등의 기제로 호도하고 왜곡하고 선전하는 것이다.

**3.3784** 자본주의의 정의는 결과의 평등은 부정하지만 철저하게 기회의 평등은 옹호하는 데에서 시작한다.

**3.3785** 자본주의 국가는 자유로운 나라다. 그 나라는 내가 자유롭듯이 남도 자유롭다. 너도 나도 모두 자유롭기 때문에 우리는 평등하다.

**3.3786** 자유는 평등을 바탕으로 한다. 평등을 바탕으로 하지 않는 자유는 폭력이다.

**3.38 자연 상태에서 인간은 평등하나, 문명의 세계는 인간을 불평등하게 만든다.**

**3.39 불평등은 인위가 만들고, 평등은 자연이 만든다.**

# 4

# 사람은 자신을 사랑한다.

4.1 모든 사람은 자기애가 있다.
4.2 생명보다 중요한 것은 없다.
4.3 우리는 자기애에서 자기존경으로 나간다.

# 4

# 사람은
# 자신을 사랑한다.

**4.01 스스로를 사랑한다는 것이 쉬울 것 같지만 참으로 어렵다.**

**4.02 스스로 사랑해야 남도 사랑할 수 있다.**

**4.021** 스스로 사랑하지 못해서 남을 사랑하지 못한다.

**4.022** 나 죽고 너 죽자는 것이 자기를 사랑하지 못하는 가장 도드라진 예다.

**4.023** 내가 죽고 싶지 않은 것처럼 너도 죽고 싶지 않다는 평등의 인간관을 체화하라.

**4.0231** 그렇다면 내가 죽고 싶지 않기 때문에 너를 죽이지 않을 것이다.

**4.0232** 그래, 너는 너대로 나는 나대로 우리의 삶을 살자.

**4.0233** 비극적인 경우지만, 사랑이라는 이름으로 사람을 죽이는 경우는 세 가지다.

첫째, 네가 나를 사랑하지 않으니 나의 죽음으로 너에 대한 사랑을 보여주겠다. 이것은 자기 학대다.

둘째, 네가 나를 사랑하지 않으니 너 죽고 나 죽자. 이것은 살인 기도다.

셋째, 우리 살기 힘드니 같이 죽자. 이것은 동반 살해다.

두 번째 경우는 명백히 살인이다. 설령 자신이 죽었더라도 살인 후 자살이지 살인이 어디 가는 것이 아니다. 너 죽고 나 죽자는 말에는 자살이 들어가 있어서 그렇지, 분명한 살인 기도다.

첫 번째 경우는 결국은 자살이다. 꿈을 못 이루자 스스로 목숨을 끊은 것일 뿐이다. 사랑을 이루지 못한 고통을 끊겠다고 극단적인 방법을 쓴 것인데, 그 소식이 알려진다면 사랑의 대상인 사람도 심리적 고통을 받으면서 살아가게 된다. 그 자살은 순수한 애정으로 포장될지라도 결국 상대방에 대한 보복 심리를 담는다. 상대방이 완전히 모르는 경우는 다르다.

세 번째 경우가 가장 해석하기 어렵다. 가족끼리의 자살인 경우 부부가 합의했더라도 미성년자의 생명을 빼앗는다는 점에서 법적으로는 살해다. 그러나 사회복지가 잘 되어있지 않은 경우, 자녀의 미래가 빤히 보이기 때문에 동반 자살을 시도하게 된다는 점에서 국가의 책임도 묻게 된다. 부부의 합의는 기초생활도 되지 않기 때문일 가능성이 많다.

**4.02331** 동반자살을 바라보면 기본소득을 주장하는 까닭이 하나 더 늘어난다. 묻지도 따지지도 않고, 어른이나 애나 상관없이 기본소득을 보장해준다면 그들이 극단적인 선택을 할까? 프랑스의 경우는 유학생들 사이에서 애를 둘 낳으면 가족이 생활할 수 있는 돈이 나온다 했고, 미국도 주에 따라 애를 낳으면 묻지도 따지지도 않고 파우치를 준다.

**4.024** 생명 존중이라는 추상적인 말로는 자살을 막지 못한다. 그렇다면 존중받지 못하는 나의 삶이면 없어져도 된다는 말인가. 내가 나를 존중하지 못하겠는데 어떡하란 말인가.

**4.025** 그래서 존중보다는 사랑이 낫다. 존엄보다는 존중이 낫지만.

**4.026** 아주 구체적으로, 매우 체감적으로 생명에 접근하라. 차라리 감각적인 접근이 추상적인 추론이나 논리보다 낫다. '봄바람은 언제나 다시 불어옵니다. 사랑하는 아이의 눈동자가 빛나네요. 어머니의 따뜻한 손길을 떠올리세요.'

**4.027** 생명이란 말도 어렵다. 목숨이다. 삶이다. 살아가기다. 목숨 잇기다.

**4.028** 프롬이 말하는 『사랑의 기술』도 다름 아닌 자기 사랑이다. 모든 사랑은 나에 대한 사랑부터 시작된다고, 나를 사랑하지 못하는 사람이 어떻게 다른 사람을 사랑할 수 있냐고.

**4.0281** 많은 사람이 속아서 샀지만 읽고 나서는 더 좋았다는 바로 그 책이다.

**4.0282** 남녀 간의 사랑인 줄 알았더니 결국 자기 사랑이었다는 바로 그 책이다.

**4.0283** 기술이라 테크닉을 떠올렸더니 아트 곧 예술이었다는 바로 그 책이다.

**4.03 자기를 사랑하지 않는 사람과는 사랑하지 말라.**

**4.031** 자기를 미워하는 사람은 결국 남도 미워한다.

**4.032** 왜 그럴까? 왜 사랑은 사랑을 낳고 미움은 미움을 낳을까? 거기에는 문학이 아닌 철학이 있다.

**4.0321** 단순한 심리적 증폭 과정을 말하고자 하는 것이 아니다. 착한 일을 하면, 착한 일을 받은 사람이 더 착한 일을 한다는 데에는 필연성이 없다. 내가 받았다고 남에게 꼭 한다는 보장은 없기 때문이다. 내가 받았으니 나도 도와주어야지라는 마음을 갖게 되는 것이 일반적이라고 하더라도 다 그렇지는 않으며, 특히 사회가 복잡해지면 여러 양상으로 나타나기 때문에 반드시 한 방향으로 나가리라는 예상은 빗나가기 일쑤다.

**4.0322** 그런데도 사람들은 좋은 마음이 좋은 마음을 낳는다고 말한다. 도덕적 선언인가, 도덕적 강목인가? 증명을 요한다.

**4.0323** 유일하지 않더라도 쉽게 다가올 수 있는 윤리적 증명 방식은 공감 이론이다. 도움을 받아본 사람은 내가 도와주면 그 사람도 나와 같은 마음을 갖으리라고 떠올린다. 남이 아프면 그 아픔을 나도 느끼듯, 내가 기쁘면 남도 기쁘리라는 마음에서 도와주는 것이다. 불행은 비교적 그 경험이 명징하게 다가오기 때문에 공감이 쉽다. 그러나 행복은 그 전이가 비교적 옅게 흩뿌려지기 때문에 공감이 쉽지 않다. 그럼에도 불행과 행복은 여전히 공감이 가능한 대상이다. 누구나 타인의 고통을 느끼며 누구나 타인의 행복을 느낀다. 타인의 행복을 시기하여 괴로운 것은 다른 이야기다. 그것은 남이 행복할 것을 내가 느끼지만 내가 행복하지 않기 때문에 속상한 것이지,

남이 행복할 것을 못 느끼는 것은 아니다.

**4.0324** 동양의 공감론의 논증은 유치하고 원초적이지만 오히려 솔직하고 담백했다. 맹자가 말하는 인의 단서인 측은지심은 아이가 우물에 빠지는 것을 차마 두고 보지 못한다. 그러면서 그것이 바로 선왕의 아름다운 통치의 기본 마음이었다고 맹자는 진술한다. 정치의 요체를 말하면서 웬 참을 수 없는 마음이냐고 서양의 정치학은 묻겠지만, 나 또한 맹자의 '남을 두고 보지 못하는 마음'(불인인지심不忍人之心)이야말로 정말로 정치가들이 지녀야 할 것이라고 느낀다. 논리면 뭐 하냐, 정책이면 뭐 하냐, 이념이면 뭐 하냐, 정치가들이 인민을 정말로 사랑해서 일을 하는 마음이 중요하지. 진정성이 없는 정책이 무슨 의미가 있겠는가.

**4.0325** 『맹자』를 아무리 읽어도 별 다른 논증은 나오지 않는다. 어린아이가 우물에 빠질 때 그를 구하는 것은 부모를 알아서도, 명예를 얻기 위해서도, 욕먹기 싫어서도 아니다. 만일 그런 불쌍히 여기는 마음이 없으면 사람이 아니란다. 사람이라면 그런 마음은 있고, 그런 마음이 없으면 사람이 아니라니, 전형적인 순환 논법이다. 개라면 짖고, 짖지 않으면 개가 아니다. 개라면 멍멍거리고 멍멍거리지 않으면 개가 아니다. 사람이라면 사랑하고 사랑하지 않으면 사람이 아니다. 여자라면 애를 낳고 애를 낳지 않으면 여자가 아니다. 이런 논증은 당위에 입각한 선언이고, 정의이자 규정이다. 그런 점에서 지나치게 감상적일 수도 있고, 잘못되면 폭력적일 수도 있다.

**4.0326** 만일 그 젖먹이가 바다에 빠졌다면 우리 모두 소리는 지르겠지만 선뜻 뛰어들 사람이 몇이나 될까? 자기의 수영실력도 가늠해야 하고, 누군가 있어 배를 세우라고 해야 하고, 내 삶도 생각해야 한다. 소리 지르는 것만으로 우리의 측은지심이 발동한 것으로 볼 수 있는가? 누가 뛰어들어야 하는가? 헤엄도 못 치는 엄마가 무턱대고 뛰어들어 아이를 손으로 지켜 들고 있다면 나는 또한 어떻게 해야 하는가?

**4.0327** 비유를 통해 맹자의 비유를 공격할 생각은 추호도 없다. 비유는

비유일 뿐이다. 그런데 맹자의 바로 이 단순한 비유를 넘어설만한 비유가 얼마나 있을까? 원수의 자식이면 나중에 설령 후회를 할지 모르겠지만 일단은 구하게 되는 것이 사람이다. 이성적 사고가 개입되지만 않는다면 우리는 아기를 구한다. 문제는 오히려 이성적 사고다.

**4.0328** 맹자의 비유를 공감의 영역으로 보지 않고 논증하거나 증명하려는 것이 정말로 허접스런 일이다. 맹자의 말씀은 따져서 아는 것이 결코 아니다. 직관이라든가, 논리라든가 그런 말로 포장될 것이 아니다. 그냥 '아하!' 하는 것이다. 우리는 왜 이런 아하의 영역을 쉽게 긍정하지 못하는가? 그것이 철학의 폐해, 논리의 폐해, 이성의 폐해, 곧 서양철학의 폐해다. 감성적 접근, 동정적 이해를 맹자는 요구했고 후대의 학자들은 그것을 그대로 받아들였다. 서양인들이 아이와 여자부터 구하라고 할 때 왜 그래야 되느냐고 따진다면 그에 대해 제대로 대답할 서양인이 몇이나 될까. 그저 약해서? 우리 식 효의 관점으로는 부모부터일 텐데 말이다.

**4.033** 힘 있는 사람을 먼저 생각하는 것은 야만이고, 힘없는 사람을 먼저 생각하는 것은 윤리다.

**4.0331** 강한 남자부터 생각하는 것은 야만이고 약한 여자부터 생각하는 것은 윤리다. 가부장적 문화는 그런 점에서 윤리라기보다는 체제다.

**4.0332** 윤리는 도덕적 서열을 가르치는 역할에서 그치지만, 현대의 윤리학은 무엇이 옳은지 늘 묻는다. 그래서 우리는 야만적 상태에서 벗어날 수 있었다.

**4.0333** 만일 윤리가 약자를 고려하지 않는다면 나는 그런 윤리학은 집어치우라고 하겠다. 그것은 윤리학이 아니라 정치학이고 경제학이다. 평등을 생각하지 않는 윤리학이 있다면 그것은 약자에 대한 고려가 없기 때문에 나의 기준에서는 그것조차 윤리학이 아니다. 그것은 예절교육이나 체제 교육일 뿐이다.

**4.0334** 맹자가 인의예지라는 사덕의 가운데 첫 번째의 것에 관한 비유

에 어린아이라는 약자를 등장시킨 것만 보더라도 윤리가 약자 중심적일 때 비로소 호소력 있게 작동함을 알 수 있다.

**4.034** 어린아이가 우물에 빠지려고 할 때의 감정을 가만히 살펴보라. 그 속에는 원초적인 자기 사랑이 있다. 아이를 통해 자기를 투영한다. 빠지면 어떡하지 큰 일 났네. 내가 결코 그 어린아이가 아니지만, 아이 앞에 벌어진 빤한 불행을 나의 것처럼 느낀다. 그것이 공감인 것이다.

**4.0341** 공감에 대한 나와 남의 경험 1: 1970년대에는 앵벌이 소년이 많았다. 껌팔이 소년이다. 아이를 낳았다는 이야기를 듣고 버스를 타고 병원으로 가는데 앵벌이 소년이 올라와서 껌을 판다. 소년의 그 모습을 보자 눈물이 갑자기 와장창 쏟아지더라는 것이다. 있는 돈을 모두 소년에게 주었다는 이야기다. 그전까지만 해도 아이와 내가 무관심한 채로 만났다. 그러나 자신도 아이의 아빠가 되자 아이가 갑자기 나의 아이와 겹쳐 보였던 것이다.

**4.0342** 공감에 대한 나와 남의 경험 2: 예전에는 날 것도 잘 죽이고 그랬는데, 죄가 많은 지, 이젠 못 죽이겠어. 그의 부인이 암이었다. 죽어가는 사람을 바라보는 그는 생명을 죽이기가 꺼려졌다. 다들 살려고 애쓰는데.

**4.0343** 공감에 대한 나와 남의 경험 3: 한 집에 살던 이모가 임신을 했다. 배가 산만하게 불러오면서 이상하게도 주위에 임신부가 눈에 많이 띄었다. 아니, 버스에서도 전철에서도 거리에서도 배불뚝이 임산부 천지였다. 그런데 신기한 것, 이모가 애를 낳자 그 많던 임산부가 사라졌다. 보이지 않았다. 그 많은 임산부는 어디로 갔을까?

**4.0344** 공감에 대한 나와 남의 경험 4: 접대부가 있는 술집에 나보다 나이가 10여 년 위인 분을 모시고 갔다. 나름 대접한답시고 돈을 썼는데, 그분이 하시는 말씀: 나 집에 딸년이 둘 있어. 애들과 나이가 같은 여자애들은 다 딸처럼 느껴져 이런 데 오면 힘들어. 아들을 가진 사람과 그렇지 않은 사람의 차이인가.

**4.0345** 공감에 대한 나와 남의 경험 5: 군대 간 아들을 두고 있는 어머니

들이다. 미친놈들, 어디다 대고 포격 질이야. 죽일 놈들! 어머니들의 머릿속에는 온통 군대 간 자식 걱정뿐이다. 그러나 군대 가지 않은 아들을 두었거나, 심지어 딸만 있는 집에서는 실감하지 못한다. 아들을 가진 사람과 그렇지 않은 사람의 차이다.

**4.0346** 공감에 대한 나와 남의 경험 6: 기차역, 터미널, 고속도로 출입구, 동사무소, 경찰서에 붙어있는 실종 아동 사진이 그 또래의 아이를 두고 있는 사람은 눈에 잘 띈다. 그러다 아이들이 자라 철이 들면 그 포스터들이 보이지 않는다. 늘 거기 붙어있는 사진이다.

**4.0347** 공감에 대한 나와 남의 경험 7: 늙으신 어머니를 모시고 식당에 가면 여러모로 눈치가 보인다. 이것저것 많은 요구사항은 물론이고, 입맛 없는 것을 내세우며 음식 투정에 핀잔과 타박이다. 그러나 그런 부모님을 두었을 정도의 나이의 여종업원들은 그러려니 한다. 그것은 그녀들의 어머니와 나의 어머니를 동일시하기 때문이다. 젊은 종업원들은 나도 불편하다.

**4.0348** 공감에 대한 나와 남의 경험 8: 운동하다 종아리 근육이 끊어졌다. 두 달 넘게 지팡이를 짚고 다녀야 했다. 그때 나는 장애인 경험을 확실히 했다. 사람들은 왜 나를 툭툭 치면서 앞서가는지, 장애인 엘리베이터가 없는 건물이 얼마나 불편한지, 지하철과 공항의 연결통로는 왜 이렇게 긴지. 아픈 것은 둘째치고 서럽더라. 너희들도 다쳐봐라, 너희들도 늙어봐라. 장애인이나 노인과 공감대가 형성되는 순간이었다. 다리가 다치면 장애인 주차구역에 차를 대면 고통이 덜하겠는데, 일시적으로 다친 사람은 안 된단다. 얼마나 멀던지.

**4.035** 루소는 감정이 풍부한 사람을 원했다. 이성으로 감정을 숨기고 있는 사람을 격멸했다. 본연의 순수한 감정을 감추도록 가르치는 교육에 환멸을 느꼈다.

**4.036** 노자는 그래서 차라리 배우지 말라고 한다. 학문을 하는 것은 높이 쌓는 일이고, 도를 닦는 것은 덜어내는 일이다. 뭘 더하고, 뭘 덜라는 이야

기인가. 명예심만 덕지덕지 늘리는 것이 학문하기고, 마음속 욕망을 꾸준히 줄이는 것이 도道 닦기라는 말이다.

**4.037** 루소는 그것을 미덕 없는 명예라고 말했다. 지혜 없는 이성, 행복 없는 쾌락, 미덕 없는 명예가 바로 교양 있는 자들의 꼬락서니라고 그는 꼬집는다. 그 모두가 바로 사회의 불평등이 가져다준 결과라는 것이다.

**4.038** 예禮를 만들어 소매를 잡고 끌어 배우도록 하는 행태를 노자는 한탄한다. 『예기』는 예란 사람끼리 다르게 만드는 것이라고 말한다. 대신 악樂은 사람들을 하나로 만드는 것이고.

## 4.04 그렇다면 우리에게 남은 것은 사랑밖에 없다.

**4.041** 그 사랑은 자신에 대한 사랑으로부터 시작된다. 그리고 그 사랑은 마침내 타인에 대한 사랑에까지 이르게 된다.

**4.0411** 그것이 맹자가 말하는 확충擴充이다.

**4.0412** 정확하게는 넓히고 채우는 것(확이충지擴而充之)인데, 이후 주자가 맹자를 해석하면서 『사서집주四書集注』나 『주자어류朱子語類』에서 '확충'으로 줄여 사용한다. 우리말 확충의 어원이기도 하다.

**4.0413** 아는가. 맹자는 사단만 있으면 세계경영에서 성공할 수 있다고 주장한다. 그것이 없으면 제 부모도 섬기기 어렵단다.

**4.0414** 사단의 감정이 무엇인가? 불쌍히 여기고, 부끄러워하고, 뒤로 물러서고, 옳고 그름을 나누는 마음이다. 그 가운데에서 불쌍히 여기는 것이 으뜸이다.

**4.0415** 부처의 자비慈悲가 무엇인가? 슬피 여겨 사랑하라는 말 아닌가. 다 불쌍하다는 것 아닌가.

**4.0416** 불쌍히 여기는 마음만 있으면 세계도 보호할 수 있다(보사해保四

海)는 맹자의 말은 여기서 그치지 않는다. 제사 때 소를 잡는 것을 차마 볼 수 없어 양으로 바꾸자고 한 왕의 덕도 칭송한다. 그러면서 그 마음이 세상에 널리 퍼지길 희망한다. 소에게서 사해四海에게로다.

**4.0417** 소에게서 사해에게로 나가는 불쌍한 감정의 확산, 이것이 바로 맹자의 감정적 윤리설 곧 공감 윤리다. 거기에 무슨 거창한 증명은 따라붙지 않는다. 그 마음이 저 마음이 되길 바랄 뿐이다.

**4.0418** 아무리 감정이라는 것이 논리적으로 말하기 어렵긴 하지만 맹자가 제시하는 예도 오늘날의 관점에서 보면 상당히 치졸하다. 왕이 나는 여자를 좋아해서 틀렸다고 하니, 백성도 여자를 좋아하도록 하는 것이 좋은 정치란다. 좋게 보면 백성도 결혼해서 잘 살게 하라는 것이지만, 나쁘게 보면 백성도 여자를 즐기게끔 하라는 것이다. 이건 더 심하다. 군자는 금수라고 할지라도 살아있는 것을 보았으면 그 죽음을 차마 보지 못한다는 것이다. 그래서 잡는 소리를 들었으면 그 고기는 먹지 않고, 그래서 주방을 멀리한단다.

**4.0419** 맹자 시대의 한계이겠지만, 여기서 여자와 백정은 아무리 보아도 어진 마음 확산의 대상에서 빠진 듯하다. 나의 불평등에 관한 명제 1을 기억하라. 한 번 차별은 영원한 차별이다. 한 번 차별하기 시작하면 모든 것을 차별하게 된다.

**4.04191** 오늘날 동물윤리의 관점에서 보면 맹자의 동정심의 확대가 의미 있다. 그러나 맹자는 소와 양을 차별한다. 나아가, 백성들의 입장에서 보면 왕은 제사에서 소 잡는 것조차 아끼는 짠돌이로 비친다(왕 스스로 그렇게 말한다). 소를 잡아야 백성들이 맛볼 것이라도 있다. (맹자는) 이른바 흠향歆饗의 기회를 빼앗기는 것은 생각지 못하고 있다.

## 4.05 나는 '소에게서 네 바다(사해四海)에게로'가 좋다. 소를 차마 죽이지

**못하는 마음으로 사해동포주의의 마음을 얻어 각국의 지도자들이 불쌍한 세계 인민들을 '굽어' 살펴주었으면 한다. 그렇게 보살피려면 사람들에게 허리를 굽혀야 한다.**

**4.06 소에서 네 바다로 가는 마음속에서 가장 중요한 것이 무엇인가? 바로 나에 대한 사랑이다. 아무리 치졸해도 맹자의 '호색**好色**'에 대한 비유처럼 내가 무엇인가 좋아하기 때문에 남도 그 무엇인가 좋아할 것을 아는 것(느끼는 것)이다.**

**4.07 나는 너를 느끼고 나는 네가 느끼는 것을 알기 때문에 나는 너를 안다.**

**4.08 느낌이 앎이다.**

**4.081** 느낌이 앎이 되기 때문에 서양과는 다른 동양적인 교육의 전통이 확립된다.

**4.0811** 느낌을 알게 하는 것이 배움이다. 감성의 교육이자 미학적 세계의 복원이다.

**4.0812** 가르친다는 것이 느낌을 알게 하는 것이기 때문에 스스로 느끼도록 해주어야 한다. 체득體得의 교육이다. 요즘 말로 체화體化라는 것인데 신체화身體化(embody)를 통해 몸의 팔다리나 손가락으로 만들라는 것이다. 자전거를 배우는 것과 같다. 한 번 배우면 죽을 때까지 탈 줄 안다.

**4.0813** 가르치려 들지 말고 깨우쳐주어라. 깨침의 교육이다. 각성이자 깨

달음이다. 선종의 깨달음과 같다.

**4.0814** 앎이란 스스로 드러내는 것이다. 도와줌의 교육이다. 가르친다고 건방지게 말하지 말고, 도와준다고 말하라. 없는 것을 새롭게 만드는 것이 아니라 있는 것을 열어주는 교육이다.

**4.0815** 이 모든 것을 나는 몸의 교육 또는 체화體化 교육이라고 일컫고 싶다. 말로 아는 것은 아는 것이 아니다. 몸으로 아는 것이 아는 것이다. 아는 것은 말을 아는 것이 아니라 느낌을 아는 것이다. 말을 배우지 말고 느낌을 배워라.

**4.0816** 19세기 말의 새 교육 운동으로 공교육 비판을 하면서 벌어진 본성 계발을 목적으로 하는 발도로프나 섬머 힐의 예를 보라.

**4.0817** 우리가 선생님께 배운 것을 곰곰이 생각해보라. 지금 남아있는 것이 무엇인가? 지식인가, 같잖다. 그가 주는 느낌이 아니었나, 생생하지 않은가. 콧물 닦아주고, 격려하고, 지나가며 한 마디 한 말이 떠오르지 않는가. 우리는 과연 무엇을 배웠는가?

**4.09 감성의 교육, 체득의 교육, 깨침의 교육, 도와줌의 교육을 일컫는 몸의 교육 또는 체화 교육의 대전제가 무엇인가? 바로 성선이다. 바로 그 성선의 믿음 때문에 있는 것을 열어준다는 뜻의 계발**啓發**론이 나온다. 계발은 개발**開發**과 달리, 없는 것을 만드는 것이 아니라 있는 것을 보이게끔 하는 것이다. 계시**啓示**는 신이 우리들에게 그의 뜻을 언뜻언뜻 보여주는 것이고, 계상**啓上**은 송구스럽지만 어르신께서 외람된 내 말씀을 살짝살짝 열어보시라는 말이다. 우리가 인성의 계발이라고 말하는 순간, 우리는 성선의 길을 걷는다.**

**4.091** 노자와 루소의 대전제, 사람을 믿으라. 그것이 성선이다. 아이를 믿

으라. 잘 클 것이다. 그것이 성선의 교육이다.

**4.092** 내버려 두어도 잘 클 것이지만 믿고 사랑하면 더 잘 클 것이라는 것이 성선 교육론의 요체다.

**4.0921** 그렇다고 해서 다음과 같이 말하면 성선이 주위 환경에 의해 위협받기 때문에 곤란하다. '믿으면 잘 클 것이요, 믿지 못하면 삐뚤어질 것이다. 믿음 받은 아이는 남도 믿을 것이요, 믿음 받지 못하는 아이는 남도 믿지 못할 것이다. 사랑받은 아이는 남을 사랑할 줄 알 것이며, 사랑받지 않은 아이는 남도 사랑할 줄 모를 것이다.'

**4.0922** 사랑을 받은 사람이 사랑한다는 것은 긍정 명제로 성선의 선순환을 말한다. 타고난 것도 그렇고 교육환경도 그러니 좋고도 더 좋다. 그러나 사랑을 받지 못하면 사랑하지 못한다는 것은 부정 명제로 성악을 가리키진 않아도 환경에 의해 악해질 수 있음을 지나치게 드러내기 때문에 곤란하다.

**4.0923** 동양적 인간론에서는 환경이 아무리 나빠도(아버지가 죽이려 한다) 타고난 성선의 기질로 지선至善을 이룩하는 사람이 바로 순임금 같은 성인聖人이 된다. 이 점은 성악설을 주장하는 순자도 못내 긍정하는 부분이다. 타고난 악으로 악을 만들지 않고 악을 선으로 바꾸는 특별한 인물들이 바로 성인이다. 그리고 그들이 만들어낸 제도가 바로 예禮다.

**4.0924** 요순 같은 임금은 타고난 본성 속의 악을 선으로 만드는 재능을 가진 인물이라고 할 때 주의를 요한다. 그것은 하늘이 준 것이 아니다. 왜냐하면 순자는 그런 하늘을 믿지 않기 때문이다. 그것도 그저 타고났을 뿐이다. 서양식 탤런트(달란트)는 인간 외부의 신이 준다.

**4.093** 성선은 성선의 교육론에서 볼 수 있는 것처럼, 믿음의 교육학이자 사랑의 교육학을 말한다. 성선은 성악처럼 훈육과 폭력의 교육학을 말하지 않는다.

**4.094** 선악의 실체를 부정하는 노자는 내버려 둬도 잘 큰다는 성선의 교

육학을 무위無爲의 교육학이라 부를 것이다. 허참, 애들 좀 내버려 둬. 잘 될 거야. 지들이 알아서 제 몫 챙겨.

## 4.1 모든 사람은 자기애가 있다.

### 4.11 자기애는 이기심이 아니다.

**4.111** 내가 남의 밥을 빼앗아 먹는 것도 아니고 내 밥을 내가 먹는 것도 이기심인가.

**4.1111** 정말 엉터리 같은 논법이 바로 자기 사랑을 이기주의로 여기는 것이다.

**4.1112** 자기 사랑과 이기심 사이를 구별하는 것이 어려운 것은 맞다. 그 경계선은 모호하고 중첩되기도 하고 사람마다 다르기도 하다. 그러나 둘은 다르다. 북녘에는 늦가을 저장용 품종으로 사과배가 난다. 그렇다고 해서 그놈이 사과는 아니다.

**4.1113** 사람이 먹고살겠다는데 그게 악이냐. 정말로 어처구니없는 말이다. 사는 것이 폭력이라는 것은 말은 맞다. 늘 나도 그것이 미안하고 송구하다. 내가 살기 위해서는 반드시 남을 죽여야(먹어야) 하니까 말이다. 그런데 그렇게 보기 시작하면 식물을 빼놓고는 모든 생명이 악이다. 식물은 땅과 햇볕과 물이 있고 숨만 쉴 수 있으면 살지만, 동물은 식물을 먹거나 다른 동물을 먹어야 산다. 그렇다면 모든 동물은 악인가? 아니리라. 풀만 먹는 소는 풀

만 먹어서 선한가? 그것도 아니리라. 그는 풀을 해친다. 그렇다면 식물은 다른 식물을 죽이지는 않는가? 그것도 아니리라. 식물도 경쟁상대의 풀을 죽이거나 누르고 자기가 자라난다.

**4.1114** 모든 것은 악하다는 말은 모든 것은 선하다는 말과 동급의 명제다. 선악이 상대적인 개념으로 높고 낮음처럼 일정 부분을 차지하는 것이라는 점만 깨달아도 쉽게 알 수 있다. 절대 선이나 절대 악은 만화나 게임에서 나오는 말일뿐이다. 높고 낮음처럼 언어 자체가 상대적인데, 선악만이 상대성에서 벗어나 있다는 것은 말이 되지 않는다. 만일 그렇다면 그것은 낭만적 허구거나 종교적 신앙이거나 아주 오랜 시간을 들여 증명해야 할 어떤 것이다. 아니면 아주 오랜 시간 동안 그렇게 우리의 머릿속에 심어져 있어 그러려니 하거나.

**4.1115** 가볍게 정리된다. 사는 것이 죄가 아니라면 먹는 것도 죄가 아니다. 먹는 것이 죄가 아니라면 다만 내가 살기 위해 남에게 해를 가하는 것도 죄가 아니다. 마지막은 나뉜다.

불교도: 그래서 풀만 먹자. 풀만 먹어도 산다. 거기까지만이다.

비건: 우유도 안 된다.

락토: 유제품은 먹자.

오보: 유제품은 안 되지만 달걀은 먹어야지. 닭은 생명의 탄생과 상관없이 늘 알을 낳으니까.

락토오보: 유제품도 먹고, 달걀도 먹자. 내가 소나 양을 죽이는 것도 아니고, 그놈들의 젖을 먹자는 것이니.

페스코: 어패류까지 먹자. 말로는 그들은 통증을 못 느낀다고 하니까.

폴로: 닭고기(가금류)는 돼. 소, 돼지, 양은 문제가 많잖아.

심한 경우는 과일만 먹자는 플루테리안도 있다. 과일은 식물이 동물에게 적극적으로 제공하는 것이니 괜찮다는 것이다. 그렇다면 그들은 과일의 씨앗(견과류)은 먹어서는 안 된다. 그것도 생명이니.

식물의 뿌리를 먹으면 그것이 다시 나올 수 없으니 뿌리도 먹지 말자는 자이나교도도 있다.

**4.1116** 나는 스님을 만나면 늘 묻는 것이 있다. 소 한 마리 잡는 것이 죄가 많나요, 멸치볶음 한 종지를 먹는 것이 죄가 많나요? 지리산 실상사 도법 스님의 우문현답: 살려고 먹는 것은 죄가 되지 않습니다. 나는 스님의 말씀이 인간의 보존 본능을 받아들이며, 만일 산속에 낙오되어 아무것도 먹을 것이 없을 때는 룸비니 동산에서 뛰어노는 꽃사슴이라도 잡아먹어도 좋다는 뜻으로 들렸다. 나무아미타불!

**4.1117** 나는 불교의 위대성이 평등의 극대화에 있다고 생각한다. 절대화라고 말해도 좋지만, 위의 자이나교야말로 절대적이니 여기서는 극대화(최대화)로 말을 낮추겠다. 자이나 승려는 다니면서 벌레를 죽일까 봐 바닥을 쓸며 맨발로 다니고 뿌리채소도 먹지 않으니 말이다. 옷도 홀딱 벗고 다닌다.

**4.11171** 옷을 홀딱 벗고 다니는 공의파空衣派도 있지만 흰옷만 입고 다니는 백의파白衣派도 있다. 그 둘의 주요한 관점의 차이는 옷을 입느냐 마느냐에 있는 것이 아니라, 여자의 해탈을 인정하느냐 마느냐에 있다. 아무리 비폭력과 무소유의 종교지만 여자를 발가벗겨놓을 수는 없었다. 대의의 수호와 방법의 경중에 따른 재밌는 논쟁거리다. 해탈 수행을 위해 옷을 벗어야 한다는 대의에 따르는 것은 좋지만 방법적으로 여자를 벗길 수는 없다. 그런데 여자도 해탈 수행이 가능해야 평등을 추구하는 대의에 맞는다고 한다면 방법적으로 옷을 입힐 수밖에 없다. 절대 평등의 자이나교의 이상에 따르면 여성이라고 차별해서는 안 되기 때문이다. 온갖 동물, 그리고 식물에 이르기까지 무차별의 이상을 실현하면서 여자라고 빼놓을 수는 없는 것이다(백의파). 그러나 현실적으로 여자가 아이를 가짐으로써 양육이라는 이름 아래 일종의 소유의 욕망 상태를 유지하고 이런저런 까닭에서 옷과 장식을 걸치는 한 해탈할 수 없을 것이라고 단정하게 되는 것이다(공의파).

**4.11172** 종교의 훌륭함이라고나 할까, 종교가 인간사회에 의미를 주는

까닭이라고나 할까, 종교의 대단함은 바로 윤리를 끝까지 밀고 나가본다는 데 있다. 그런 점에서 종교에서 교리로 불리는 윤리 강령이 추구하는 바는 모두 철학적으로 탐구해볼 만하다.

**4.1118** 무엇까지가 내 밥이냐는 문제가 남아있지만, 내가 살기 위해 먹는 밥은 죄가 아니며 그것은 결코 이기심이 아니다.

**4.112** 루소는 말한다. 자기애가 없이는 자기 보존을 할 수 없다고. 그리고 그 자기애 덕분에 남도 그럴 것이라 생각하는 인간애(인간성: humanité)와 미덕(품덕: vertu)이 생긴다고.

**4.1121** 보라. 자기애 없이는 살아갈 수 없거니와 자기애 없이는 인류에 대한 사랑도 생기지 않고, 그것을 체계화하고 보편화한 덕목이나 규범도 없다. 우리가 남을 사랑해야 하는 근거가 바로 내가 나를 사랑하기 때문인 것이다.

**4.1122** 아무리 단순해도 정말로 명백한 추론: 내가 나를 사랑하듯 너는 너를 사랑하니, 나도 네가 너를 사랑하게끔 해줄 테니 너도 나를 내가 사랑하게끔 해다오!

**4.113** 자연법 제3원리: 나는 나를 사랑한다.

**4.1131** 나는 나를 사랑한다는 것은 너는 너를 사랑하고 그는 그를 사랑한다는 것이다. 모두가 자신을 사랑한다는 것이므로, 따라서 모든 사람은 자신을 사랑할 권리가 부여된다. 사람을 살리라는 생명권과 귀천은 없다는 평등권과 더불어 이 자기애의 권리는 자연이 부여하는 것이다. 자애권自愛權이라 부르자.

**4.1132** 나는 생명권, 평등권, 자애권이라는 자연 3권이야말로 자연법의 기초라고 생각한다. 이 세상 어디에도 인간을 제외하고는 생명을 함부로 죽이는 생명체는 없다. 이 세상 어디에도 인간을 제외하고는 생명의 귀천을 나누지 않는다. 이 세상 어디에도 자신을 사랑하지 않는 생명체는 없다. 자연의 생명체는 생명체를 까닭 없이 죽이지 않으며, 생명체 간間에서도 내內에

서도 귀천은 없으며, 생명체는 자기 보존의 원리를 갖고 태어난다. 인간만이 전쟁을 넘어서는 인종청소를 감행하고, 인간만이 후천적 서열이 아닌 생득적인 귀천을 강제하며, 인간만이 좋은 환경에서 생생한 육체로 자살한다. 그 모두 자연적이지 않은 사회적 결과다.

**4.1133** 오호통재라! 사회가 우리를 살리면서도 우리를 죽이는구나. 여기서 우리를 살리는 길은 자연에로의 복귀다. 잃어버린 자연성의 회복이다.

**4.114** 루소는 말한다. 자기애(amour de soi; amour de soi-même)가 인간애와 미덕의 원천이라면, 이기심(amour propre)은 사회 속에서 생기는 상대적이고 인위적인 감정이라고.

**4.115** 루소에게 이기심은 온갖 사회악의 근원인 명예욕의 근원이지만, 자기애는 인간의 유일한 자연적인 감정(passion)으로 그 밖의 모든 것은 그것의 변형인 것이다.

**4.116** 노자는 말한다. 나를 사랑하라고. 나를 아끼라고.

**4.117** 율곡 이이가 좋아한 색嗇의 철학이다.

**4.1171** 나도 이이가 색 자를 좋아하는 것을 특이하다고 생각했다. 율곡의 맥락에서 색의 의미가 잘 안 다가온 까닭에서다.

**4.1172** 유가의 입장에서 색이란 무엇이기에 율곡이 그렇게도 좋아할까? 출가도 감행했던 율곡의 입장에 서보아도 색은 인색吝嗇이나 검색儉嗇이라는 뜻에서 물질의 욕망을 줄여나가는 것으로밖에는 잘 들어오지 않았다. 노자가 자기의 세 가지 보물 가운데 두 번째의 것이 검儉이니, 색도 비슷한 뜻으로 받아들여졌다. 물질적 욕망의 줄임과 더불어 정신적 발산의 아낌으로 받아들여졌다. 색속嗇束인 것이다.

**4.11721** 그래서 이런 생각을 할 때 물도 안 나오는 산속 컨테이너 박스에다 종성의 운율을 맞춰 스스로 색속각嗇束閣(ㄱㄱㄱ)이라는 이름을 붙여놓고 역설의 유희를 즐기고 있었다. 빌려 쓰는 이곳일지라도 최근에 조어한 색속이란 말에 엄청나게 크고 잘난 집 각閣 자를 한번 붙여보자. 사상누각, 관

념 누각, 개념 누각일지라도 각 자가 붙은 집에 한번 살아보자. 그러다 색속하면, 색속을 지키면, 색속을 누리면 인생이 정말 풍족해진다는 것을 여름이 오며 계곡물이 가끔씩 불어나 물을 끌어다 쓰면서 다시금 느꼈다. 그래서 이 움막은 풍족당豊足堂이 되었다. 노자의 지족知足이란 말이 떠올랐지만 너무 잘난 척하는 것 같아 쉽게 가기로 했다. 게다가 지족은 지족제知足齋(ㅈㅈㅈ; 초성이다)가 제 맛이었다. 없을 때 이름이라도 구름 위를 날듯 붙이면 사는 것이 재밌어진다. 그것이 바로 노자가 말하는 최고의 만족인 만족을 아는 만족 곧 지족지족知足之足(ㅈㅈㅈㅈ; GGGG)이다.

**4.1173** 색은 낭비 없는 물질이나 낭비 없는 정신을 가리키지만, 좀 더 색의 의미가 분명하려면 오히려 색 자가 나오는 구절의 앞부분에 집중해볼 필요가 있다.

**4.118** 노자는 말한다. 사람을 다스리고 하늘을 섬기는 데 색만 한 것이 없다고.

**4.1181** 여기서 색은 분명히 인색은 아니다. 사람이나 하늘에 인색하면 될 일도 안 된다.

**4.1182** 그렇다면 색은 몸 단속, 마음 단속이라고 할 때의 단속이다. 사람과 하늘에 매달리는 것은 노자에게는 안 될 일이다. 남은 남이고, 나라는 나라일 뿐이다. 그러나 지금 말하는 색은 자기 단속에 관한 것이 아니라 사람과 하늘에 대한 이야기다.

**4.1183** 여기서 유일하게 추가할 수 있는 의미가 바로 사랑이다. 함부로 사람과 나라를 사랑하지 말라는 것은 노자의 뜻에 맞는다. 그러나 노자를 사람과 나라를 다스리는 치인치국治人治國의 학문으로 받아들이는 율곡은 달랐다. 그에게 색은 사랑이긴 한데, 밖으로 퍼주는 사랑이 아니라 오히려 안으로 모아주는 사랑이었다.

**4.1184** 율곡은 성리학적 이념에 따라 수기치인修己治人을 받아들인다. 그런데 노자의 학이 치기치인治己治人이라면 거기에 해당하는 타인 및 국가에

대한 판단이 필요했다. 색은 아끼는 것이고, 아끼는 것은 공자 이래로 말하는 사랑愛이었던 것이다.

**4.1185** 사랑이란 조어는 현대어다. 그렇다면 그 말을 빼고 어떤 말이 사랑이라는 말에 가장 적합할까 생각해볼 때, 그것은 단연코 아낌이다. 나는 그를 아껴, 나는 그녀를 아껴. 내가 가장 아끼는 우리 딸이라고 할 때의 아낌이다. 우리말에서 아낌이 사랑 말고도 절약의 뜻이 강해져서 그렇지, 아낌은 바로 사랑인 것이다.

**4.1186** 제 선왕이 소 잡는 것을 차마 보지 못해서 양으로 바꿨다고 말한 바 있다. 그곳에서 '소를 사랑한다'(애愛; 애일우愛一牛)는 표현이 나오는데 그때 애는 아낀다는 뜻으로 쓰인다. '임금이 소가 아까워서 그랬겠소? 차마 못 봐서 그랬지'라고 할 때의 아낌이다. 이를 주자는 '(여기서) 사랑은 인색이다'(愛, 猶吝也)라고 하여 사랑의 뜻 속에 아낌의 뜻이 있음을 밝힌다.

**4.1187** 율곡은 노자가 치인사천治人事天을 말해서 반가웠을 것이다. 성리학의 대명제를 노자가 스스로 일컫고 있으니 말이다. 그러면서 치인사천의 요체를 색으로 풀어 두 마리의 토끼를 잡고 있다. 하나는 노자가 치인치국의 학이라는 것, 다른 하나는 노자는 치인치국의 방법으로 공자의 애민愛民보다는 나름의 색嗇을 제시한다는 것이다. 나는 우리 애를 아껴, 나는 내 애인을 아껴, 나는 우리 학교를 아껴라고 할 때의 아낌이라는 말로 절제된 사랑과 넘치는 사랑, 무욕無欲과 인정仁政, 수렴과 발산, 개인과 사회를 함께 일컫게 된다.

**4.1188** 더 중요한 것은 이것이다. 유가의 기본입장은 차별적인 사랑이다. 공자는 남을 사랑하자(애인愛人)면서 타자에 대한 관심을 매우 강조한다. 그러나 공자는 만인을 사랑하는 예수도 아니었고 만인을 위해 희생하는 묵자도 아니었다. 공자는 『논어論語』에서 옛날 사람의 배움은 나를 위한 것(위기爲己)이었는데 요즘 사람의 배움은 남을 위한 것(위인爲人)이라고 한탄한다. 그리고 군자는 자기에게 구하지만 소인은 남에게 구한단다. 학문의 완성이나

도덕적 행위 모두 남보다는 자기부터 이루어나가라는 생각이다. 설령 공자의 발언에서는 차별적 사랑이라는 것이 애매하게 느껴질 수 있지만, 공자가 보여주는 혈통중심의 예법에 대한 대단한 신복信服은 그가 마침내 효孝와 같은 가족중심의 윤리를 우선시함을 보여준다. 맹자에 이르러서는 유가가 좇는 가족중심적 사랑이 매우 분명해진다. 묵자의 무차별적 겸애兼愛를 아비 없는 놈(무부無父)의 것으로 치부하기 때문이다. 그리고서 나오는 이론이 바로 그의 확충 이론이었다. 가족에서 마을로, 마을에서 나라로 사랑을 넓혀 나가자는 것이다. 드디어 여기서 율곡의 생각을 엿볼 수 있게 된다. 남을 사랑하기보다는 아끼자. 사랑이라는 발산보다는 아낌이라는 수렴을 택하자. 이는 우리의 주제와 같다. 나부터 아끼자. 나도 아끼지 못하면서 무슨 남을 아낀다는 말인가.

## 4.12 사랑은 아낌이다.

**4.121** 사랑은 나를 아낌이다.

**4.122** 나를 아낌은 나를 함부로 하지 않는 것이다.

**4.123** 노자와 율곡을 통해 배우는 것이 바로 이것이다. 아끼듯 사랑하라. 나를 아끼듯 남도 아껴라. 내 몸 아끼듯 하늘의 것도 아껴라. 나를 아끼듯 남도 사랑하라.

**4.124** 아낌에는 분명한 내가 있다. 모호하게 나를 감추지 않는다.

**4.1241** 우리말에서도 '내가 아끼는 딸내미'라고 하지, 주어 없이 말하지 않는다. 주어를 싫어하는 우리말에서조차 희한하게도 아끼는 데에는 '내가'가 들어간다. 그거 내가 얼마나 아끼는 건데!

**4.1242** 이렇듯 우리는 아낀다는 말에서만큼은 주어를 아끼지 않는다. '버려도 돼?' '안 돼! 내가 얼마나 아끼는 건데.' 나를 적시하고 노출시키면

서, 남이 나를 제대로 알기를 바란다. '나'라는 말을 아끼지 않는다. 하다못해 '우리'도 아니고 '나'다. 남편도 우리 남편이라고 표현하는 우리인데도 아끼는 것만큼은 우리가 아닌 나다.

**4.125** 물건을 아끼듯 나를 아끼자. 아껴 써! 자신도 아껴 써!

**4.126** 노자도 사랑을 말한다.

**4.1261** 전제는 철저히 무위無爲지만 노자도 애국愛國과 치민治民을 말한다.

**4.1262** 사랑은 재물에까지 나간다. 문맥상 못난 놈이 있으니 잘난 놈이 먹고살지, 따라서 못남 놈이 잘난 놈을 먹여주는 것이라는 뜻에서 못난 사람은 잘난 사람의 바탕이라고 한다. 이때 바탕은 근원도 되지만 재원도 된다. 이른바 자원이나 자본의 자資인 것이다. 바탕을 사랑한다고는 하지만, 사랑 애를 재물 자 앞에 쓴 것(불애기자不愛其資)은 물질을 아낀다는 뜻을 드러낸 것이다.

**4.12621** 『맹자』에서 임금이 소를 아낀다고 할 때의 사랑 애자의 용법과 같다.

**4.12622** 노자나 맹자의 용법을 따르면 물자절약이 곧 애물愛物 또는 애자愛資다. 정신적인 애국애족愛國愛族에 물질적인 애물이다.

**4.127** 자기애로부터 세계평화에 이를 수 있다는 노자의 입장은 분명하다. 자신을 천하처럼 귀하게 여기고 사랑하는 사람에게만 천하를 맡길 수 있다.

**4.1271** 여기서 귀하게 여기거나 사랑한다는 것은 바로 아낌을 가리킨다. 나로부터 시작되는 고귀함이자 애정이니 그러할 수밖에.

**4.1272** 세상을 아무에게나 줄 수 없다. 자기를 희생하겠다는 사람에게 주었다가는 세상을 희생시킬지도 모른다. 따라서 자기 한 몸 잘 지킬 줄 아는 사람에게 세상을 맡겨야 한다. 내 몸 하나도 간수하지 못하면서 무슨 조국통일이냐, 내 건강 하나도 유지 못하면서 무슨 세계평화냐라는 뜻이다.

**4.1273** 자기애와 간수라는 뜻은 정말 잘 어울린다. 가진 옷 한 벌 잘 간수하듯, 가진 몸 하나 잘 간수해라. 몸도 간수하고 마음도 간수해라. 정리정돈整理整頓하듯 내 삶과 내 뜻을 잘 간수해라. 추스르고, 다지고, 접어라.

**4.128** 노자는 그래서 지나친 사랑을 겁낸다. 지나치게 사랑하면 반드시 크게 닳아버린다는 것이다.

**4.1281** 경제학의 용어를 써보자. 사랑에 투자하면 마음을 낭비한다. 노자의 용법에 정확히 따르자면, 사랑에 지나치게 투자하면 마음을 크게 낭비한다. 그것이 스토아학파가 주장하는 절제다. 절욕이다. 사랑도 욕정이라면 이런 맥락에서는 절애節愛라는 표현도 가능하겠다.

**4.1282** 지나친 사랑이란 무엇인가? 그것에 대한 정말로 간단한 해결책이 있다. 그것은 바로 자기애다. 자기를 사랑하면서 남을 사랑해야 한다. 자기를 사랑하지 않고 남을 사랑하다가는 정신분열이 되거나 분노에 몸살을 앓는다. 남이 나처럼 사랑해주지 않았기 때문에 화병에 걸린다. 남은 말할 것이다. 누가 나를 그렇게 많이 사랑하랬어?

**4.1283** 나에게서 남에게로!

**4.1284** 떠오르는가? 소에게서 네 바다로!

**4.1285** 나의 용어로는 자중자애自重自愛라는 말이다. 자중자애 없이 세계평화 없다. 그것은 자연법의 제3원리인 자애권이지만 여기서는 하나의 도덕적 임무나 생활의 당위로서 무게를 더한다. 우리에게는 자중자애의 의무가 있는 것이다. 스스로를 중히 여겨라. 자중하시오.

### 4.13 발산하는 관심과 배려는 사랑이지만, 수렴하는 관심과 배려는 아낌이다.

**4.131** 퍼주는 사랑이 아닌, 나도 아끼면서 살얼음판 걷듯 조심조심 달래

가며 하는 사랑을 노자는 바랬다.

**4.132** 노자가 말했듯이 사랑도 너무 퍼주면 내가 남지 않는다. 내가 남지 않으면 원망이 된다. 원망은 쌓여 화병이 되는 것이다.

### 4.14 제 몫을 챙기는 것은 자기애이지 이기심이 아니다.

**4.141** 스미스가 보지 못한 점이다. 농부는 이기심으로 농사를 지은 것이 아니다. 농부는 자기애에 충실했을 뿐이다.

**4.142** 스미스가 흄의 공감(sympathy)만 배우지 말고 루소의 자기애(self-love)도 배웠더라면 농부를 이기심(self-interest)이라고 말하지 않았을 텐데, 그는 루소를 보지 않았다. 또래의 흄과 루소가 우의를 계속 유지했더라면 열여덟 살 아래의 스미스는 자기애가 국가에 대한 미덕으로 발전한다는 루소의 주장을 엿듣고 받아들였을까? 도덕 이론에서 흄과 루소의 감정론을 충실히 따랐다면, 국가의 부가 이런 성선의 마음에서 일관되게 나온다고 추론하지 않았을까? 마치 흄이 오늘의 문명을 인류의 자연스러운 발전의 결과물로 보고자 한 것처럼 말이다.

### 4.15 자기애는 결코 남을 해치지 않는다.

### 4.16 자기애는 자연이다.

### 4.2 생명보다 중요한 것은 없다.

### 4.21 중요하다는 것은 인간적 관점이다.

### 4.22 자연에는 중요하고 중요하지 않은 것이 없다.

**4.221** 생명은 중요하다고 말하는 것은 어불성설이지만 그것은 언어의 한계에서 비롯된다.

**4.222** 여기서 중요하다는 것은 상대적인 개념이 아니라, 나름대로 잘 산다는 사실에 대한 진술일 뿐이다.

**4.2221** 밥 먹는 것이 중요하지라는 말에는 밥이 중요하고 빵은 중요하지 않다거나, 밥 먹는 행위는 일하는 행위보다 중요하다는 뜻을 담고 있지 않다. 그저 밥 먹는 것은 생명유지를 위해 필요하다, 그것도 꼭 필요하다는 정도의 의미다. 중립적이지만 언어의 상대성 때문에 상대성의 한쪽을 잡고 말하는 표현법이다.

**4.2222** 만일 상대적인 개념 없이 표현한다면 '생명은 자기 생명을 지속한다', '생명은 생명의 항상성을 유지한다', '생명은 생존에 목적이 있다'는 식

이 되어, '살아있는 것은 살아간다'는 말처럼 동어반복이 되고 만다.

**4.2223** 그래서 생명이 중요하다는 말은 상대적 개념을 쓰면서도 중립적인 의미를 갖는다. 생명은 살아있는 것이고, 살아있는 것은 살려고 하기 때문에, 살고자 하는 것을 있는 그대로 받아주어야 한다는 뜻이다.

**4.2224** 게다가 '생명보다'라는 비교격을 썼으니 생명을 다른 것과 경중輕重으로 넉넉히 따져볼 수 있다.

**4.2225** 더욱이 '없다'라고 했으니, 생명은 있는 것 가운데에서는 최고다.

**4.223** 살아있는 것은 살려고 한다. 따라서 내가 살려는 것처럼 남도 살려라.

**4.2231** 생존권처럼 무서운 말은 없다. 살고자 한다는 데 무슨 논리와 철학이 필요하랴. 잘 먹고 잘 살자는 데는 이유와 설명이 따라붙는다. 그러나 그저 살고 싶다는 데 무슨 말이 필요하겠는가.

**4.2232** 그래서 자연법 제1원리도 사람을 살려라가 되는 것이다. 그것이 대전제로 깔고 있는 것이 바로 자연의 생명은 살고자 하고, 사람도 자연의 생명을 지니니, 살고자 하는 것은 살려야 한다는 것이다.

**4.2233** 살고자 하는 것을 죽일 수도 있다. 살고자 하는 것을 살려야 한다는 것은 살고자 하는 것을 죽일 수도 있다는 것과 마찬가지로 인간의 선택이다. 그런 점에서 사람을 살려라는 것은 당위 명제로 자연법의 사실 명제에서 추론한 것이지 바로 도출되는 것은 아니다.

**4.2234** 당위가 들어갈 때는 최대한 사실에 가까워야 설득력을 갖는다. '배고파'라는 말이 사실이라도 진실성이 떨어지면 '그래도 일해'라는 답변을 들을 수 있다. 그러나 '나 지금 밥 먹지 않으면 어지러워 쓰러질 것 같아'라고 말하면 핍진逼眞성이 높아지면서 '밥을 먹어야 하네'라는 당위가 유도된다. 마찬가지로 살고자 하는 것이 정말로 온갖 것들의 목적이자 방식이라면 당위의 정당성이 확보가 되는 것이다.

**4.2235** 좋다. 지렁이도 도망가고, 귀뚜라미도 도망간다. 삶으로 나가는

방향성이다.

**4.2236** 벌도 도망가지만 벌집을 건드리려 하면 침을 쏘고 자기가 죽기도 한다. 자신의 종족을 살리고자 한다. 이것도 삶으로 나가는 방향성이다.

**4.2237** 뱀도 사람을 물지만 그것은 사람의 발에 밟혔을 때다. 보통은 우리를 먼저 공격하려 들지 않는다. 살려고 무는 것이다. 이것도 삶으로 나가는 방향성이다.

**4.2238** 사자도 사람을 공격하지만 그것은 사람이 자기의 영역에 들어왔거나, 아니면 사냥 능력이 완전히 상실되었을 때다. 이것도 삶으로 나가는 방향성이다.

**4.224** 이런 방향성은 니체의 삶으로 나가는 힘, 힘을 가지려는 살아있는 것들의 의지와 많이 닮았다.

**4.2241** 이런 방향성이 모이면 일정한 경향으로 자리 잡고, 이러한 경향은 마침내 당위로 발전한다. '배고파'라는 사실이 '사람은 밥을 먹어야 해'라는 사실과 당위가 섞인 표현으로 나아갔다가 마침내는 '사람에게 밥은 먹여야 해'라는 당위로 모아지는 것이다.

**4.2242** 나의 당위를 선천적이거나 선험적인 명제로 받아들이지는 말아줬으면 좋겠다. 선천적이라 함은 태어날 때부터 갖고 태어났다는 것이고, 선험적이라는 것은 경험 이전에도 알 수 있다는 것이기 때문이다. 나의 당위는 생득적이지도 본래적이지도 않다. 오히려 나의 당위는 사실의 누적, 집산, 합계다.

## 4.23 도덕의 불문율은 사실의 총합이다.

**4.231** 사람은 죽고 싶지 않다. 그래서 사람을 죽이지 말라고 한다.

**4.232** 사람은 밥을 먹지 않으면 죽는다. 그래서 배고픈 사람에게 밥을

주라고 한다.

**4.233** 사람은 잠을 자지 않으면 살 수 없다. 그래서 머물 곳 없는 사람에게 잠자리를 주라고 한다.

**4.234** 사람은 말을 하게 되어있는데 거짓말을 하면 말을 말이 안 되게 만든다. 그래서 거짓말을 하지 말라고 하는 것이다.

**4.2341** 거짓말을 해서 말이 말 되게 하면 거짓말을 해도 좋다. 농담이 그 첫 번째고, 선의의 거짓말(white lie)이 두 번째다. 세 번째라면 송덕문, 비문, 조문, 조사, 주례사 등이 꼽힌다. 거짓말인 줄 알면서도 속아주는 덕담德談 또한 해도 좋은, 해야 되는 거짓말이다.

**4.23411** 독일의 기자가 거짓말을 하지 않기로 작정하고 나서 바로 벌어진 일이 가족과의 불화, 목사님의 진노였다. 달포만에 그만두었단다. 오래 했다.

**4.23412** 서양어에서는 송덕문을 '좋은 말'(eulogy: eu+logos)이라고 하니 좋고자 작정했다는 것이 드러나지만(그리스어를 아는 경우), 한자어에서의 조어는 마치 정말로 덕이 넘치는 것처럼 포장해서 솔직하지 않다. 찬사讚辭가 이에 해당될 텐데 우리말에서 찬사는 아부의 뜻으로 들려 쓰지 않는다. 그래서 신이 축복을 내린다는 뜻에서 축사祝辭라고 쓴다.

**4.235** 노자의 아낌이나 자기애와 관련한 주장으로 도가로 분류되는 양주라는 사람이 있다. 이 한마디 말로 철학사에 남았다. '내 터럭 하나를 뽑아서 천하가 이롭게 되더라도 나는 하지 않겠다.'

**4.2351** 노자에게도 자애가 중요하니 양주는 노자의 후학으로 간주되며, 양주의 학문을 보통 위아爲我설이라 부른다.

**4.2352** 양주에 대한 악의적 공격은 그가 이기주의자라는 것이다. 맹자가 제일 먼저 나섰다. 양주에게는 국가가 없다. 이른바 무군無君이라는 것이다. 무군은 무정부주의라는 말로 옮겨도 좋다. 무정부주의는 하늘에도 땅 위에도 군주君主(Lord)가 없다는 것이고 군君이라는 표현은 지배자 정도로 폭넓게

쓰니 무정부주의보다는 무군주의가 더 낫다.

**4.2353** 양주는 묻는다. 네 털 하나를 뽑아 줄 수 있다면 네 팔 하나도 잘라 줄 수 있겠느냐?

**4.2354** 양주의 입장에서는 네 털이나 네 팔이나 네 몸의 소중한 한 부분인데 털은 함부로 하고 팔은 아끼는 것은 웃긴다는 것이다. 네 몸이면 그것이 무엇이든지 소중히 여겨라. 자신의 몸과 그 어떤 것도 바꿀 수 없느니라.

**4.2355** 현대의 건강론으로 나가면 아주 쉽다. 다 소용없어. 네 몸 망가지면 말짱 도루묵이야. 건강을 버리고 권력을 얻으면 뭐하는가. 건강 없이는 재산도 명예도 다 필요 없다.

**4.2356** 양주는 자기애의 화신이었다. 그런데 그가 자기애와 이기심을 나누었는지는 남아있는 단편으로는 확인할 수 없다.

**4.2357** 자기애를 통해 우리는 인간성을 회복하고 덕성을 갖추며 나아가 인류에 대한 사랑과 타인에 대한 미덕을 갖출 수 있다는 루소처럼, 양주가 그의 위아爲我를 통해 인류애가 확보될 수 있다고 주장하는지도 알 수 없다.

**4.2358** 그러나 그의 주장이 '다들 자기만 챙기면 세상이 편해진다'는 판단에 있음을 부정할 수 없다.

**4.23581** 『열자』에 나오는 양주의 제자는 '선생님의 말씀은 알아듣겠는데요, 정말로 세상이 이롭게 되면 어떡하실래요?'라고 얄궂게 묻는다. 『열자』의 「양주」는 그렇게 끝난다. 아무런 말이 없이 끝나버린다. 나의 추측은 이렇다. 우물쭈물하던 양주는 제자에게 말한다. 왜 그런 거 물어? 다 알면서.

**4.23582** 강단에 서면서 학생들에게 꾸준히 물어온 것이 바로 이것이다. 일 년 독재냐, 백 년 양광百年陽光이냐? 정확히는 이런 물음이다. 일 년 동안 무소불위의 권력을 쥐어주는 것이 낫겠느냐, 백 년 동안 따뜻한 햇볕 아래 걱정 없이 먹고사는 것이 낫겠느냐? 무소불위無所不爲의 권력이란 생사여탈生死與奪권도 있다고 덧붙이고, 이밥에 푸성귀라면 마음에 안 들어 하니 삼

겹살도 말한다. 1980년대는 일 년 독재가 백 년 양광보다 훨씬 많았다. 그러나 2020년에 들어서는 백 년 양광이 일 년 독재보다 훨씬 많다. 가치관이 변한 것이다.

4.23583 군사정부 시절의 실화다. 무소불위의 권력을 말할 때 손가락이나 발가락 하나 정도는 자르겠다는 학생들은 꽤나 있다. 그러면 늘 묻는다. 발도 하나 자른다면? 그리고는 층차를 올리면, 들은 손이 자꾸 내려간다. 그렇다면 다리 둘을 자른다면? 주로 남학생이 신체 훼손과 권력을 바꾸겠다는 대답을 한다. 그러면 마지막으로 묻는다. 다리 셋을 자른다면? 거의 모든 남학생이 손을 내린다. 한 학생이 물었다. 정말로 절대 권력이죠? 그렇고말고. 그럼 자르겠어요. 정말? 그리고는 모든 남자의 세 번째 다리를 잘라버리겠어요.

### 4.24 나도 살고 싶기 때문에 모든 생명은 존중되어야 한다.

**4.241** 생명은 존중되어야 한다.

**4.242** 생명은 존중되어야 한다는 말은 너무 범범하다.

**4.243** 생명은 존중되어야 한다는 말보다 생명보다 중요한 것이 없다는 말이 훨씬 분명하며 부정 어법으로 더 이상의 비교를 용납하지 않는다.

**4.2431** 생명은 존중되어야 한다는 말은 선언에 가깝다. 존중은 하되 다른 것보다 덜 존중될 수 있다는 말인가.

**4.2432** 여기서 슈바이처의 생명에의 외경畏敬에 아시아인으로 놀라는 것이 있다.

**4.2433** 슈바이처는 모든 생명에 외경을 갖고 대하라고 한다. 이는 만물은 인간을 위해 봉사한다고 생각하던 유럽인의 가치를 전도하는 것이었다. 따라서 서구인에게는 의미가 크다. 그러나 그의 말을 아프리카인의 입장에

서 바꿔보면 '흑인도 사람이네'가 된다. 만일 그가 우리나라에 와서 생명에의 외경을 말했다면, 조선의 유학자들은 경악했을 것이다. 『시경』에서 말하는 '하늘이 뭇 사람을 낳았네'(천생증민天生蒸民)라는 선언은 가지각색의 인류가 세계 속에 자리함을 자연성으로부터 추론하고 있는 것이며, 이어지는 구절인 '만물은 모두 자기의 법칙성이 있네'(유물유칙有物有則)라는 구절은 만물이 태어나면서 고유한 가치를 갖고 있음을 선언하는 것이다. 이 구절을 귀에 따갑도록 들어온 유가들에게 '신께서 부여하신 이 부족(민족)도 나름대로 놀라운 법칙 아래 움직이고 있구나'라고 말했으니 기분이 좋을 리가 없을 것이다. 왜 나를 보고 놀래(외경)? 웃기지마. 나는 너를 보고 놀랐어(외경)!

**4.2434** 그래서 생명의 존엄 또는 생명의 가치라는 어려운 말에 앞서 나도 살고 싶기에 너도 살고 싶다는 공감이 필요한 것이다. 공감 없이 어떻게 다른 생명을 존중하겠는가. 내가 존엄해야 남도 존엄한 것이다.

**4.244** 공감은 쉬운 것도 있고 어려운 것도 있다. 그리고 포유류인 우리는 포유류에는 쉽게 공감하고 멀어질수록 공감이 떨어진다. 돼지 눈깔을 빼먹는 것은 주저하지만, 물고기 눈깔을 빼먹는 것은 아무렇지 않다. 그것은 본능적인 유감類感 작용 때문이다. 해삼, 멍게를 먹으며 징그럽다 하고 맛이 왜 이러냐고 투정은 하지만 불쌍하다고 느끼지는 않는다. 그런 점에서 어류까지는 먹는 페스코가 나온다. 그리고는 가금류까지 먹는 폴로다. 우리는 가금류라 해봤자 닭과 오리 그리고 꿩이나 참새가 전부지만 세계적으로는 칠면조, 거위, 비둘기, 타조 등 생각보다 많다. 폴로의 동정심은 덩치 큰 칠면조에는 미치지 않는 것이다.

**4.2441** 낚시꾼이 물속의 생명을 갖고 노는 것은 뭐라고 하지 않으면서, 사냥꾼을 잔인하다고 하는 것은 폴로의 시각과 같은 것이다.

**4.24411** 수렵허가기간이 시작되면 산중에도 엽총소리가 밤새 울린다. 멧돼지는 땅을 파놓고 고라니는 경작물을 다 먹어버린다. 속리산에는 법주사에서 풀어놓은 꽃사슴이 암자에 홀로 사는 스님의 식량을 축낸다. 그래서

엽사들에게 총을 주고 사냥을 시킨다. 사냥이 사람을 미치게 하는 것은 노자 시절에도 그랬다. 노자는 말달리며 사냥하는 것은 사람의 마음을 미쳐버리게 한다고 한다.

**4.24412** 많은 선진국이 그래서 물고기는 일정한 크기가 되지 않으면 돌려보내도록 한다. 곰은 사람을 해치기 때문에 우리의 멧돼지나 고라니의 개채수 조절처럼 수렵허가를 일정한 원칙 아래 해준다. 동물보호단체가 성립되는 것은 식량의 풍족이라는 물질적 조건도 있지만 인간의 동정심이 확대되는 경향과 함께 한다.

## 4.3 우리는 자기애에서 자기존경으로 나간다.

### 4.31 자기애는 자기애에서 멈추지 않는다.

**4.311** 자기애는 인류애까지 나간다.

**4.312** 자기애가 인류애까지 나가기 위한 조건이나 방법이 있다.

**4.313** 루소는 명예가 문명의 모든 폐해를 야기한다고 한다.

**4.3131** 루소는 말한다. 명예심만 없으면 우리는 자연의 소박성으로 돌아갈 수 있다고

**4.3132** 루소는 말한다. 자연을 전율케 하고 이성에 어긋나는 전쟁에서 전투, 학살, 처형, 보복으로 얻은 명예를 미덕으로 생각하는 것이 바로 우리의 문명이라고.

**4.3133** 루소는 말한다. 소유를 지키기 위해 법을 만들었다고. 법은 사유재산을 위해 봉사하는 도구로 전락했다고.

**4.3134** 드디어 자연은 법에 굴복하고 말았다. 루소의 말이다.

**4.314** 노자는 명예욕을 없애는 것을 무욕無欲과 함께 무명無名으로 말한다.

**4.3141** 무욕은 자기의 입장에서 이름을 갖고 싶은 욕심을 없애는 것이

고, 무명은 우리 모두의 입장에서 이름이 하나의 거짓임을 말하는 것이다.

**4.3142** 노자는 이름에서 벗어나자고 말한다. 이름으로 온갖 것이 규정된 우리의 상황을 꾸짖는다.

**4.3143** 노자에게 이름은 하나의 문명의 틀이었다. 이름 때문에 죽고 죽인다.

**4.3144** 이름을 제대로 갖자고 말한 사람이 누구인가? 바로 공자이며, 그의 주장이 바로 정명正名이었다.

**4.3145** 노자는 이름 없이 살자고 하고, 공자는 이름에 맞게 살자고 한다.

**4.32 이름은 누구를 위한 것인가? 나인가, 남인가? 이름은 남의 것이다.**

**4.321** 나는 내 이름을 부를 일이 없다. 남이 내 이름을 부른다. 내가 내 이름을 쓰는 것도 나를 위해서가 아니라 남에게 보라고 하는 것이다. 답안지의 이름은 답안을 쓰는 나에게 보라고 있는 것이 아니라, 채점을 하는 교수자에게 보라고 있는 것이다. 이름은 이렇듯 나의 것이 아니다.

**4.3211** 평판도 남의 것이다. 평판이 마치 나에게 달려 있는 양 생각하면 안 된다. 평판은 철저히 남의 의견이고 판단이다. 평판은 내가 쌓은 것이 아니라 남이 붙여준 것일 뿐이다. 그런데 왜 남의 평판에 집착하나? 세월 가면 다 흘러갈 텐데.

**4.3212** 노자의 직계인 장자는 말한다. 이름이라는 집은 잠깐 머무를 수는 있어도 오래 머물지는 말라.

**4.33 존경은 타인이 나를 포함한 상대방을 우러를 때 쓰는 말이다. 존경도 명예나 명성 그리고 평판도 남의 것이다. 그것들은 나에게 달린 것이 아**

니다.

**4.331** 에픽테토스는 말한다. 나에게 달린 것이 있고 나에게 달리지 않은 것이 있다고. 그런데 나에게 달리지 않은 것은 내가 어떻게 할 수 없는 것인데, 왜 걱정하냐고. 그것은 운명에 맡기라고. 명성도 나에게 달리지 않은 것이다.

**4.3311** 에픽테토스의 어록인 『엥케레이디온』은 마테오 리치의 기억으로 중국어판이 나온다. 거기에서는 '나에게 속한 것'(속아자屬我者)과 '나에게 속하지 않은 것'(불속아자不屬我者)으로 표현된다. 수사들에게 스토아학파가 어떤 의미에서 그들에게 받아들여졌고, 유학자들에게는 어떤 의미로 여겨졌는지를 생각하게 한다.

**4.3312** 그런데 에픽테토스가 말하는 나에게 달리지 않은 것은 오늘날의 기준으로는 너무 많다. 많은 것에 신경을 끄라는 이야기일 것이다. 건강조차 그렇다. 하기야 타고난 건강이 최고이긴 하다. 살아있는 자들은 부모님께 감사할지어다.

**4.332** 왜 타인의 것에 매달리나? 왜 타인의 것 때문에 괴로워하나? 왜 타인의 것 때문에 나의 길을 못가나?

**4.3321** 나의 길을 가지 못하는 가장 큰 까닭은 이름 때문이다.

**4.3322** 노자의 관점으로 보자면, 있지도 않은 이름 때문에 사람들은 괴롭다. 루소의 관점으로 보자면, 이름은 곧 명성으로 사람들을 옥죈다.

### 4.34 자기애에 충실한 사람은 이름에 매달리지 않는다.

**4.341** 자기를 사랑하는 사람은 남을 신경 쓰지 않는다.

**4.342** 자기를 사랑하는 사람은 보이지 않는 이름보다 내 앞에 있는 먹을

것에 더 관심을 갖는다.

**4.343** 자기를 사랑하는 사람은 남에게 보이려고 옷을 입지 않는다.

**4.344** 노자는 말한다. 마음을 비우고 배를 채우게 하라고.

**4.3441** 마음이 무엇인가? 이름을 얻으려는 마음이다. 배가 무엇인가? 먹고사는 것이다.

**4.345** 노자는 말한다. 뜻은 약하게 뼈는 강하게.

**4.3451** 뜻이란 무엇인가? 명예를 얻고자 하는 욕망이다. 뼈란 무엇인가? 육체의 건강함이다.

**4.346** 루소는 원시인은 사나울지라도 사악하지는 않다면서 덧붙였다. 타인을 해치기보다는 자기를 지키기에 바쁜 원시인은 위험스러운 싸움에 휩싸이지 않았다고.

**4.3461** 제 몸 하나 지키기 바쁜 원시인은 남의 싸움에 낄 일도 없고 자기 목숨을 내놓을 일도 없었다.

**4.3462** 루소가 보기에, 원시인은 정념이 발달하지는 않았지만 자기 보호를 위해 참을 줄도 알았다.

**4.3463** 그러나 현대인은 그렇지 않다. 이름 때문에 목숨을 건다. 싸움 때문에 죽는다. 이름을 얻거나 잃었다고 죽는다. 싸움에 공연히 껴서 죽거나, 지는 것을 참지 못해서 죽는다.

## 4.35 문명인은 자기애가 없다.

**4.351** 현대인은 자기를 사랑할 줄 모른다. 자기를 위한 소박한 아침을 차리지 않는다.

**4.352** 문명이 거대해지면서 어떻게 자기를 사랑하는지를 잊었다.

## 4.36 어떻게 자기를 사랑할 수 있는가? 유일한 해답이 자기존경이다.

**4.361** 결코 타인으로부터 받는 존경이 아니다. 그런 존경은 평판이고 명망일 뿐이다.

**4.362** 중요한 것은 내가 나를 사랑하여 내가 나를 존경할 수 있느냐는 것이다.

**4.363** 스스로 물어서 내가 나를 존경할 수 있으면 그는 자신을 사랑하는 사람이다. 반대로 그렇지 않으면 그는 자신을 사랑하지 않는 사람이다.

**4.364** 자기애의 기준이 이렇게 성립되는 것이다. 밥을 많이 먹어서 내가 나를 존경할 수 있다면 많이 먹어라. 남을 울리는 글을 써서 내가 나를 존경할 수 있다면 글을 써라. 멋진 그림을 그려서 내가 나를 존경할 수 있으면 그림을 그려라. 아름다운 사랑을 해서 내가 나를 존경할 수 있다면 사랑을 하라.

**4.365** 자기애의 기준이 모호하기 때문에 자기애와 이기심이 혼동되는 것이다.

**4.366** 자기를 존경할 수 있느냐를 스스로 묻고 거기에 긍정적인 대답을 할 수 있다면 그것은 자기애다.

**4.3661** 자기존경(self-respect)은 자기를 존중(esteem)하거나 자기에게 충성(homage)을 함을 넘어 스스로 물어서 스스로에게 자랑스럽냐를 가리킨다.

**4.3662** 우리의 현대사에서 가장 그런 존경을 잘 표현한 것이 바로 '나를 향해 제를 올린다'는 향아설위向我設位를 주장한 동학의 제2대 교주인 최시형이다.

**4.367** 내 속에 밥통이 든 것이 아니라 하느님이 들었다. 어찌 나를 함부로 하겠는가. 사람마다 하느님이니 자신에게 제사 지내라.

**4.3671** 최시형은 1897년 4월 5일 동학 창도 38주년 기념식전에서 도인들에게 오늘의 향사는 향아설위를 하라고 명한다.

**4.3672** 이때부터는 벽을 보고 제사 지내는 유교식 제사를 버리고, 다시 말해, 저 세상에 있는 조상이나 귀신을 향해 제사 지내지 않고 내 속의 영혼과 그것의 위대함에게 제사 지내게 된 것이다.

**4.3673** 예법의 전환으로 초월자를 모시는 것이 아니라 나를 모시게 되었다. 모심이 곧 존경이다. 그대들은 자기의 영혼을 달래고 모시기 위해 제를 올려보았는가? 자신을 향사享祀의 중심에 놓아보았는가?

**4.3674** 이러한 바탕 위에서 '사람이 곧 하늘'이라는 인내천人乃天 사상이 제3대 손병희에 의해 확립된다. 하늘부터 사람에게까지 3대에 걸쳐 내려오고 있는 것이다.

**4.3675** 동학의 구도가 바로 남에 대한 존경이 아니라 자기에 대한 존경을 담는다. 단순히 자기의 인격을 존중하라거나 자기의 인생에 경의를 표하라는 것이 아니다. 그것은 자기가 자신의 기준에 맞게 살고 있느냐를 묻는 것이다.

**4.368** 여기에서 나는 칸트가 『도덕 형이상학 원론』에서 제시한 멋진 도덕률을 떠올리지 않을 수 없다. '너의 의지의 준칙이 동시에 보편적 입법의 원리가 될 수 있도록 행위하라.' 말이 어려워서 그렇지 내용은 쉽다. 내가 세운 기준이 전 세계 모든 사람에게도 통하는 입법이 되도록 하라는 것이다. 행동을 할 때 내가 옳다고 생각한 것이 전 세계 모든 사람에게도 옳도록 하라는 것이다.

**4.3681** 칸트 참 대단하다. 배포도 크고 꿈도 야무지다. 아무리 '될 수 있도록'이라고 뒤로 물러서지만 자신의 기준이 세계의 기준이 되느냐고 물으라니 말이다. 내가 사람에게 거짓말을 해도 좋다고 생각한다면, 남도 나에게 거짓말을 해도 좋고 모든 사람이 거짓말을 해도 좋다고 생각해야 한다는 것이다. 이렇게 생각하면서 거짓말을 할 사람은 세상에 없다. 내가 도둑질을 해도 그렇고, 내가 선행을 베풀어도 그렇다. 국가에 대해 발언을 할 때도 그렇고 애인에게 요구를 할 때도 그렇다.

**4.3682** 여기에서 우리가 엿볼 수 있는 것이 바로 칸트의 자기존경이다. 칸트는 자기애에 충실할 뿐만 아니라 자기의 도덕률에서조차 온 세계의 것이 될 수 있는 가치를 좇았다. 나만 맞고 남은 안 맞는, 나는 맞지만 세계인에게는 안 맞는 준칙은 그의 준칙이 될 수 없었다. 그래서 인류애로 나가고, 『영구 평화론』을 다름 아닌 칸트가 외치는 것이다.

**4.36821** 잘 생각해보자. 칸트 정도의 도덕률을 가진 판사가 식민지 대한 제국의 송사를 맡아주길 원하지 않겠는가. 내가 억울할 때 칸트에게 증언을 서달라고 하면 그는 나뿐만 아니라 세계인에게 똑같이 적용될 수 있도록 발언하지 않겠는가.

**4.36822** 칸트는 이런 태도를 자기 입법이라 말한다. 그는 자연인은 아니었지만 내가 말하는 자기존경에 참으로 충실했다. 그의 삶 자체가 남들에게 시달리지 않은 자기애의 결과물이기도 했다. 덕분에 그 유명한 3대 비판서를 써낼 수 있었다.

**4.37 묻고 또 묻자. 내가 나를 존경할 수 있느냐고. 자기애로부터 자기존경에까지 이르고 있냐고. 남과 어떤 맺음도 없이 스스로를 사랑하냐고 묻고, 스스로 사랑함으로써 일어나는 여러 일이 자랑스럽냐고 물어보자. 나를 아끼고 나를 우러르고 있냐는 것이다.**

**4.38 너는 하늘을 우러르지 말고, 너를 스스로 우러를지어다. 너는 남을 우러르지 말고, 너를 스스로 우러를지어다.**

# 5

# 자연은 야생이 아니다.

# 5

# 자연은 야생이 아니다.

## 5.01 나는 자연은 야생이 아니라고 말했다.

**5.011** 루소도 내가 말하는 자연은 가정이고 이상이라고 변명한다.

**5.0111** 천적 볼테르의 공격에 대한 응대였다.

**5.0112** 그러나 루소는 군데군데 정말로 원시인을 그림으로써 헷갈리게 한다. 원시인의 야생성을 순수성으로 그린다.

**5.0113** 순수성이란 시골 사람들 참 순박하지라고 할 때의 순박함과 통한다.

**5.01131** 순박淳朴하다고 할 때의 박朴이 박樸 자와 같으며 그 박이 바로 노자의 소박素樸이다. 루소의 소박(naïveté; naivety)도 마찬가지다.

**5.01132** 그런 점에서 나는 루소가 예수회 신부에 의해 번역된 라틴어판 노자를 보았다고 생각한다. 영국왕립학회에서 노자가 소개된 것은 루소가 죽고 10년 후(1703.4.1.)였다. 번역가 레그는 발표자와 책 상태까지 정확히 기록하고 있다. 인도에서 가져온 필사본이었다. 그런데 라이프니츠에게 『주역』을 소개한 부베 신부의 기록은 루소가 태어나기 9년 전(1788.1.10.)으로 기록되어있다. 루소는 열 살 때(1722)부터 목사 밑에서 라틴어를 배웠다. 당시의 중국 열을 생각하면 루소가 라틴어 노자를 보았다는 추리는 무리가 아니다.

**5.0114** 볼테르는 『국민의 도덕과 정신에 관한 평론』에서 종교 또는 종교적 기만 없이 도덕 국가를 세운 공자를 곳곳에서 흠모한다.

**5.0115** 볼테르는 공자를 이상으로, 루소는 노자를 이상으로 삼았던 것이다.

**5.01151** 그들의 싸움이 머나먼 유럽에서 멀어진 유가와 도가의 논쟁이었다니!

**5.012** 철학적 개념에 대한 호오 판단은 그 문화의 성격을 잘 드러낸다.

**5.02 소박은 좋은 뜻인가? 동양에서는 좋기 그지없고, 서양에서는 촌스럽기 그지없다.**

**5.021** 소박실재론(naive realism)은 실재론 같기도 아닌 것도 같은 촌뜨기 실재론인 것이다.

**5.022** 그러나 소박은 동양에서는 때 묻지 않음, 꾸밈없음과 같은 순수함이나 청순함을 가리킨다.

**5.0221** 요즘은 '그 사람 참 나이브해'와 같이 우리말에서도 영어로 일컬을 때는 나쁘게 쓰인다. 이렇게 나이브는 어영부영하다는 뜻으로 쓰인다.

**5.0222** 덕분에 영어의 심플한 밥상이 우리말에서 소박한 밥상으로 번역된다. 심플 라이프란 단순한 생활이다. 그렇다면 반대로 소박실재론은 단순실재론이라는 번역이 차라리 나았다. 원자 단위의 단순함을 믿으니 말이다.

**5.023** 오직 루소에게서 소박이 좋은 뜻으로 쓰이니 서양어권에서 아직도 소박은 프랑스어처럼 쓰는 것이다.

**5.024** 그리고 루소의 사상적 배경에는 성선의 원조인 노자의 철학이 숨어있었다. 내버려 둬도 잘 사는데, 왜 건드려! 따라서 본성은 소박하지만 좋은 것이었다. 따라서 뭘 어쩌려고 하지 말라고 한다. 그것이 노자의 무위다.

**5.03 더 나아가 보자. 자연은 좋은 뜻인가, 나쁜 뜻인가? 이렇게 말하면 많은 학자들은 뭐가 이렇게 단순해, 좋은 뜻 나쁜 뜻이 어디있어라고 되묻는다. 그러나 나의 공부 원칙 하나는 어떤 철학자가 쓰는 개념의 좋고 나쁨이 들어와야 그 철학자를 이해할 수 있다는 것이다. 아주 쉽게, 칸트 이전의 유럽 본토인들에게 경험은 별 거 아닌 시원찮은 것이었지만, 영국의 철학자들에게는 모든 것의 바탕이 되는 가장 소중한 것이었다. 데카르트에게서 감각은 나를 속이는 나쁜 것이지만, 흄에게는 감정을 포함에서 그런 역**

**할을 하는 지각은 좋은 것이다.**

**5.031** 유럽인들에게 자연은 나쁜 것이다. 자연주의 문학이 대표하듯 그것은 근친상간의 저주나 유전적 질병을 가리킨다. 윤리학에서 자연주의적 오류란 사실과 당위도 구별 못하는 어리석은 놈들을 싸잡아 일컫는 말이다. 그런데 그리스와 스토아철학에서 좋게 쓰이던 자연의 좋은 뜻을 회복시킨 사람이 바로 루소다. 그래서 루소는 『인간 불평등 기원론』 앞에 붙인 제네바 공화국에 바치는 글의 엑서규exergue로 아리스토텔레스의 자연에 대한 견해를 적어놓은 것이다. '자연적이라는 것은 타락한 사람들 속에서가 아니라 자연에 순응하는 사람들 속에서 고찰해야 한다'(『정치학』)고 말이다.

**5.0311** 나는 영어로 '자연이 부른다!'(Nature calls me!)고 해서 자연의 맑은 공기를 쐬자는 것인 줄 알았더니, 오줌 누러 간다는 뜻이었다. 그 자연은 본능이다. 어디 우리말에서 자연이 부른다가 똥 누러 간다(ease nature)는 뜻일 수 있겠는가.

**5.032** 자연은 동양에서는 당연히 좋은 뜻이다. 자연은 하늘이고 하늘은 길이다. 그것을 천리天理라고 부른다. 순천順天 사람들은 순천리順天理할 줄 안다. 파리 사람들은 파리破理하고.

**5.033** 그러나 자연의 뜻은 참으로 많다. 동양철학 내에서도 층차나 위상이 매우 다르다. 가장 단적인 문제가 도대체 어디까지가 자연이냐는 물음이다.

**5.0331** 철학자마다 학파마다 시대마다 자연의 개념은 발전되고 변용되고 극복된다. 따라서 자연을 이거다라고 말한다는 것은 실제적으로 불가능하지만 그래도 말할 수 있는 데까지는 말해야 하지 않겠는가. 장자가 앎을 부정한다고 누가 그러는가. 그조차도 '알지 못하는 데에서 앎을 멈추자'(지지기소부지知止其所不知)고 하지, 무턱대고 앎을 멈추자고 하지 않는다.

**5.0332** '하늘과 사람 사이'라는 말이 있다. 천인지제天人之際라고 한다. 어

디까지가 하늘이고 어디까지가 사람이냐는 것이다. 여기서 하늘은 자연이고 사람은 인위를 가리킨다. 이렇게 하늘과 사람 사이에 알맞은 자리 찾기는 난제 중의 난제인 것이다. 그야말로 중용中庸의 문제다. A와 B의 산술적 중간이 아닌 A와 B 사이에서 왔다 갔다 하기다.

A↔↔↔↔↔↔B

**5.0333** A(자연)와 B(인위) 사이를 아주 잘 왔다 갔다 하는 것을 이른바 천인합일天人合一이라고 불렀다. 천인합일은 동양의 모든 철학자들의 이상이었다.

**5.0334** 천인합일을 사람이 하늘로 올라가거나, 하늘이 사람을 덮어서 하나가 된다는 생각을 하면 정말 안 된다. 물리적인 것은 물론, 정신적인 경지로 취급해도 곤란하다. 그것은 '자연과 인위를 어떻게 조화시키는가'라는 최고 수준의 철학적인 물음이었다.

**5.0335** 순자의 평가에 따르면, 노자는 하늘에 가려 사람을 제대로 못 봤다.

**5.0336** 그러나 루소 식으로 말하면, 성악설의 순자는 사람에 가려 하늘을 제대로 못 본 꼴이다.

## 5.1 어머니의 마음으로 돌아가자.

### 5.11 자연스러운 것 가운데 하나가 어머니의 마음이다.

**5.111** 노자는 어머니의 마음이 가장 자연스럽다고 한다.

**5.112** 노자가 말하는 자연은 자연성이다. 오늘날 자연은 천지天地를 뜻하지만, 노자의 자연은 자연스러움 그 자체였다.

**5.113** 노자는 말한다. 나는 스스로 그러하다(我自然)!

**5.114** 자연이라는 말의 어원인 노자다. 그러나 노자의 자연스러움은 천지자연에 밀렸다. 천지자연에 자연이연自然而然에 밀린 것이다. 자연 세계가 아닌 그것의 성질로서의 자연이다.

**5.115** 그래서 어떨 때는 노자의 자연을 차라리 다른 말로 바꿔서 말해야 되지 않을까 하는 생각도 든다. 우리말에 자연스럽다는 말에 자연이라는 말이 들어가긴 하지만, 물질성이 자꾸 자연에 개입하기 때문이다. 자발自發도 좋고, 자생自生도 좋고, 자동自動도 좋다. 내가 좋아하는 말은 노자에 나오는 자화自化라는 말이지만 잘 안 쓴다. 우리말로 저절로를 줄여 절로라고 해도 좋은데 부사라서 명사화되기 어렵다. 스스로라는 말도 마찬가지다.

**5.116** 어떤가? 사람은 땅을 따르고, 땅은 하늘을 따르고, 하늘은 도를

따르고, '도는 자동을 따른다' 또는 '도는 자동이다'. 여기서 자동은 그리스어 아우토auto다.

**5.117** 노자의 자연은 그래서 자연스러움 또는 자연성으로 불리는 것이 좋다. '도는 자연스러움을 따른다' 또는 '도는 자연성을 따른다'. 그래서 도는 자연스러움인 것이다.

**5.118** 노자의 위대함은 '왜 그래?'라는 물음에 '워낙 그래'라고 대꾸한 데 있다. 왜 그래라는 질문에 신이, 임금이, 아니면 사람이 했다고 할 수도 있으며 햇볕이, 흙이, 아니면 물이 했다고 대꾸할 수도 있었다. 그러나 노자는 그러지 않았다. 그의 해답은 '그래서 그래'였다. 모든 대답을 눌러버리는 한마디 말이었다. 세상이 워낙 그렇고 그렇다는데 무슨 딴 말이 필요하냐.

**5.1181** 불교에서 여여如如하다는 표현과 자연은 통한다. 대승불교에서 초월적인 신인 의미가 강화되면서 여래如來는 그렇게 오신 분이 되기 때문에 그때의 여는 이때와는 달라지지만, 그렇고 그런 것도 스스로 그러한 것이다. 타타타tathatā!

**5.12 노자가 말하는 자연은 무엇일까? 동어반복이 아닌 구체적인 예는 없을까? 있다. 그것은 어머니의 마음이다.**

**5.121** 자연적인 것이 무엇일까라는 질문에 대한 대답은 여러 가지일 수 있다. 그런데 노자는 어머니의 마음 곧 모성애를 선택한다.

**5.122** 시간이 흐르는 것이나 소화가 되는 것도 물리적인 자연스러움이다. 무릎의 무조건 반사도 신체적인 자연스러움이다. 슬플 때 눈물이 나오고, 웃길 때 웃음이 나오는 것도 감정적인 자연스러움이다. 인간적인 자연스러움으로 하품 나오는 것, 눈을 깜빡이는 것, 놀라거나 아플 때 소리 지르는 것, 아기가 젖을 빨다가 어느덧 이가 나오면 씹는 것 등이 있다. 그러면 두 사

람이 있을 때 자연스러운 것은 무엇일까? 여러 감정이 있을 수 있지만, 노자는 자연스러운 감정 가운데 으뜸으로 바로 모성애를 꼽았다.

**5.123** 맞다. 짐승도 새끼를 치며, 꽃도 씨를 뿌린다. 살아있는 것 모두는 아이를 낳고 키운다(생식生殖). 식물이라 할지라도 바람을 빌려 씨를 멀리 보내기도 하고, 짐승의 털에 붙어 다른 곳으로 가게도 한다. 하다못해 꿀을 주어 벌이 이곳저곳 옮겨 다니면서 꽃가루를 섞이게끔 한다. 놀라운 생명의 힘이다. 그리하여 노자는 자연계의 모든 것이 생식을 하며 그것의 중심에 암컷이 있음을 보았다.

**5.124** 자연계에서 어떤 것이 암컷이고 수컷인지 분명하지 않은 것이 많다. 그리고 꽃의 암수술처럼 암수를 구분하는 방법은 순전히 인간적인 것이다(꽃과 과일에는 성별이 없기 때문에). 그럼에도 모든 생명은 그들이 암수가 있든지 없든지 한 몸이든지 간에 씨앗과 아이를 갖고 자기의 종족을 번식한다. 아니, 생명이 있는 모든 것은 자기 복제를 하며, 자기 복제를 하지 않는 생명은 생명이라고 부르지 않는다. 바이러스도 자기를 복제한다. 여기서 복제(copy)란 재생산(reproduction)을 뜻한다.

**5.1241** 씨앗을 심어 다음 세대가 나오지 않게 만든 것은 미국과 그를 중심으로 하는 대규모 종묘산업의 가장 몹쓸 짓이었다. 그것은 고귀한 생명이 아니라 처절한 식량일 뿐이다. F2, F3가 없는 F1 씨앗일 뿐이다. 고추가 아니라 고추 형태의 매운맛을 내는 물건일 뿐이다. 언젠가 상추도 사탕이 달라붙지 않게 하는 녹말 종이처럼 밥을 싸 먹는 푸른 종이가 되어버릴지 모른다. 무서운 터미네이터 씨앗(self-terminating offspring)이자 자살 씨앗(suicide seed)이다.

### 5.13 우리는 생명을 낳는 것을 암컷이라 부른다.

**5.131** 암수의 구별은 포유류에서는 비교적 명확하다. 그러나 암수의 구

별조차 자연적인 것이 아니라 인간적인 것이다.

**5.132** 세상에 암컷과 수컷이 있는 것이 아니라 사람의 눈에 암컷과 수컷이 있다는 말이다. 그리고 그러한 구별의 기준은 자기와 유사한 형체가 될 생명을 체내에서 만들어 체외로 산출하는 복제의 기능에 있다.

**5.133** 과수를 사람의 기준으로 본다면 대체로 암컷이거나 암수한몸이다. 씨앗 곧 과일을 만들지 않는가.

**5.134** 살아있는 것을 줄곧 살리는 것이 바로 암컷의 일이다.

**5.135** 자연법 제1원리가 사람을 살리는 것이었다면, 자연의 제1원리가 바로 살아있는 것을 살리는 것이다.

**5.1351** 알다시피 법은 사람의 것이라서 자연법의 제1원리는 사람을 살리는 것이고, 사람만이 아니라 만물을 말하는 자연의 제1원리는 살아있는 것을 살리는 것이다.

**5.1352** 살아있는 것을 살리는 것, 그것이 바로 낳고 낳는 위대한 질서 곧 생생지덕生生之德이다.

**5.1353** 노자와 장자에 이은 도가철학자 열자는 말한다. 살아있는 것은 살리고, 죽은 것은 죽여라(생생사사生生死死). 말장난 같은가? 아니다. 산 것을 살리고 죽은 것을 죽이는 것이 하늘의 복이라면, 산 것을 죽이고 죽은 것을 살리는 것은 하늘의 벌이다. 이에 따르면, 씨앗을 가지고 장난하는 종묘회사 몬산토코리아는 천벌을 받는다. 『열자』에 나오는 표현으로는 명命을 따르지 않는 그들이다. 그들은 하늘의 명령命令을 거역하고 땅 위의 생명生命을 부정하고 있다.

**5.136** 노자는 암컷을 찬양한다.

**5.1361** 위대한 암컷은 생명을 생산한다. 놀랍게도 암컷은 수컷을 낳는다. 세상의 모든 것은 암컷을 통해 세상에 나온다.

**5.1362** 아니, 생명을 생산하는 모든 것을 우리는 암컷이라 부르고 있는 것이다.

**5.13621** 내가 늘 말하는 것이다. 암컷에서 나오지 않은 놈이 있으면 나와 봐라. 사람 가운데 암컷이 아닌 것에서 나온 것이 있다면 나는 그를 신으로 모시겠다. 예수도 마리아의 배를 빌려 나오지 않았는가. 예수도 배꼽이 있다. 배꼽 없는 사람을 만드는 인간복제의 기술이 나온다면 그것은 신을 만드는 기술과 다름없다.

**5.137** 노자의 암컷은 모든 것의 근원이자 회귀처다. 노자는 그것을 검은 암컷 곧 현빈玄牝이라고 불렀다. 골짜기처럼 물이 흐르는 암컷의 정신은 죽지 않는다. 곡신불사谷神不死!

**5.1371** 노자는 여성성(femininity)에 대한 찬사를 그치지 않는다.

**5.1372** 그런 점에서 노자는 세계 최초의 페미니스트다.

**5.13721** 노자가 그리는 여성성이 유약柔弱한 것을 문제 삼을 수 있다. 그러나 노자는 유약이 강강剛强을 이긴다고 말한다. 남성적인 개념과 여성적인 개념을 나누고 여성적인 개념에 소극적인 성질을 해당시키는 것은 맞지만, 그 둘 가운데 여성적인 개념이 남성적인 개념보다 우월하다고 역설한다.

**5.13722** 노자가 남녀를 평등하게 보지 않고 여성성을 높인다는 점에서 또 다른 문제로 삼을 수 있다. 그런데 노자의 여성성에 대한 강조는 유가들이나 당시 문화의 남성성을 비판하는 것이기 때문에 저울의 중간선을 향한 편중이다.

**5.138** 노자가 사람 속에서 찾은 여성성은 바로 어머니였다.

**5.1381** 논리는 이렇다. 자연성은 생명성 곧 생생生生이다. 그런 생생의 덕을 갖춘 것은 암컷이다. 사람 속에서 암컷은 어머니다. 따라서 어머니의 사랑이야말로 사람이 회복해야 하는 지고지순의 자연성이다.

**5.1382** 어머니의 사랑이 무엇인가? 모성애다. 노자는 그것을 자애慈愛의 자慈로 그려낸다. 우리는 노자의 두 번째 보물인 검약(검儉) 이야기를 많이 했는데, 그의 첫 번째 보물이 바로 자애(자慈)인 것이다. 세 번째 보물은 천하에 감히 앞장서지 않는 것(불감위천하선不敢爲天下先)이다. 모성애는 이렇게 노자의

최고의 가치로 성립한다.

### 5.14 자연의 제1덕: 어머니의 사랑.

**5.141** 자연법의 제1원리가 사람을 살리는 것이듯, 자연성의 제1덕목은 모성애다.

**5.142** 모성애는 내리사랑이다. 뭘 바라는 것이 아니다. 맹목적이지만 순수하고, 단순하면서도 원초적이다.

**5.1421** 모성애의 위대함 1: 구렁이가 까치 새끼를 잡아먹으려 하자 까치가 구렁이에게 덤빈다. 안 될 줄 알면서도, 자기가 잡혀서 먹힐 수 있는데도 막고 또 막는다.

**5.1422** 모성애의 위대함 2: 자동차가 달려오는데도 엄마는 아이를 구하러 도로로 달려든다. 헤엄을 못 치는데도 엄마는 물에 빠진 아이를 구하러 물에 뛰어든다. 불구덩이에서도 엄마는 아기를 껴안고 불에 탄다.

**5.1423** 모성애의 위대함 3: 엄마가 자식한테 가장 많이 하는 말, 사랑해가 아니다. 밥 먹었니?

**5.143** 노자는 어머니 가운데에서도 밥 어머니인 식모食母를 다른 사람과는 달리 귀하게 여긴다. 나에게 밥 먹이고, 천하를 밥 먹여라.

**5.144** 노자는 따라서 정치도 어머니의 마음으로 하란다. 그것이 바로 천하모天下母다. 천하를 어머니의 마음으로 대하라. 천하의 어머니가 되어 살펴라.

**5.145** 노자는 말한다. 나라의 어머니(국지모國之母)가 있으니 장구하리라.

**5.146** 어머니의 마음이 가장 자연스러운 것임에도 루소는 이를 보지 못했다.

**5.1461** 루소는 무기를 든 스파르타의 강인한 여성만 보았지 젖먹이는 엄

마의 다정스러운 눈길을 보지 못했다. 루소 생후 엿새 만에 돌아가신 그의 어머니다. 그렇다면 산후 여독일 텐데 자신의 출산으로 어머니가 돌아가시게 되었다는 생각도 들었을 것이다.

**5.14611** 당시까지는 의학적으로 세균 개념이 없었다. 감염증을 막기 위해 손을 씻게 했더니 산모 사망률이 급격하게 줄었다는 의학사의 보고가 있다. 세균의 발견은 17세기 현미경의 탄생과 함께하지만(Leeuwenhoek, 1632~1723), 질병은 미생물에 의해 발생한다는 주장(germ theory)은 19세기에 이르러서다(Koch, 1843-1910). 이른바 병원성病原性(pathogenic) 세균의 인식이다. 병원성이란 질병의 근원이 된다는 것으로 발병이란 뜻이다.

**5.14612** 루소의 기이한 성적 취향도 어머니의 사랑을 받지 못해서 얻어진 것으로 추측될 수 있다. 루소는 사촌 아브라함과 함께 목사의 집에 교육을 위해 맡겨졌는데, 그때 목사의 딸이 때릴 때 묘하게 기분이 좋았다고 고백한다. 그녀의 오빠가 때릴 때는 그렇지 않았다. 그녀가 알아차리고는 더 이상 루소를 때리지 않았다고 한다.

**5.14613** 결국 25년 만에 결혼을 하지만 여관집 하녀였던 테레즈를 욕정을 풀 수 있는 가정부 정도로 여기는 태도도 루소의 여성관을 보여준다. 루소는 테레즈에게 글자를 가르친 것을 자랑하지만 이른바 그녀는 대리 보충에 불과했다. 다섯 아이를 보육원에 보내고 아이를 길러보지 않은 것도 모성에 동참할 시간을 갖지 못하게 한 것이 아닌가 싶다.

**5.14614** 데리다는 루소의 대리 보충(supplément)이라는 개념을 원용하는데, 말이 어려워서 그렇지, 우리말로는 땜빵이다. 테레즈는 루소에게 땜빵이었다. 데리다 식으로 말하자면 여자는 남자의 땜빵, 문명은 자연의 땜빵이다.

**5.147** 루소는 불쌍했다. 어머니의 사랑을 못 받은 데다 십 대 때 연상 여인으로부터 실연당한다. 애인은 잠자리를 같이 하는 하녀였을 뿐이다. 사랑받지도 사랑할 줄도 몰랐다. 그런 루소에게 진정한 어머니와 같은 존재는 아

에 없었다.

**5.1471** 루소는 늘 불화 속에 살았다. 하다못해 자신을 영국으로 데려간 성격 좋은 영국 신사 흄과도 멀어진다. 루소는 자신을 어떻게 하려는 나쁜 놈들의 배후에 흄이 있을 것이라는 음모론을 떨치지 못한다. 루소의 정신 상태의 심각성이 드러나는 부분이다. 당시 그는 영국을 떠나거나 죽어버릴 생각도 하고 있었다. 그것이 곧 루소가 처한 '사회 상태'였다.

**5.1472** 루소의 인간관계는 엉망이었다. 주위의 도움도 곧이곧대로 받아들이지 못하는 루소였다. 감정의 기복도 심했고 피해망상도 있었다. 루소의 사상을 지지하는 고관대작도, 귀족부인도 있었지만 그는 늘 그들에게 상처 입을만한 말로 보답했다. 생활비를 대주는 출판 사장도 있었지만, 판금과 체포령 속에 살아야 했던 심리적으로 불안한 루소였다.

**5.1473** 루소는 돌아갈 곳이 없었다. 믿을 사람은 없었다. 오직 아름다운 스위스만이 그의 고향이었다. 『고독한 산책자의 몽상』은 이렇게 홀로 가는 길이었다. 스위스에 대한 당시 여행자들의 관심은 바로 그가 『신 엘로이즈』에서 묘사한 그곳의 아름다운 풍광 때문에 비롯되었다. 그의 책은 어떤 안내서보다 가치가 있었다. 루소는 자연을 자연성이 아닌 그야말로 스위스의 자연으로 받아들이고 있었던 것이다. 스위스만이 그의 자연 상태를 충족시켜주고 있었다.

**5.148** 루소에게 유일하게 찾을 수 있는 어머니의 상징을 찾으라면 대상세계로서의 자연이 유일하다. 사전적인 용법에서 찾을 수 있는 이른바 어머니이신 자연(Mother Nature) 정도다. 그러나 루소에게는 정작 '어머니'가 없다.

**5.1481** 한마디로 루소의 자연은 아직 서구적 전통에서 완전히 벗어나지 못하고 있는 것이다. 루소는 자연성 곧 자연스러움을 잘 몰랐다. 성질로서의 자연과 대상으로서의 자연을 헷갈린다. 루소는 자연이 주는 생명이라는 선물을 잘 관찰하지 못했다. 그리고 생명의 원리에 바로 모성이 있음을 깨닫지 못했다. 하다못해, 그의 종교가 무엇이었든지 간에(1728년 4월 23일 만 16세의 나

이를 두 달 앞두고 현실적인 이유에서 가톨릭으로 개종한 후, 26년 이상 가톨릭을 유지하다가 1754년 8월 1일 다시 신교도로 개종한다), 칼뱅주의의 산실인 스위스의 신교도 환경 속에서 어머니 마리아(Mother Mary)도 특별한 의미를 지니지 못했다.

**5.1482** 루소에게 자연의 특징이 무엇이냐고 보기를 들어보라고 하면 어떡할까? 그가 좋아했던 식물을 예로 들을까, 스위스의 아름다운 산천을 예로 들을까? 자연(nature)은 활력이고 충동이기도 하니 성욕을 예로 들을까? 그 자신도 언제나 마음만 먹으면 여인들을 정복할 수 있었다고 성욕의 대상으로 묘사하니까 말이다.

**5.1483** 루소에게 자연은 여전히 내재화되고 있지 못하다. 그의 자연은 외재화 되어 있다. 심지어 자기화되지 못하고 타자화되고 있다. 자신 속에서 자발적으로 드러나는 것이 아니라 외부적 요인으로 간신히 제 꼴을 이룬다.

**5.149** 이렇게 말하는 것이 좋겠다. 노자는 자연自然이고 루소는 타연他然이다.

**5.15 노자도 루소처럼 자연이 문명에 대한 반명제로, 사회에 대한 반명제로, 억압과 강제에 대한 반명제로 성립하는 것은 마찬가지다. 그러나 노자의 자연은 어머니라는 사랑을 바탕으로 한다는 점에서 루소와 많이 다르다. 루소의 자연에는 사랑이 없다. 노자의 입장에서 보면 루소의 본성에 대한 설명은 아직까지도 뭔가 모자란 성선설인 것이다. 사랑이 빠진 성선은 속 빈 강정일 수밖에 없다.**

**5.16 루소는 아리스토텔레스가 인지한 본성이라는 씨앗(가능태)과 그것의 꽃핌(현실태)이라는 식물학적 세계관도 충분히 자기의 사상 속에 표현하지 못했다. 의미는 있지만 영향력은 크지 않은 '완성가능성'(perfectibilité) 정**

도의 개념만이 세계의 완전성을 설명할 수 있을 뿐이었다. 모든 것은 알아서 큰다고 생각하면 타인에 대한 불간섭주의에 이르는 무위의 철학이 나올 수밖에 없는데도, 루소는 자신의 할 일 없음에서 나오는 휴식만을 찬양했다. 그러나 모순되게도 무위도식하는 귀족들은 루소에게 눈엣가시였다.

5.17 어머니의 마음은 야생이 아니다.

## 5.2 우러나오는 느낌을 따르자.

### 5.21 감정에 충실하면 자연스럽다.

#### 5.22 우리는 감정을 빼앗겼다.

**5.221** 우리의 이성은 감정을 억압했다.

**5.2211** 이성(reason)이란 말은 영어다. 불어도 비슷하게 쓴다(raison), 독일어는 많이 다르게 페어눈프트Vernunft라고 부른다.

**5.2212** 이성은 합리적이라는 뜻의 형용사(영어와 독일어는 rational; 불어는 rationnel)로 많이 쓰이며, 그래서 합리성이라고 할 때는 형용사를 명사화(rationality, rationalité, Rationalität)시켜 쓴다.

**5.2213** 이성 또는 합리성의 어원은 라틴어에서 비율을 뜻하는 라티오ratio라는 말이다. 여기서 라티오란 세계의 수적 비율을 가리키는 것으로 피타고라스적 사유를 담는다. 서양인들에게 아름다움은 완전한 비율의 대칭(symmetry)에서 나온다.

**5.22131** 한국미의 아름다움은 대칭이 아니라 오히려 대칭에서 벗어나려

는 움직임이라고 밝힌 한국 최초의 현대 미학자가 바로 고유섭이다. 그것을 비균정성(非均整性; asymmetry)이라고 했는데, 오늘날의 표현으로는 비대칭성이다. 그는 어른 같은 아이, 구수한 큰 맛이라는 말을 만들었다. 한국의 불상이 그렇다는 것이다.

**5.2214** 이러한 수학적 비율에 대한 집착은 저기 어딘가 수학적으로 비율에 맞는 세계가 있을 것이고 그것이 현실에서는 볼 수 없는 완벽한 세상일 것이라는 믿음에서 출발한다. 대표적인 예가 플라톤이다. 이데아를 떠올리면 된다.

**5.2215** 그런데 우리말에서 이성은 바로 이치를 추구하는 본성을 가리킨다. '이성理性'은 이기理氣론이라는 주자학의 기본 개념에 맹자의 성선性善설을 가미해서 만든 것이다. 이성은 경험을 떠난 원리이기 때문에 기가 아닌 이가 맞았고, 또한 그것은 우리에게 각인된 완전한 것이기 때문에 성선에서 말하는 성이 맞았다. 주자학의 성정性情론에 따르면 성은 순선純善하지만(무불선無不善), 정은 불선不善이 있을 수 있다(유불선有不善). 따라서 이성은 성의 영역이지 정의 영역이 아니었다. 동양에서 이성이란 말은 이렇게 성리학의 용어를 빌어 정립된다. 결과적으로는 동양의 성리性理학을 거꾸로 불러 서양의 이성理性학이 된 것이다.

**5.2216** 그렇다면 동양에서 악의 문제 때문에 못내 고민하지 않을 수 없었던 정情은 어디로 갔나? 그것은 감정感情이라는 번역어로 남는다. 감정적으로 치우지지 말고 이성적으로 생각해 보라고 할 때의 감정이다.

**5.2217** 이성이 행위를 이끄느냐는 물음에 제대로 답하지 않은 채, 우리는 함부로 '이성적으로 행동하라'고 말한다. 행동의 영역은 주자학에서는 기의 영역이지 이의 영역이 아니다. 게다가 사람의 행동은 시원적으로는 감정에 이끌리는 경우가 많다. 하다못해, 표정表情에서처럼 감정이 드러나는 것이다(표정이란 말 자체가 정을 드러낸다는 뜻이다).

**5.2218** 만일 이성과 감정을 성리학적인 대립구조에 제대로 적용한다면

하나는 이성, 하나는 기성氣性이다. 그런데 기는 악이 있을 수 있는, 성이 아닌 정이기에 기정氣情으로 번역된다. 그러나 주자도 기질지성氣質之性이라고 하면서 기질도 성이라고 하기 때문에 여전히 기성이라는 번역도 유효하다. 그래서 이성의 반대편에 있는 것을 객관화시켜 말할 때는 감정이라고 하지 않고 감성感性이라고 쓰는 것이다.

**5.222** 이성과 감정은 이성과 기성 또는 이성과 기정이라는 대립구조로 충분히 불릴 수 있는데, 이를 모두 아우르는 번역으로 현재까지 가장 중립적인 것은 감성이란 용어다. 그러나 서양적 전통이나 주자학적 전통에서도 감정의 조절이나 억제가 주제였으므로 일반적인 용어는 감정이라 할 수 있다.

**5.2221** 이성적이라는 말과 합리적이라는 말이 혼용되어 쓰이는 것만으로도 서양의 이성 중심적 사유는 쉽게 드러난다. 이성주의자가 아닌 경험주의자의 입장에서는 이성적인 것보다 경험이 더 합리적일 수도 있기 때문이다. 물론 이성적이라는 말과 합리적이라는 말이 그 자체로 같은 뜻을 지니는 문화에서 이 둘을 구별해서 쓰기는 어렵다. 그러나 합리적 경험론이라는 말도 불가능한 것은 아니기 때문에, 우리말에서 합리적이라는 말은 이성적이라는 말로 통일하는 것이 낫다. 합리주의가 아니라 이성주의라고 불려야 하는 것이다.

**5.22211** 합리적 경험론이란 말은 심리학적 실용주의자로 불리는 윌리엄 제임스의 근본적(radical) 경험론을 설명할 때 가능하다. 그는 『근본적 경험론에 관한 시론』에서 경험주의의 한계를 넘어서려고 했다. 합리적 경험론을 곧이곧대로 말하면 이성적 경험론이라는 뜻이 된다. 상반되게 칸트의 철학은 경험적 이성론에 가깝다.

**5.223** 이성이 무엇이기에 우리 주위에서 이렇게 맴도는가? 서양의 정신이 우리에게 무엇이었기에 이다지도 우리의 머릿속을 점령하고 있는가? 성질나 죽겠는데 이성적으로 생각하라니 환장한다.

## 5.23 감정의 복원은 미학적 세계의 재건이다.

**5.231** 미학이란 무엇인가? 감정학(Aesthetics)이다. 그리스어에서 감정을 가리키는 아이스테시스(aisthēsis)라는 말에서 나왔다. 그 반대말은? 바로 이성이다. 서구적 전통에서 이성의 반대편은 연구할 필요도 없었다. 그런데 바움가르텐이 좀 말은 안 되지만 그래도 감정의 논리가 없을까 하며 정리해본 것이 바로 감정학 곧 미학이었다. 그조차 감정학을 열등한 논리학이라고 낮춰 불렀다. 감정의 논리는 이성의 논리를 따라갈 수 없다는 것이었다. 그런데 일본인들이 취미 등 여러 용어로 번역하는 가운데 그런 학문을 미묘美妙학이라고도 불렀는데, 나카에 쵸민中江兆民이 베롱Véron의 책을 『유씨미학維氏美學』이라고 부르면서 미학이라는 말이 정립된다.

**5.2311** 나카에 쵸민이 누구인가? 루소에 빠져 그의 사회계약설을 『민약론民約論』으로 요약해서 출간한 사람이다. 동양의 루소라고도 불린다.

**5.232** 미학이라는 말은 태생부터 문제가 있었다. 아름다움을 느끼는 것은 우리 감정 가운데 극히 작은 부분에 불과하다. 감정이란 전통적으로도 희노애락애오욕喜怒哀樂愛惡慾을 비롯해서 희열, 감탄, 공포, 경외 등 무수히 많은 내용을 갖고 있는 것이다. 우리말 가운데 뒤에 마음 심心 자를 붙일 수 있는 것 가운데에는 이성의 영역으로 취급되는 것도 많지만(애국심, 존경심, 자존심) 그것들도 여전히 감정에 호소하는 일종의 장치로서 역할을 한다는 점에서 상당히 감정적이다. 쉽게 말하자면 느낀다는 말 앞에 오는 모든 것이 감정적 영역에 해당될 수 있다. 그러나 감정에 충실한 우리는 '사랑을 느낀다, 미움을 느낀다, 무서움을 느낀다, 놀라움을 느낀다'와 같은 오늘날의 감정 이외에도 '부조리를 느낀다, 잘못되었음을 느낀다, 문제를 느낀다, 빈곤을 느낀다, 차별을 느낀다'는 말처럼 서구적 전통에서는 충분히 이성적인 영역일 수 있는데도 느낀다고 한다. 이를테면 '그 사람 말이 참 합리적(논리적)이라고 느꼈어'라고 하여 철저히 이성의 영역인데도 감정의 영역으로 표현하

는 것이다.

**5.233** 미학적 세계는 감정의 영역이다.

**5.234** 미학적 세계를 재건하자는 것은 감정의 영역을 빼놓지 말고 넉넉하게 이야기하자는 것이다.

### 5.24 감정이란 곧 느낌이다. 느낌을 찾아야 한다.

**5.241** 도덕은 감정이라고 말한 사람은 스미스 이전에 맹자가 있다.

**5.2411** 스미스의 것을 『도덕정감론』이라고도 번역하지만 『도덕감정론(The Theory of Moral Sentiments)』이 옳다. 우리의 감정으로부터 도덕이 시작되었다는 것이기 때문이다. 도덕의 센티멘탈리즘이다. 정감론이라고 하려면 차라리 공감론이 낫다. 『도덕감정론』은 한마디로 '도덕은 느낌이다'라는 주장이다.

**5.2412** 맹자의 많은 이야기를 한 마디로 모으면 바로 '도덕을 일으키는 마음을 지켜 그것이 언제 어디서나 일어나도록 하라'는 것이다. 타고났기 때문에 양지良知라 하고, 할 수 있기 때문에 양능良能이라 한다. 타고났지만 어느덧 달아나버린 마음을 구하는 것이니 구방심(求放心)이라는 표현도 쓴다. '방심하지 마'의 방심이다.

**5.24121** 흔히 수방심收放心이라고도 하는데 정확한 『맹자』의 어법은 구기방심求其放心이다.

**5.242** 맹자는 불쌍히 여기는 마음(측은지심惻隱之心)으로부터 도덕이 생긴다고 생각한다.

**5.2421** 사람의 마음 가운데 어찌 불쌍히 여기는 마음만 있겠는가? 부끄러워하는 마음도, 무서워하는 마음도, 놀라는 마음도 있을 것이다. 그런데 그 가운데에서도 불쌍히 여기는 마음이 으뜸이다. 어짊(인仁)이라는 유가 도

덕의 제1덕성을 이루게 하니 말이다.

**5.2422** 오랫동안 내려오던 인의예지신仁義禮智信이라는 오상五常을 사람이라면 모두 갖고 있는 감정에서 비롯된 것으로 보았으니, 맹자는 그런 점에서 감정도덕론의 시초가 아닐 수 없다.

**5.24221** 공자의 사상을 어짊의 철학으로 정리하는 경우가 많다. 그러나 어짊은 공자 이전에도 강조되어왔기 때문에 그의 순정한 주장으로 보기 어렵다. 오히려 그의 독자적인 주장은 용서에 있다.

**5.24222** 마음이라는 말에 눈을 돌려보자. 마음이 어디 있나? 손으로 가리켜보자. 요즘 젊은 사람들은 머리를 가리킬 때도 있지만 여전히 가슴이 많다. 우리말의 마음, 아니 성리학적 질서 속에서 심心은 머리보다는 가슴이다. 그래서 요즘은 영어로는 'xin心'이라 해놓고 'mind/heart'를 같이 병기한다. 그러나 서양 학생들에게 '마인드mind'가 어디 있나 손으로 가리켜보라면 모두 머리를 가리킨다. 마인드는 이성의 활동인 것이다. 그런데 마음을 마인드라고 번역해놓고 맹자의 도덕 감정을 말하니 앞뒤가 안 맞게 되는 것이다.

**5.243** 우리가 말하는 마음은 감정이다.

**5.2431** 형식적으로 보면 맹자는 스미스처럼 공감(sympathy)이라는 말로 보편화시키지 않고 특정한 네 가지 마음을 사단이라 부른다. 그러나 실제적으로 그 네 가지 마음은 사단이라는 일반명칭을 얻은 만큼, 도덕적 씨앗이 되는 감정을 통칭한다. 사람의 도덕심을 일으키는 마음 모두를 사단이라 부를 수 있는 것이다. '그 사람, 사단을 잘 갖췄구먼!' 이렇게 말이다. 요즘 말로 바꾸면, '그 사람, 정감이 넘쳐, 도덕적 감수성이 뛰어나!'다.

**5.2432** 맹자의 불쌍히 여기는 마음 말고, 다른 마음은 오늘날의 기준으로 보면 그것도 감정인가 싶기도 하다. 부끄러운 마음(수오지심羞惡之心)은 감정에 가깝지만, 도덕적 기준이 있어서 창피한 것이지 없으면(또는 들키지 않았으면) 그만이다. 뒤로 물러서는 것(사양辭讓)은 비교적 이성적이고, 옳고 그름을

나누는 것(시비是非)은 더욱더 이성적으로 보인다.

**5.2433** 여기서 주의를 요한다. 맹자의 시각에서는 사양도 이성적인 추론으로 '젊은 놈이 물러서야지'라고 판단을 내리는 것이 아니라, 그냥 '저 노인네 먼저 먹게 해'라고 툭 튀어나오는 감정이다. 헐레벌떡 뛰어와 목이 마른 사람이 내 앞에 있는데, '줄 서요'라고 하지는 않는다. 요즘은 양보讓步(사양의 양讓이다)도 뒷사람의 허락을 받아야 하긴 하다. 뒷사람은 그 사람에게 양보하고 싶지 않을 수도 있기 때문이다. 그러나 빤히 목이 타는 사람인 줄 보면서도 '줄 서요'라고 말할 사람은 정말로 감정이 마비된 사람이거나 도덕교육을 잘못 이해한 사람이 아닐까? 만일 그런 사람이 있으면 내 자리를 목이 타는 사람에게 주고, 내가 맨 뒤로 가면 되지만.

**5.2434** 시비도 마찬가지다. 이 시비의 마음은 논리적으로 따져보니 그렇다는 것이 아니다. 만일 이성에 비추어 바라보았을 때 옳고 그름이 나온다면 그것은 이미 감정이 아니다. 게다가 여기서 말하는 시비의 마음은 훈육받은 도덕률이 있거나 그것을 실천해야 한다는 의무감에 따라 느껴지는 마음과 더불어, 어떤 상황이나 사태 앞에서 즉각적으로 다가오는 옳고 그름이다. 쉽게 말해 '이건 아닌데'하는 마음이다. '그래, 그건 그래야지'(시是), '어? 저러면 안 되지'(비非)라는 느낌이 바로 시비의 마음인 것이다.

**5.24341** 스무 서너 살 때다. 체육관에서 고등학생으로 보이는 학생을 관리자가 야단을 치고 있었다. 샤워장이라서 고등학생은 발가벗은 채로 혼나고 있었다. 그걸 보는 순간 갑자기 이건 아니다 싶었다. 아는 학생도 아니었고, 상황도 몰랐다. 관리자에게 다가가서 말했다. '옷은 입혀 놓고 야단을 치셔야지요.' 관리자도 뭔가 느낀 모양이다. '옷 입고 다시 와.' 나도, 그도 무슨 논거가 있었던 것도 아니다. 나는 그렇게 느꼈고, (다행히) 그도 그렇게 받아주었다. 세월이 지나 생각해보면 이렇다. 옷을 입혀놓고 야단을 치면 사람을 가르치는 것이고, 옷을 벗겨놓고 야단을 치면 짐승에게 소리 지르는 것이었다.

**5.244** 루소는 서구 문명에서 억눌려 왔던 감정의 복원자다. 그의 『고백록』에 나오는 적나라한 고백(엄마라고 부르던 바랑 부인과의 잠자리, 자주 삭제되어 있지만 『고백록』 3권의 첫 부분에 나오는 노출증, 베네치아 대사 비서 시절 창녀들과의 경험 등)에 사람들은 놀란다. 그래서 미친놈 소리를 들었지만, 루소는 이성적이지 않은 감정적인 글쓰기를 철저히 보여준 사람이 되었다. 그래서 서구어에서 철저히(radical)란 극단적이고 근본적임을 가리킨다.

**5.245** 루소의 삶도 그랬다. 툭하면 부딪혔다. 감정의 노출이 마치 자신의 정당성을 확보하는 것인 양 참지도 돌리지도 않았다. 지금 그의 편지를 읽는 우리는 재밌지만, 그 편지를 받은 사람들은 끝까지 읽기 힘들었을 것이다.

**5.246** 루소는 철학자를 귀족보다는 좋게 보지만, 그렇다고 해서 머리만 굴리는 철학자를  좋아하지도 않았다.

### 5.25 철학자는 자연의 세계를 굳이 문명의 언어로 묘사한다.

**5.251** 남녀가 호감을 느끼는 데에는 몇 초도 걸리지 않는다고 한다. 그런데 웬 이성이고 논리냐.

**5.252** 문명의 사악함이 원시의 사악함보다 더하다. 규모의 경제학이 아닌 규모의 범죄학이다.

**5.253** 공자에게 자공이 묻는다. 한마디로 종신토록 행하여야 할 것이 무엇인가요? 공자는 말한다. 너그러움 곧 용서(서恕)다. 내가 하기 싫은 것을 남에게 시키지 말라.

**5.2531** 우리는 어떻게 남을 헤아릴 수 있는가? 이성적으로 될까? 아니다. 순전히 감성적일 때가 많다. 나도 힘든데, 그 사람도 힘들겠지? 우리는 그렇게 이해하고 용서한다. 용서가 과연 이성적인 것일까? 아닐 것이다. 그냥 하는 것이다. 하다못해, 자신이 편하려고 용서하는 것이다.

**5.2532** 주기도문으로 알려진 그리스도교의 용서론을 보자. '저희에게 잘못한 이를 저희가 용서하오니' 또는 '우리가 우리에게 죄진 자를 사하여 주듯이' 또는 '우리가 우리에게 죄 지은 자를 사하여준 것 같이'(마태복음 6:12) 신께서 우리를 용서해달라는 것이다. 어렵지만 우리가 남에게 보여준 용서의 마음처럼, 어렵겠지만 신도 우리에게 용서의 마음을 가져달라는 것이다. 내가 그런 마음이 있으니 그대도 그런 마음을 가져달라는 분명한 공감에 대한 요청이다. 나의 감정처럼 그대도 같은 감정으로 용서해주시길 비나이다.

**5.25321** 설령 용서의 감정만이 아니라 행위라고 해도 마찬가지다. 내가 상대방을 용서하는 행위를 했듯이 그대도 나를 용서하는 행위를 해달라는 데에는 철저하게 행위에 대한 공감의 요청이 개입된다. 행위는 뒤에 따르는 것이고, 일단은 공감부터다.

**5.25322** 용서받기 위해 용서하는 나의 모습을 보이자는 것은 나를 용서할 사람의 공감을 구하는 것이라서 그가 용서할지 안 할지는 그에게 달렸다. 다만 내가 공감꺼리를 먼저 만들어야 한다는 데에는 공자도 동의한다. 그래서 늘 도덕의 행위를 자신부터 실천하라고 한다. 공자의 학문이 나를 우선 말하는 까닭이 여기에 있다. 군자는 나부터, 소인은 남부터 탓한다.

### 5.26 자연의 제2덕: 느낌.

**5.261** 느낌 그대로 살아라.

**5.262** 느낌은 인위로 만들어진 것이 아니다.

**5.263** 느낌 그대로 사는 것이 자연스러운 것이다.

**5.264** 기억하라. 남에게는 무위이고, 너에게는 자연이다. 너의 느낌이 자연스럽게 올라오는 것을 바라보라. 그것을 보는 것이야말로 너를 사랑하는 것이다.

**5.2641** 다행히 우리말은 지각과 인지를 포함한 모든 앎에 대해 느낀다는 표현을 쓴다. '나는 그의 말이 과학적이라 느꼈어.' '그 글은 상당히 철학적이라 느껴져.' '나는 너의 논리가 타당하지 않다고 느껴.' 우리말은 과학과 철학 그리고 논리학까지 느낀다고 쓰는 느낌의 나라다.

**5.265** 마음속 깊이에서 우러나오는 느낌이야말로 참다운 것이다.

**5.266** 느낌은 마음 또는 가슴속에서 우러나온다. 느낌은 머리에서 나오는 것이 아니다.

**5.267** 느껴라. 그러면 너는 네 삶의 주인이 되리니.

**5.27 나의 느낌을 남에게까지 넓히는 것이 바로 도덕이다.**

**5.28 나의 느낌에 충실한 것은 야생이 아니다.**

## 5.3 아이처럼 살자.

### 5.31 아이는 자연을 대표한다.

### 5.32 아이는 꾸밈이 없다.

### 5.33 아이를 본 최초의 철학자는 역시 노자다.

**5.331** 노자는 말한다. 덕이 가득 찬 사람은 핏덩이 아기와 같다고.

**5.332** 아직 웃지도 못하는 아기야말로 세계를 만나지 않은 순정한 인간이다.

**5.333** 아이는 소박하다. 소박의 소素는 더럽혀지지 않은 깨끗함이고 박樸은 다듬어지지 않은 거침이다.

**5.3331** 아기의 살결은 어떤 외부의 자극도 받지 않은 지고지순의 상태다. 촉감조차 느껴지지 않을 정도로 보드랍다. 그것이 소다.

**5.3332** 그러다 갑자기 오줌 누고 똥 싼다. 가릴 것이 없다. 마구 울고 멋

대로 발길질이다. 마음대로다. 그것이 박이다.

**5.334** 누가 아이의 순진함만 보는가. 노자는 그것만 보지 않는다. 그는 아기의 거침을 사랑한다.

**5.335** 우리말의 꾸밈없음이라는 말을 보라. 참으로 자주, 참으로 좋게 쓰지 않는가. 그 사람, 꾸밈없는 좋은 사람이야.

**5.3351** 우리말에서 꾸밈은 나쁜 것이다. 그것은 거짓이다.

**5.3352** 우리말에서 꾸밈없음은 솔직率直하고 담백淡白함을 가리킨다. 솔직은 공자의 언어(곧이 곧대로라는 뜻에서의 직直)이고, 담백은 노자의 언어(염담恬淡이라는 뜻의 담淡)이다. 꾸밈없음을 이렇게 찬양하는 문화는 적지 않다. 우리는 공자의 꾸밈없음도, 노자의 꾸밈없음도 모두 받아들이고 있는 것이다.

**5.3353** 꾸밈은 문명이고, 꾸밈없음은 자연이다. 꾸밈은 문명을 메이크업make up하고 본성으로부터 테이크오프take off한다. 그러나 꾸밈없음은 본성을 킵온keep on하고 문명을 킵오프keep off한다.

**5.336** 루소는 『에밀』의 첫머리를 사람은 조물주의 손에서 나올 때는 선하지만 사람의 손을 타면서 타락한다는 말로 장식한다.

**5.337** 루소의 아이에 대한 찬사를 보라. 아이들의 놀이와 기쁨 그리고 사랑스러운 본능을 장려하라. 입에는 언제나 웃음이, 영혼에는 언제나 평화가 깃들었던 때를 그리워하지 않는 이가 있는가. 순진무구한 어린이의 순식간에 지나가버리는 기쁨의 순간을 빼앗으려 하지 마라. 그들이 기쁨을 느낄 수 있을 때 그들에게 기쁨을 누리게 하라.

**5.338** 따라서 루소는 어린아이들을 자연의 품에 안겨 마음껏 뛰놀게 하라고 권유한다. 답답한 도시 속이 아닌 드넓은 시골에서 막혔던 숨을 제대로 쉬게 하라. 어린아이들을 자유롭게 뛰놀게 하라.

**5.339** 어린아이는 시골에서 검소하고 단순한 삶을 누리며 스스로 배우게 된다. 그런데도 아이들을 노예처럼 묶어놓은 채 야단치고 벌주는 교육을 루소는 혐오한다. 교육의 최선이 아이들에게는 최악이 되고 있다는 것이다.

**5.34 루소는 노자의 어법을 흉내 낸다. 젊은 교사들이여, 가르치지 않으면서 가르치고, 아무것도 하지 않으면서 모든 것을 하라.**

**5.341** 참으로 노자를 보지 않았다고 말할 수 없는 부분이다. 노자는 『도덕경』의 초입부 바로 제2장에서 이렇게 말한다. 성인은 함이 없는 일에 머물고, 말하지 않는 가르침을 행한다. 그리고 제43장에서는 루소의 말과 순서도 틀리지 않는다. 노자는 말한다. '말 없는 가르침'(불언지교不言之敎)과 '아무것도 하지 않는 이로움'(무위지익無爲之益)에 미칠 만한 것이 천하에는 없다고.

**5.342** 노자가 닳고 닳도록 하는 말이 무엇인가. 함 없음을 하라(위무위爲無爲)가 아닌가. 그러면 하지 않는 것이 없다(무불위無不爲)는 것이 아닌가.

**5.35 이렇게 말하면 스파르타를 찬양하는 루소의 관점과 일관되지 않다는 의구심이 들 수 있지만, 아니다. 루소가 주장하는 것이 바로 스파르타처럼 아이들을 내버려 두라는 것이다. 점심도 주지 않아 거리에서 먹을 것을 스스로 찾게 하는 스파르타의 교육법을 칭송한다. 밖으로 내돌려서 점심거리를 훔치게 하여 아이들을 강하게 만들어야 한다는 것이다. 책은 재앙이다. 의무와 순종을 가르치는 교육은 어린아이의 영혼을 갉아먹는다. 아이들의 사전에 의무와 순종이라는 말을 없애라.**

**5.351** 루소는 어른과 아이도 평등한 관계이어야 한다고 주장한다. 아이들에게 의무와 순종을 강요하거나 명령하면, 아이들이 알아들을 리도 없고 알아들으려 하지도 않는다. 평등하게 내 부탁을 들어주면 나도 너의 부탁을 들어 주마라고 하면 아이들은 쉽게 받아들일 것이라고 한다.

**5.352** 루소의 어린이는 이렇게 철저하게 어른과 평등하다. 어린이의 시절도 자연이 준 고귀한 선물이고, 그 시간을 통해 그들만의 고유한 사고와 행

동을 펼친다. 공연히 아이들을 애어른으로 만들지 마라.

**5.353** 루소의 어린이는 산과 들로 뛰어놀며 강인한 체력을 키우는 스파르타인이었다. 이점은 노자가 곳곳에서 강조하는 거침樸과 매우 상통한다. 뜻보다는 뼈를 키우자는 노자의 인간관과 직결되는 것이다. 루소는 에밀에게 자신과 같은 병약한 작가가 되기보다는 수공업자인 제화공이 되길 바라고, 도자기에 꽃을 그리는 일보다는 도로를 포장하는 일을 하길 바란다.

**5.3531** 육체노동에 훨씬 의미를 두는 것은 도가적 생활태도와 통한다. 죽림칠현 가운데 두 사람의 일이다. 혜강은 대장일을 했다. 향수가 『장자』에 주를 달아 의기양양해서 혜강을 찾아오자, 혜강은 뭐 그딴 짓 했느냐는 식으로 응대한다. 남자의 힘을 광고할 때 흔히 대장간에서 웃통 벗고 담금질하는 대장장이가 등장하는 것과 통한다. 생각보다는 몸, 글보다는 망치다.

**5.354** 아이들의 성에 대한 질문도 솔직하고 단순하게 대답하라고 루소는 말한다. 숨기지도 말라. 웃지도 말라. 당황하지도 장황하지도 말라.

**5.3541** 성에 솔직하고 단순하라는 것은 루소의 감정에 대한 강조와 일치한다. 이성 또는 사고는 머리에만 쏠려있지만, 감정 또는 감각은 온몸에 퍼져 있다.

**5.36 니체도 어린아이를 3단계 정신의 발전 가운데 최고에 놓는다. 강인하게 짐을 지는 낙타의 정신은 어느덧 자유는 얻었으되 아직 창조를 하지 못하는 사자의 정신으로 변하고, 마침내는 스스로의 힘으로 돌아가는 바퀴 같은 어린아이가 되어 늘 어제를 잊고 오늘을 사는 거룩한 긍정의 정신이 된다는 것이다. 창조의 놀이는 이렇게 어린아이들의 전유물이다. 『차라투스트라는 이렇게 말했다』에 나오는 '차라투스트라의 가르침'이다.**

**5.361** 루소는 어린아이의 놀이가 그들의 일이라고 말한다. 그들은 놀 때

가장 진지하고, 그들은 놀 때 가장 몰두한다.

**5.362** 루소가 유일하게 어린아이에게 가르치는 것은 평등이었다. 어느 누구에게도 나쁜 짓을 하지 마라. 나의 해석으로는 그것은 공자의 금언 '자기가 하고 싶지 않은 것은 남에게도 시키지 마라'와 같은 것이었다. 나쁜 짓 당하고 싶지 않으면, 나쁜 짓 하지 마.

### 5.37 자연을 가장 잘 대표하는 것이 어린아이이다.

**5.371** 아니, 어린아이만이 아직 자연 상태를 유지한다.

### 5.38 자연의 제3덕: 어린아이.

**5.381** 네 마음속의 아이를 지켜라.

**5.382** 어린것의 위대함을 보라. 우리에게 풍요로운 밥상을 마련해주는 푸성귀를 보라. 나물도 쇠기 전, 두릅도 가시가 거세지기 전, 상추도 꽃대가 올라오기 전, 호박잎도 너무 커지기 전에 우리에게 그들의 싱그러운 맛과 고귀한 냄새를 전해주지 않더냐.

**5.383** 아이는 문명의 가식과 허위를 덜 배워 자연적이다. 아이처럼 살아라. 몸을 굴리고 머리를 식혀라. 자신을 사랑하고, 어머니의 젖을 빨아라. 아이처럼 누구와도 벗이 되어 놀고 또 놀아라. 웃고 싸우고, 싸우고 또 웃어라. 생명력 넘치는 가슴속에서 우러나오는 느낌 그대로 오늘을 살아라. 그리고는 아이처럼 잊고 또 잊어라. 성선의 너희는 모두 잘 될 것이니. 누가 시켜서도 만들어서도 아니다. 스스로 그러할 것이니라.

**5.39 아이처럼 사는 것이 야생은 아니다.**

**5.391.** 춤추자!

# 6

# 선악은 없다.

# 6

# 선악은 없다.

# 일컬은 것

## 동양

『노자老子』.

『논어論語』.

『맹자孟子』.

『사서집주四書集注』.

『시경詩經』.

『열자列子』.

『예기禮記』.

『장자莊子』.

『정감록鄭鑑錄』.

『주역周易』.

『주자어류朱子語類』.

『토정비결土亭秘訣』.

『한서漢書』.

강유위, 『공자개제고』(1897).

법정, 『무소유』(1976).

서남동, 『민중신학의 탐구』(1983).

이이(1536-1584),『순언』.

진중권, 『감각의 역사』(2019).

## 서양


니부어(니버), 『도덕적 개인과 비도덕적 사회』(1932).

니체, 『차라투스트라는 이렇게 말했다』(완간, 1885).

도킨스, 『눈먼 시계공』(1986).

러셀, 『나는 왜 기독교인이 아닌가』(강연, 1927).

루소, 『학문예술론』(1749).

____, 『인간불평등 기원론』(1755).

____, 『신 엘로이즈』(1761).

____, 『사회계약론』(1762.4.).

____, 『에밀』(1762.5.).

____, 『고백론』(1770).

____, 『폴란드 정부에 관한 고찰』(1772).

____, 『고독한 산책자의 몽상』(1776~78).

모스, 『증여론』(논문, 1924; 책, 1950).

모어, 『최선의 국가 형태와 새로운 섬 유토피아에 관하여』(1516).

베이컨, 『뉴아틀란티스』(1627).

벤야민, 『기술복제성 시대의 예술작품』(1936).

볼테르, 『국민의 도덕과 정신에 관한 평론』(1756).

소로, 『월든』(1854).

쇼펜하우어, 『의지와 표상으로서의 세계』(1819).

스미스, 『도덕감정론』(1759).

아렌트, 『예루살렘의 아이히만』(1963).

아리스토텔레스(B.C. 384-322), 『정치학』.

에픽테토스(약 55-135), 『엥케이리디온』.

엥겔스, 『가족, 사유재산, 국가의 기원』(1884).

제임스, 『근본적 경험론에 관한 시론』(1912).

칸트, 『도덕 형이상학 원론』(1785).

____, 『영구평화론』(1795).

포퍼, 『열린사회와 그 적들』(1945).

프레이리, 『페다고지』(1968).

프롬, 『사랑의 기술』(1956).

____, 『소유냐, 존재냐』(1976).

홉스, 『리바이어던』(1651).

흄, 『인간 본성에 관한 논고』(1739).

Wittgenstein, *Tractatus logico-philosphicus*(1921).

『성경』.

## 그 밖

<나는 자연인이다>.

<나의 조국>(Má vlast).

<더 리더>.

<베니스의 상인>.

<베를린 천사의 시>.

<수궁가>.

<지슬>.

<토이스토리>.

## 지은이의 글

1.0423 남에게는 무위, 나에게는 자연

⇨『노자 도덕경』, 문예출판사, 2017.

1.0523 행복의 균등성

⇨「행복의 상대성과 균등성」,『철학연구』, 2014.03.

1.06232 철학자와 생물학자의 필연성

⇨「왜 사회생물학이 문제인가?」,『대동철학』, 2013.09.

⇨「운명론의 개관과 그 윤리」,『유교사상문화연구』, 2017.12.

1.0624 우연을 모아 필연으로 본다

⇨ '운명와 운명애: 위안과 선택의 사이에서', 한국니체학회/한국철학상담치료학회, 2018.05.

1.1152 공자의 두 길

⇨「물과 칼: 공장의 서恕와 직直」,『철학탐구』, 2020.02.

1.1162 제도와 본성

⇨「제도와 본성」,『도가철학과 위진현학』, 예문서원, 2018. (『제도와 본성』, 철학과현실사, 2001.)

1.34231 주체사상의 낙관성

⇨「분단 50년 전후 이북의 철학과 문화」,『철학과 현실』, 1997.09.

1.3447 공자의 인과 서

⇨「물과 칼: 공장의 서恕와 직直」,『철학탐구』, 2020.02.

2.0216 교육학 공화국

⇨「교육을 말한다」,『철학으로 비판하다』, 충북대출판부, 2020.02.

2.03 무지개의 형이상학

⇨「무지개의 형이상학-왜 우리는 청색과 녹색을 구별하지 않는가?」,『대

동철학』, 2017.03.

**2.0325** 데리다

⇨「해체론과 동양」,『철학연구』, 2002.02.

**2.044** 현학의 삼현경

⇨「제도옹호론과 그 반대자들」,『도가철학과 위진현학』, 예문서원, 2018.

**3.0752** 붓다의 깨달음

⇨「말에서 뜻으로 가는 길」,『윤회와 반윤회』, 충북대출판부, 2008.

**3.0753** 인도의 3대 종교개혁

⇨「인도의 3대 종교개혁」,『윤회와 반윤회』, 충북대출판부, 2008.

**3.094** 장자의 제물

⇨ '평정과 대칭', 한국기초조형학회 기조연설, 2007.10.

**3.126** 곽상의 자연

⇨「장자와 곽상」,『도가철학과 위진현학』, 예문서원, 2018.

⇨「노장과 그 주석가들의 자연 개념의 형성과 변천」,『도가철학과 위진현학』, 예문서원, 2018.

**3.26621** 4차 산업혁명

⇨ '4차 산업혁명과 디지털 시대의 철학적 의의', 한국대학도서관연합회 초청강연, 2017.06.

**3.26622** 디지털

⇨「디지털 문화의 철학적 의의」,『21세기 문학』, 2000.11.

**3.3654** 학벌

⇨「교육을 말한다」,『철학으로 비판하다』, 충북대출판부, 2020.02.

**4.11171** 자이나

⇨「인도의 3대 종교개혁」 중 '이원론적 자이나교' 및 '불교의 역사성과 법',『윤회와 반윤회』, 충북대출판부, 2008.

**5.0331** 알지 못하는 데에서 앎을 멈춘다

⇨「도와 언어-도의 불가설과 불가지」,『노장철학과 현대사상』, 예문서원, 2018.

**5.124** 복제와 재생산

⇨「디지털 문화의 철학적 의의」,『21세기 문학』, 2000.11.

**5.1371** 노자의 페미니즘

⇨「노자와 여성성」,『노장철학과 현대사상』, 예문서원, 2018.

**5.22131** 고유섭

⇨ '고유섭의 한국미학', 한중인문학포럼 발표문, 2017.11.

**5.24222** 마음(mind/heart)

⇨「마음자리: 머리에서 가슴으로」,『동서철학연구』, 2012.12.

**5.3531** 죽림칠현

⇨「죽림칠현의 정체와 그 비판」,『도가철학과 위진현학』, 예문서원, 2018.